聖カテリーナ修道院文書の歴史的研究

松田俊道 著

中央大学出版部

装幀　道吉　剛

聖カテリーナ修道院文書の歴史的研究

目　　次

序　　論

第1部　中世エジプトにおけるズィンミー

第2部　マムルーク朝政権とズィンミー

第3部　聖カテリーナ修道院と遊牧民

第5部　マムルーク朝時代の法廷文書

第6部　証書からみたズィンミーの日常生活

序　　　論

1．問題の所在

(1)　ズィンミーとは

7世紀にアラビア半島で誕生したイスラームは，世界を大きく二つのカテゴリーに分類した。一つはイスラームの支配が及んだ領土，すなわちダール・アルイスラーム Dār al-Islām（イスラームの館）である。そこでは，イスラームはその支配に服した非イスラーム教徒——キリスト教徒やユダヤ教徒など——をズィンミー Dhimmī またはアフル・アルキターブ Ahl al-Kitāb（啓典の民）とみなし，彼らの宗教の自由を保障し保護された地位を与えた。一方，それ以外のイスラームの支配が及んでいないもう一つの世界は，戦争が可能な領域すなわちダール・アルハルブ Dār al-Ḥarb（戦争の館）とみなされた。それゆえ，その地域に暮らすキリスト教徒やユダヤ教徒などの異教徒は理論上イスラームの潜在的な敵であるハルビー Ḥarbī とみなされた[1)]。

征服直後のエジプトを例にあげれば，コプト教徒，ヤコブ派キリスト教徒，メリク派キリスト教徒，ユダヤ教徒からなる農民たち，職人たち，書記たちなどの征服されたエジプト人は，もし彼らが彼ら自身の宗教を維持し続けることを望むならば，イスラームの支配を受け入れ，ジズヤを支払うことを義務づけられたのである。

その後，イスラームは平和的に拡大していった。第一は，改宗を通じて行われ，その過程はイスラームの征服後千年という長い年月を通じて継続し，強制というよりは経済的，社会的な理由によって進行した。第二は結婚を通じて行われたが，イスラーム法は雑婚によって生まれた子供はムスリムになることを規定したので，結婚はイスラームを拡大させるためのきわめて力強い契約であった。

アラブの征服後に彼らが支配した土地の被征服民と比較すると，征服者であるアラブは数の上ではきわめて少なかったが，彼らは生き残るためにその支配の容認を獲得しなければならなかった。それゆえイスラームは初めから，キリスト教徒やユダヤ教徒をどのように位置づけるかを考え出していた。そのため諸宗教間に起こる諸関係を成文化していくことになる。その結果，宗教の異なる信者の共同体が共存することになった。また他方では，経済的，社会的理由で被征服者の改宗が助長されることになった。けれども制度そのものは伝統的なイスラーム世界で長い間機能し続けた[2)]。

これまでズィンミーの研究は，主としてズィンミーをイスラーム社会にどのように位置づけるかという制度史の観点から行われてきた。しかし，エジプトのフスタートのユダヤ教徒のシナゴーグで大量に発見されたゲニザ文書に依拠して，中世地中海世界のユダヤ教徒の社会を明らかにしたGoitein, S. D.の研究によって，ズィンミー研究の新たな方向が示されるようになった[3)]。

本書は，中世エジプトのズィンミーの社会を，主としてシナイ半島に位置する聖カテリーナ修道院が所蔵するアラビア語古文書に依拠してできるだけ明らかにしようとする試みである。

(2)　聖カテリーナ修道院文書

イスラーム世界には，歴史研究の史料となる古文書が，オスマン朝時代以降は多数存在するが，それ以前はそれほど多くはない。それゆえ聖カテリーナ修道院文書は，中世エジプト史研究の史料としても注目されてきた。

聖カテリーナ修道院はシナイ山の麓に位置しており，モーセが十戒を授かった場所として古来信者の訪問は絶えることがなかった。西暦6世紀にはビザンツ皇帝ユスティニアヌス（在位527-565年）の命により現在の姿のような要塞化された修道院が出来上がった。ここは東方のキリスト教の信仰の拠点であるとともにキリスト教の学問研究の拠点の一つでもあった。

地図　シナイ半島の聖カテリーナ修道院

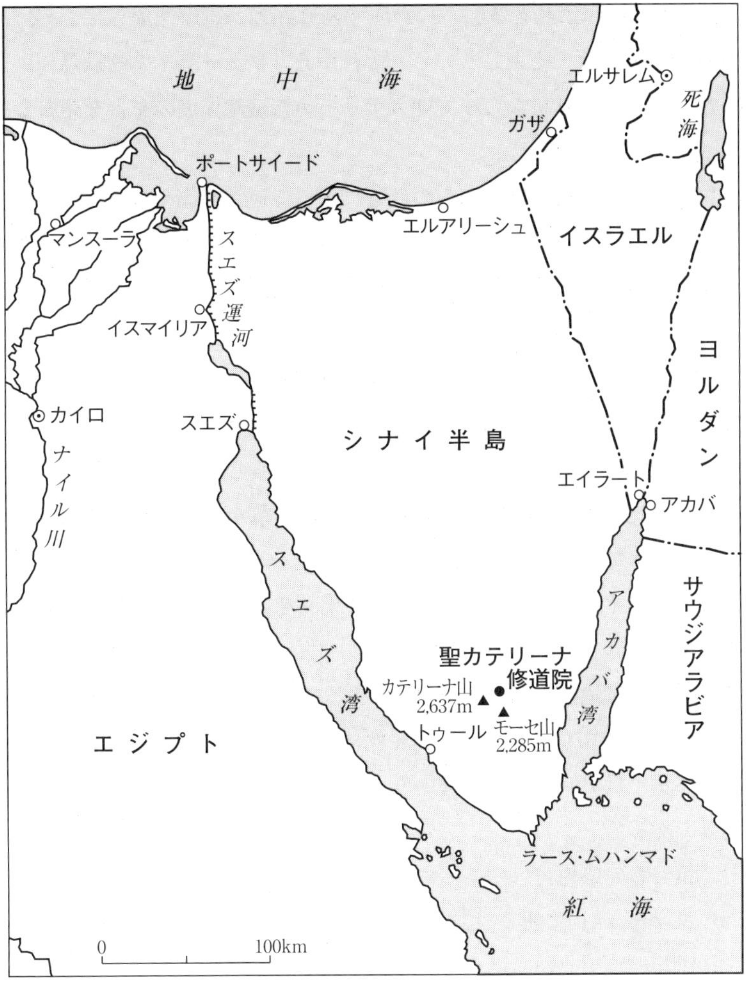

聖カテリーナ修道院は，エジプトがイスラーム政権に移行した後はその保護を受けることになった。その拠り所となったものは，預言者ムハンマドが修道院の保護を約束した預言者の盟約書であった。そのオリジナルはアリーによって起草され，ムハンマドの手によって押印されたものであると伝えられており

（修道院の歴史を記した写本には，エジプトを征服したオスマン朝のセリム1世はオリジナルをイスタンブルに持ち帰り，そのコピーを修道院に残したと記されている），修道院や修道士の保護を約束している。それゆえ，ファーティマ朝以降のエジプトの支配者たちはこれにならって聖カテリーナ修道院保護の布告を発布したのである。

修道院は豊富なワクフ財産からの収益によって運営が支えられていた。キプロス，クレタ，ギリシアなどのキリスト教世界，そしてエジプトやシリアのイスラーム世界の建築物や土地などの不動産が修道院の運営のためにワクフに設定されていた。文書からは，トゥールやガザ，カイロのハーラトッ・ルーム（ギリシア人街区）内の不動産のワクフが比較的多く見られる。

また，修道院はシナイ半島南部の交通の拠点トゥールから内陸に入ったところにあり，周辺には遊牧民のいくつかの部族が暮らしていた。これらの遊牧民の部族は，修道院と協約を結んで修道院の食料や塩などの物資の運搬や警護などを請け負っていた。

このため，以下に述べるような修道院の権利を証明するようなさまざまな文書が修道院に保管されたのである。

聖カテリーナ修道院文書の総数は，アラビア語で記されたものが1,072文書，トルコ語のものが670文書である。トルコ語文書はオスマン朝以降のものであるため，本書ではアラビア語文書のみを取り扱う。アラビア語文書の内訳は以下の通りである[4)]。

1. 預言者の盟約書（1-5）
2. ファーティマ朝カリフからマムルーク朝に至るスルターンの布告（6-119）
3. 16世紀末までのオスマン朝の勅令（120-184）
4. 協約（185-224）
5. ファトワー（225-236）
6. 法文書（237-824）
7. 報告書（825-857）

8. 総督あての行政命令書（858-868）
9. 諸事件記事（869-891）
10. 書簡（892-932）
11. マムルーク朝時代の布告（933-935）
12. 財産目録（936-939）
13. 会計書（940-941）
14. 請求書（942-947）
15. 領収書（948-954）
16. 補遺（955-1072）　　　（　）内の数字は文書番号

これらの文書のうち，本書に関係するものを解説してみよう。

(a) 預言者ムハンマドの盟約書 1-5 番

イスラームはかつてムスリムとズィンミーとの関係を制度化した。けれども，修道院の修道士たちは，ヒジュラ暦の最初のころ，預言者ムハンマドが，修道士の保護や教会や信仰のための建物の保護に関して安全を保障する盟約を彼らに与えたという言い伝えに従っていた。それはまた，教会を破壊しないこと，モスクの建設に彼らのお金を支出しないこと，ジズヤおよびそれ以外の金銭的義務の割り当てを禁じることなども規定されていた。修道院の図書館には，異なった時代に記されたこの盟約の複写が何点か保存されている。そこにはアブー・バクル，ウマル，ウスマーン，アリーの名も残されている。

修道院の修道士たちは，この盟約書に基づき，カリフやスルターンやアミールたちに対して，彼らの権利や要求を嘆願書を提出することによって行った。この盟約書は，1517 年オスマン朝がエジプトを征服するまで修道院に保管されていたが，セリム 1 世が大変喜んでイスタンブルに持ち帰ったことが，修道院の歴史を記した写本に記されている。その際，セリムはオリジナルを持ち帰ったが，修道院にそのコピーを残したことも記されている。

同様に，オスマン朝のスルターンやエジプト総督が発布したフェルマーン

（勅令）や命令書は，彼らの訴えに応えて，またエジプトのイスラーム政権が継承してきた政策に従い，修道院，修道士およびその財産の保護を約束している。

この盟約書の真偽は別として，修道士たちは長い間これによって多大の利益を受けてきた。また，カリフやスルターンたちもさほどこの盟約を疑わなかったのも事実である。それゆえ，彼らは修道士の安全と信仰や財産の保護のため，この盟約に含まれているものをいわば伝統または慣習として更新し続けるようになった。同様に，数十葉の文書庁発布のものも現存する。これらは，この修道院の修道士の保護を保障したものではあるが，キリスト教徒やズィンミー一般の保護をも約束するものでもあると思われる。

(b)　布告（マルスーム）6-119番

修道院の修道士たちは，エジプトを支配したファーティマ朝カリフ，アイユーブ朝，マムルーク朝，オスマン朝スルターンたちから，マンシュール（ファーティマ朝，アイユーブ朝の布告），マルスーム（マムルーク朝の布告），タウキーウ（直訴の裁決文に記されたスルターンや文書庁長官などのサインを含む文書）を得ていた。これらは，全て文書庁を通じて発布された公文書で，そこには，エジプトを支配した上記支配者たちによって，修道士の安全と保護を約束する旨が記されていた。これらの布告からは，修道士たちが，彼らを悩ます者，妨害する者，修道院やその農地を攻撃する者を恐れていたことがわかる。また，カイロやシリア，イスラーム世界の内外から修道院を来訪する者も攻撃されたことがわかる。

また，これらの布告は，局地の安全と平和の保持のためであり，修道士と修道院の周辺に居住するアラブ遊牧民との間の関係の構築のためであり，修道士と支配者，他のイスラーム都市や港の総督との間の関係の構築のためでもあった。

これらの布告の多くは，アラブ遊牧民の部族からなる敵対者に対して警告や罰を加えることをこの地域の総督に命令している。また，修道院，修道士，その財産への敵対行為は，イスラーム国家の政治や命令に対する攻撃であり，政府への服従の拒否，カリフ，スルターンやアミールの命令の軽視であるとみなしている。

これらの布告はエジプトを支配した中世のイスラーム政権によって継続されたが，とくに東方のムスリムに対して西欧の対立運動が強まりエジプトやシリアの海岸を攻撃した十字軍時代に，この地域のアラブ遊牧民を悩まし，彼らを修道士やその財産への攻撃に駆り立てた時代に多く発布された。そうした時代にもかかわらず，キリスト教徒の存在を認め保護することを約束したこれらの布告が発布されたことは，イスラームの精神が確かなものであったことを示している。

また別の文書には，アラブ遊牧民の特定の集団が，修道士の警護，修道士が必要とする食料，衣料，塩，蠟燭の運搬にあたっていたことが記されている。

(c) 勅　令 120-184 番

エジプトは，マムルーク朝に代わってオスマン朝による支配を受けるが，オスマン朝のスルターンがこれまでの慣例にならって，修道院や修道士の保護を認めたものである。

(d) 協　約 185-224 番

聖カテリーナ修道院の修道士とシナイ山周辺の遊牧民の諸部族との間で結ばれた協約である。修道院が必要とする各種の労働に関しては，遊牧民諸部族間で労働の分担が慣行で決められていた。しかし，それをめぐって部族間でしばしば対立が起きていた。これらの協約は対立が起きた際に，修道院側と諸部族側とで協議が行われ，協約が結ばれて，権利関係が明らかにされた。とくに，物資の運搬や警護に関する取り決めが重要であった。また，協約の一方の当事者である遊牧民の実態を示すような情報は中世においては他にはあまり例をみない。

(e) ファトワー 225-236 番

これらのファトワー（法解釈）の重要性は，修道士に与えられた特権がイスラームの 4 法学派によって支持されていたことである。

(f) 法　文　書 237-824 番

修道院が所蔵する文書の中では最も分量が多く，ファーティマ朝時代のものから始まり，マムルーク朝，オスマン朝時代にはその数が増していく。公証人によって作成され，裁判官の認可によって発布されたものが多数を占める。同様に売買契約による不動産の移転を記したものが多数見られる。その特徴は，一つの文書には，不動産の移転をともなう一つの契約のみが記されている例は少なく，大半は 1 文書に移転の対象となる不動産の数十年に亘る推移が，すなわち，その不動産がこうむった複数の移転を紙の裏や横の隙間，時には紙を継ぎ足して書き記されていることである。また，これらの文書はムスリムの公証人によって起草され，ムスリムの裁判官によって認可された。

(g) 補　　遺 955-1072 番

上記の分類の中に含められなかったものをまとめたもの。これらの中には，修道院の建設の歴史の概要を記したものも含まれる。また，建設時から修道院の保護にかかわったジャバリーヤ族は，その出自はバルカン半島の北部の Delica Felix に駐留していたローマ軍団の一団であり，ユスティニアヌス帝によってシナイ山の修道士の警護のために送られた軍団であったことが記されている。オスマン朝の侵入の際には，彼らはセリム 1 世に，イスラームへの改宗とシナイ半島を離れナイル渓谷への移住を申し出た。セリム 1 世は彼らの改宗は認めたが，シナイに留まり修道院の奉仕に従事するように申しつけたことが記されている。

本書では，最初にアレクサンドリア大学文学部付属博物館，カイロのエジプト教育省保存のマイクロフィルムを参照し，最後にアメリカの議会図書館のものを参照した。

(3)　シナイ古写本

聖カテリーナ修道院の図書館には，アラビア語，ギリシア語，シリア語，コプト語など12カ国語で書かれたおよそ3,300冊の古写本が残されていた。これらのコレクションはバチカンに次ぐ重要なものとされている。これらの中には『シナイ古写本』と名づけられた4世紀のギリシア語の聖書，5世紀のシリア語の福音書，9世紀にアラビア語で書かれたキリスト教の聖者伝などが含まれていた。歴史的な史料としては，この修道院の歴史を記した写本があり，修道院とその時々の政治権力との係わり合いなどが記されている。

これらの古写本にアカデミックな光が当てられるようになったのは19世紀になってからである。C. Tischendorfは1844年から3回修道院を訪問し，啓典類の調査を行った。前述の『シナイ古写本』を発見したのも彼である。彼はそれを借用してセント・ペテルスブルグに持ち帰った（彼は必ず返還する旨を記した借用書を残している）。しかしそれは，第一次世界大戦後に大英博物館に10万ポンドで売却され現在に至る（現在は大英図書館にCodex Sinaiticusと名づけられて展示されている）。1914年にはC. SchmitとB. Morizが8,500枚を写真に収め，スエズのドイツ領事館に保管したが，第一次世界大戦の勃発により，30ケースのうち25ケースはオークションにかけられ，残りはカイロのエジプト軍司令部で消滅している。その後，1950年に，エジプト，アメリカ，ギリシアの3国の共同プロジェクトにより，そのおよそ半分がマイクロフィルム化された。こうして多くの研究者が利用できるようになった。聖カテリーナ修道院文書もこの時にマイクロフィルム化された。本書では，これら写本のうち，歴史関係のものを参照した。

(4)　聖カテリーナ修道院文書の研究

聖カテリーナ修道院文書の研究は，ヨーロッパの研究者によってその存在が知られることによって始まった。その研究が進展するようになったのは，文書や写本が整理され，カタログが作成されたからである。修道院の図書館所蔵の文書と写本のカタログは，1886年から始まり，これまで以下のものが知られている。

1. Gardthausen, V. E., *Catalogus codicum graecorum sinaiticorum.* Oxford 1886.
2. Lewis, Agnes Smith, *Catalogue of the Syriac Mss. In the convent of S. Katharine on Mount Sinai.* Studia Sinaitica No. I, London, 1894.
3. Gibson, Margaret D., *Catalogue of the Arabic MSS, in the Convent of S. Katharine on Mount Sinai.* Studia Sinaitica No. III. London 1894.
4. Beneshevitch, V. N., *Catalogus codicum mss. Graecorum qui in monasterio Sanctae Catharinae in Monte Sina asseruantur.* 2 vols. S. Petersbourg 1911 and Petrograd 1917.
5. Murad Kamil, *Fihrist Maktabat Dayr Sānt Kātrīn bi-Ṭūr Sīnā',* 2 vols, al-Qāhira, 1951.
6. Clark, K. W., *Checklist of Manuscripts in St. Catherine's Monastery : Mount Sinai.* Library of Congress Photoduplication Service, Washington, 1952.
7. Atiya, A. S., *The Arabic Manuscripts of Mount Sinai.* Baltimore, 1955.
8. Murad Kamil, *Catalogue of manuscripts in the Monastery of St. Catharine on Mount Sinai.* Wiesbaden, 1970.
9. Atiya, A. S., *Catalogue Raisonné of the Mount Sinai Arabic Manuscripts.* Alexandria, 1970.

本書では，主としてAtiyaのカタログを参照した。

聖カテリーナ修道院文書は，何世紀にも亘ってしかもある程度まとまった量で修道院に保存されてきた。これまでこの文書は，イスラーム法制度史研究，ズィンミーのあり方をめぐる研究などに個別に利用されてきたが，その全体を視野に入れた研究はなされてこなかった。本書はその一つの試みである。

本書のオリジナリティーは，本文書に依拠し，またこれまでの中世のアラビア語古文書研究を利用してできるだけ多くの観点から中世エジプトのズィンミー社会を描き出そうとしたことである。

2．研　究　史

本書が依拠した聖カテリーナ修道院文書は，19 世紀にその存在が研究者に知られるようになり，学問的な研究がスタートした。しかし，その本格的な研究は，1950 年に開始されたエジプト，アメリカ，ギリシア 3 国の共同プロジェクトにより，修道院の図書館に保存されている写本と古文書の調査・マイクロフィルム化によって幕を開けたといえる。とりわけ，アレクサンドリア大学の A. S. Atiya 教授による分類整理によって，その全貌が明らかにされたことがその大きな理由である。A. S. Atiya は，*The Arabic Manuscripts of Mount Sinai : A hand-list of the Arabic manuscripts and scrolls etc.,* Baltimore, 1955.[5] においてこの文書の内容を分類し，さらに時系列順に文書番号を付した。このため，研究が著しく前進した。Atiya は，さらに修道院所蔵のアラビア語写本も分類して *al-Fahāris al-Taḥlīlīya li-Makhṭūṭāt Ṭūr Sīnā al-'Arabīya,* 1970, al-Iskandarīya, pp. 602.[6] にまとめた。

アラビア語の古文書に依拠した研究は，これまで多くの成果を生んできたが，それらがイスラーム史研究にも大きな影響を与えてきた。

中世イスラーム社会のズィンミーを文書史料に依拠して明らかにしようとした研究は，これまで多くの成果を蓄積してきた。以下，とくに本研究と関係のある研究史をたどりながらその特徴と問題点を明らかにしたい。

(a)　ゲニザ文書に依拠した研究

発見された文書の量の多さもあり，最も注目された研究はゴイテインのものであろう。

ゴイテインは，発見された大量のゲニザ文書に依拠し，長い研究の末に *A Mediterrenean Sociey,* 6 vols. Berkeley, 1971-93.[7] を著し，地中海世界の広範囲にわたって活躍した中世ユダヤ教徒の社会を生き生きと描き出した。地中海社会という概念はゴイテインによって確立されたものである。ゲニザ文書には，ユダヤ教徒の商業活動を伝える，商業通信文，帳簿，売買契約文書などのほか，裁判文書，遺言，財産証書，書簡などユダヤ教徒の社会生活を記すものも含まれている。このため，ゴイテインの研究は文書史料に依拠したズィンミーの社会史の分野での画期的な研究であった。とりわけ，この研究は従来法制史の分野で行われてきた研究に新たな道を開くことになった。日常生活の中で起こるさまざまな事柄に関する文書を分類する視点，それらの文書を分析する視点などが提示されているからである。

最近では，M. Cohen が同文書に依拠して，*Poverty and Charity in the Jewish Community of Medieval Egypt,* Princeton, 2005.[8]を著し，最近注目されているテーマである貧困と慈善の問題を取り扱っている。

(b)　聖カテリーナ修道院文書

聖カテリーナ修道院文書を最初に研究したのは Moritz で，*Beiträge zur Geschichte des Sinaiklosters im Mittelalter nach arabischen Quellen,* Berlin, 1918. において，預言者ムハンマドの盟約書，スルターン・カーイト・バーイの布告の 2 文書を古文書学的に紹介した。その後，Stern による *Fāṭimid Decrees: Original Documents from the Fāṭimid Chancery,* London, 1964.; "Petitions of the Ayyūbid period", *BSOAS,* xxvii, 1964; "Two Ayyūbid decrees from Sinai", in Stern ed., *Documents from Islamic chanceries,* Oxford, 1965.[9]がある。これらの一連の研究は，聖カテリーナ修道院文書を含むアラビア語の古文書の先駆的な研究といえる。しかし，難解な古文書を解読し，翻訳し，術語の丹念な解説は付されているが，古文書学的な研究であった。

筆者の研究の入口は，Qāsim による『中世エジプトにおけるズィンマの民』*Ahl al-Dhimma fī Miṣr al-ʻUṣūr al-Wusṭā,* al-Qāhira, 1979. であった。これはカイロ大学に提出された博士論文を出版したもので，主として聖カテリーナ修道院文書などに依拠して中世エジプトのズィンミー社会の諸相を具体的に描き出したものである。この文書研究の出発点となる研究である。しかし，研究の端緒を築いたものの，ゴイテインの研究のように実証的かつ深みに欠けている。

Hans Ernst の，*Die mamlukischen Sultansurkunden des Sinai-Klosters,* Wiesbaden, 1960.[10)] は，マムルーク朝の歴代スルターンが修道院の関係者に発布したマルスームと呼ばれる布告のうち重要なものを選び，テキストとその訳文を併記したもので，マムルーク朝時代の公文書の研究として重要なものである。難解な文書をテキスト化したものでその後の研究の進展に貢献したものである。

Stern, S. M., "Petitions from the Mamluk Period (Notes on the Mamluk Documents from Sinai)", *BSOAS,* vol. 29, 1966. は，本書の第 2 部，第 1 章で取り扱う「マザーリム制度」に関するものである。すなわち，マムルーク朝時代の「直訴」を取り扱ったもので，その後のこのテーマの研究の基礎となる論文である。スターンによってはこの時点ではマザーリム制度を具体的に研究しようとする試みはなされなかった。

スターンの研究を発展させたのは Nielsen の研究である。ニールセンは *Secular Justice in an Islamic State : Maẓālim under the Baḥrī Mamlūks, 662/1264-789/1387,* Leiden, 1985 において文献史料をも駆使してマザーリム制度の枠組みを明らかにしようとした。しかし，この制度がなぜ必要であったのかの分析には達していない。

D. S. Richards は，聖カテリーナ修道院文書の他にユダヤ教徒のカーリー派の文書の研究などで知られる。"Documents from Sinai Concerning Mainly Cairene Property", *JESHO,* vol. 28, 1985.[11)] は，聖カテリーナ修道院文書のかなりの部分を占める，売買契約やワクフの設定による不動産の移転を記した証書の中から，主としてカイロに存在する不動産を取り上げ，文書の大筋を示し，内容を紹介したもので，この文書を読むうえで参考になるものである。しかし，これは個々の難解な文書の全体を読み切ったものではなく，また詳細な分析を加えたものではなかった。

Ibrāhīm は，エジプトにおける古文書研究者として知られ，これまで多くの古文書を研究し，それらをテキスト化し詳細な注釈を付した考証学的研究を行ってきた。とくにさまざまな術語の歴史的理解に多くの貢献をしてきた。とりわけ，“Dirāsa fī al-Wathā'iq al-'Āmma fī al-'Uṣūr al-Wusṭā”, *Mijallat Jāmi'at Umm Durmān al-Islāmīya,* al-'Adad al-Awwal, 1968.[12]はこの文書のうち重要な文書の要点を紹介したもので多くの有益な情報を得た。

(c)　ワクフ文書

ワクフ文書は，最近多くの研究者によって利用され，多くの成果が生み出されてきた。ワクフ文書を歴史研究の史料とし，中世エジプトの社会史研究を本格的に試みたのは M. M. Amīn であった。彼の主著 *Al-Awqāf wal-Ḥayāt al-Ijtimā'īya fī Miṣr, 648-923h/1250-1517m, Dirāsa Ta'rīkhīya Wathā'iqīya,* Cairo, 1980.[13]は，カイロ大学に提出された博士論文を出版したものであるが，ワクフ文書に依拠し中世エジプト社会を論じた意欲作であった。しかし，ズィンミーのワクフについての分析はここではほとんどなされなかった。

(d)　ハラム文書

Amal の，“A Collection of Medieval Arabic Documents in the Islamic Museum at the Haram al-Sharif”, *Arabica* vol. 25, 1978.[14]は，1974 年，76 年にエルサレムのイスラーム博物館で発見されたハラム文書の発見の経緯と文書の内容を世界に紹介したもので，この文書研究の出発点として位置づけられるものである。その後，Little は，この文書研究に従事し，多くの研究を発表してきた。彼はパピルス学者（広い意味で文明研究に文書史料を利用する研究者の意味であると自ら名のる）として，文書研究に新たな道を開いた。*History and Historiography of the Mamluks,* Variorum Reprints, London, 1986.[15]は，リトルの論文集であるが，奴隷購入文書の研究，奴隷の処分をめぐって引き起こされた訴訟を取り扱った文書の研究が含まれている。アラビア語の古文書を歴史学の観点から分析した研究として位置づけられる。とくに，本書の第 4 部，第 5 部に共通する研究である。“Documents Related to the Estates of a Merchant and His Wife in Late Fourteenth Century Jerusalem”, *Mamluk Studies Review,* vol. 2, 1988. はハラム文書に依拠し，マムルーク朝時代のエルサレムにおける遺産処分のプロセスを解明したものである。とくに，財産証書と分類される遺言を残さずに死亡した人の遺産の処分を記した文書を取り上げたことが注目される。また，文書に記されている述語の詳細な解説は，関連する文書の解読に有益であった。さらに，Little が依拠したハラム文書はアラビア語の書体がきわめて難解な文書である。それは，当時の書記がスィヤーカ siyāqa と呼ばれる書記の特殊な書体を使用したからである。Little は，文書に記載されている金額を示す数字のスィヤーカを如何に解読したかを示している。スィヤーカはオスマン朝時代の書記が普通に使用したことによって発展していくが，マムルーク朝時代にもすでに使用されていた。

Huda Lutfi は解読が難解なハラム文書を駆使してマムルーク朝時代のエルサレムの行政機構，都市生活，とくに商人や職人の活動を明らかにした。*Al-Quds al-Mamlūkiyya*[16] は，エルサレムで活躍する商人，職人，学者が周辺の地方と密接な結びつきがあることを明らかにしている。

3．研究の方法と意義

分析の方法と研究の視角として，文書の全体を分析した結果，本書では以下の視点から分析を試みる。

(1)　国家権力とズィンミーとの関係

(2)　イスラーム法の適用

(3)　ズィンミーの日常生活

研究への入り口として，(1) の問題，すなわち国家権力はズィンミー（非イスラーム教徒）をどのように規定し，社会の中に組み込んだかを検討する。次に問題になるのは (2) である。国家権力によるズィンミーの規定とは，具体的にはイスラーム法の彼らへの適用である。イスラーム法が整備されて運用されるなかで，実際にはイスラーム法がズィンミーにどのように適用されたのかである。(3) は，(2) の問題を受けて，実際に適用された法文書を通して証書からみたズィンミーの日常生活を明らかにする試みである。

(1)　国家権力はどのような政策をとったか

イスラーム世界では，19世紀中葉まで，社会の構成員の本質的な基準は宗教であった。したがって，ムスリム社会には宗教の異なる信徒の集団が従属していた。その場合，従属する信徒の集団をどのように捉えたらよいのかを考えてみよう。

1)　ある社会の従属する集団がどのように取り扱われたかの研究は，その社会の全体の構造を見抜くことにつながる。またその従属する集団をさまざまな観点から分析することにより，その支配者社会の特徴を浮き彫りにすることもできるであろう。したがって，国家権力に従属する信徒の集団に対する政策からも国家権力の立場が見えてくるはずである[17)]。

2)　一般的に社会はその構成員に特定の利益を付与する。ところが，法や慣習によってそれらが付与されていない人々がいる。そのような法や慣習を分析することにより，従属する集団がどのように規定されていたかが明らかになる。

3)　社会の結合力や統合力は，国家に従属する集団への対応に最も強く現れている。とくに，従属する集団が社会的に大きな意味をもつ場合である。中世イスラーム世界では，支配者層，民衆をつなぐ役割を果たす社会層としてウラマー層が存在した。彼らとズィンミーとの関係を分析することによりズィンミーの社会的位置が明らかになる。

以上のことを考慮に入れると，イスラーム政権内での非イスラーム教徒が享受できる制度上のあり方，およびその実際のあり方が明らかになる。以上のポイントのもとに中世エジプトのズィンミー社会を検討してみよう。

中世のエジプト社会は，その時代の他のイスラーム社会と同様に，ムスリムだけではなくかなりの数のキリスト教徒やユダヤ教徒のマイノリティから構成されていた。したがって，その社会を深く理解するためにはこれら三つの宗教の信徒の共同体の知識と同様にそれぞれの相互作用に着目する必要がある。

エジプトのユダヤ教徒の社会に関しては研究が進んでいるが，それはカイロ・ゲニザ文書などのおかげである。とくに，11 世紀から 13 世紀にかけて彼らが残した膨大な記録があるからである。

エジプトの非ムスリム社会における，ユダヤ教徒の社会よりもさらに大きなコプト教徒の社会については，イスラーム社会の中に彼らをどのように位置づけたらよいのかという観点でいえば，少し研究が遅れているように思える。というのはコプト研究においては，これまではコプト社会の方により重点が置かれ，イスラーム社会との関係に力点が置かれた研究が少ないように思えるからである。

イスラーム国家の政治理念は,イスラーム法に基づき統治を行うことである。したがってイスラーム国家の内部において,ズィンミーにも保護を与えてきた。この理念はマムルーク朝においても踏襲されてきた。マムルーク朝のズィンミーに対する公式の立場は，マムルーク朝時代を通じて発布され続けたスルターンの布告に見ることができる。したがって布告を分析することにより，国家権力とズィンミーとの関係を把握することが可能となる。

(2) イスラーム法は実際にはどのように適用されたのか

聖カテリーナ修道院文書の中のアラビア語で記された文書は，1,072 文書あるが，キリスト教徒の社会生活を知るうえで重要なのは法文書である。法文書には，売却文書，抵当文書，ワクフ文書，債権文書，イクラール文書，イスティブダール文書，ファトワー文書などがある。法文書の大半は，売却・購入文書やワクフ文書などに見られるように不動産の移転を記したものである。それらの移転は，イスラーム教徒からキリスト教徒，またはその逆という異教徒との間で行われる例は少なく，キリスト教徒同士で行われるのがほとんどであった。

また，聖カテリーナ修道院文書の特徴として，不動産の移転を記した文書は多くの場合一つの完結した文書ではなく，その後に行われた移転も同じ文書に記されている。たとえば，ある不動産を購入した者がその後他人にそれを転売した場合，そしてさらにその購入者がその後その物件をワクフ物件に設定するというような場合がある。それらの場合には，その都度新しく文書が記されるのではなく，同一物件の推移は，同一文書の空いている部分や新たに継ぎ足した紙あるいは紙背に記され，一つの文書の形をとっている。したがって，ある不動産に対する世代間に亘るイスラーム法の適用のあり方が現れている。

ワクフは一般的にはイスラーム教徒の寄進制度として広く普及したものであるが，修道院に残された文書からは，イスラーム世界に暮らすキリスト教徒もまた教会や修道院の運営のためにワクフを設定していること，その際，イスラームの裁判官によってそのワクフが認可されていることがわかる。

すでに述べたように，ダール・アルイスラーム，すなわちイスラームの支配が確立している領域内にはイスラーム法が施行される。したがって，領域内の非イスラーム教徒であるズィンミーはイスラーム法の支配に服さなければならなかった。イスラーム法のズィンミーへの適用に関しては，法理論上の規定は，例えばマムルーク朝時代の法学者 Ibn Qayyim al-Jawzīya の『ズィンマの民の諸規則』[18)] などにより把握することができる。しかし，実際には法理論どおりにイスラーム法が適用されたわけではなかった。これらの文書を分析することで，ズィンミーに対するイスラーム法の適用の実態を明らかにすることができる。

また，中世イスラーム社会の特徴として，支配者層，民衆をつなぐ役割を果たす社会層としてウラマー層があるが，とりわけ，カーディー，シャーヒドが重要な役割を果たしたことに注目しなければならない。

(3) 証書からみたズィンミーの日常生活

聖カテリーナ文書からはズィンミーの日常生活に関することも窺える。マムルーク朝時代のズィンミーは政治的には差別をこうむったが，日常の社会生活においては，さまざまな社会活動も，経済的行為においてもイスラーム教徒と共通するものがあった。彼らはイスラーム教徒とともに社会的な共同作業にも平等に参加した。水利事業，例えば水路や運河の開削，灌漑土手の建設などにはズィンミーも参加した。一例をあげれば，749 年（1348-49 年）スルターン・

ハサンは，アミール・マンジャクをナイルの水をギザからカイロに引く水路の建設の監督を命じた。建設に必要な資金は特別税としてズィンミーをも含めた民衆から徴収されたほか，モスク，ハーンカー，ザーウィヤ，修道院，教会からも徴収された[19)]。このようなことから，日常生活においては，信仰が異なることを別にすれば，ズィンミーとイスラーム教徒との共存関係をみることができる。

イスラーム法は理論上，ズィンミーと個々のイスラーム教徒およびイスラーム国家との関係にのみ適用され，個々のズィンミーと他のズィンミーとの関係には適用されることはない。しかし実際には，売買契約文書に見られるように，ズィンミーとズィンミーとの間でも，またズィンミーとイスラーム教徒の間でも売買が自由に行われ，イスラーム法に則って契約が行われていたことがわかる。

また，法廷に裁定を求める嘆願書が提出される場合もあった。文書では，キリスト教徒が嘆願書をイスラームの法廷に提出してその認可を受けていたことがわかる。

これらの法文書を作成したのはおおむねシャーヒド shāhid と呼ばれる公証人であった。公証人は一般的には証言を行ったり，法に関する相談を受けたり，カーディーとともに法文書を作成したりして一般民衆の日常生活においてイスラーム法が適用される際に重要な役割を果たした。したがって，日常生活の中で行われる法律上の事柄について，多くの人は公証人のもとに出向きアドバイスを受けたのである。かくして，公証人は社会の中でイスラーム法と民衆とを結びつける役割を担ったのである。

以上のように，これらの文書からは，キリスト教徒たちも日常生活の中で行うさまざまな法行為はイスラーム法の適用を受けていたのである。それゆえ，法文書の分析を行うことにより，ズィンミーの日常生活を，とくに契約をめぐる観点から明らかにすることが可能である。

聖カテリーナ修道院文書は，何世紀にも亘って，しかもある程度まとまった量で修道院に保存されてきた。これまでこの文書は，イスラーム法制度史研究，ズィンミーのあり方をめぐる研究などに個別に利用されてきたが，その全体を視野に入れた研究はなされてこなかった。本書はその一つの試みである。

注

1）'Abd al-Karīm Zaydān, *Aḥkām al-Dhimmīyīn wal-Must'mīn fī Dār al-Islām,* 1988, Bayrūt, pp. 16-19. この著作は，イスラーム法の世界観から始まり，ズィンミーおよびダール・アルハルブからアマーンを与えられてダール・アルイスラームでの安全を保障されたムスタアミンの法的立場などを全体的にまとめたものである。

2）Youssef Courbage and Philipp Fargues, *Chiristian and Jews under Islam,* London, 1977, pp. ix-xiii. アラブの征服から現代に至るまでのキリスト教徒，ユダヤ教徒の変遷を取り扱った研究。とくに彼らの動向を数量的な資料に基づき明らかにしていることに特徴がある。

3）Goitein, S. D., *A Mediterrenean Sociey,* 6 vols. Berkeley, 1971-93.

4）文書に付けられた番号は，文書がマイクロフィルム化されたときに Atiya 教授によって付されたものである。A. S. Atiya, *The Arabic Manuscripts of Mount Sinai,* Baltimore, 1955. このカタログで使われている番号は，文書に付された番号と一致している。

5）このカタログには，修道院に保存されているアラビア語写本の主要なものが，簡単な解説を付して分類整理されていて，その全貌を知る上で有用である。

6）修道院の図書館に保存されているアラビア語の写本は 602 冊で，そのうち，306 冊が前述のプロジェクトでマイクロフィルム化された。このカタログは，マイクロフィルム化された写本のうち 300 冊の書誌情報を収録したものである。

7）ゲニザ文書については，「ゲニザ文書」『歴史学事典』第 6 巻，弘文堂，1998 年，158-59 頁参照。

8）コーエンの研究は，ユダヤ教徒の社会だけでなく，中世エジプトの貧困と慈善についても言及している。

9）スターンは，カイロのコプト博物館，カイロのユダヤ教のカーリー派，聖カテリーナ修道院の古文書，外交文書などに依拠して，ファーティマ朝カリフやアイユーブ朝の諸王が発布した公文書である布告を研究した。

10）文書 6-119 の布告のうち，マムルーク朝時代の布告のみを取り扱っている。

11）文書の主要部分をアラビア語テキスト化し，文書の要点を記している。

12）最初に本文書の全体を体系的に分類し，イブラーヒームの独自の観点から，本文書の内容の重要点を選び出し，それについて解説をしている。その際，文書に記された最も重要な部分については，その部分を実際に提示している。

13）M. M. Amīn, *Al-Awqāf wal-Ḥayā al-Ijtimā'īya fī Miṣr, 648-923h/1250-1517m,*

Dirāsa Ta'rīkhīya Wathā'iqīya, Cairo, 1980. なお，この研究に関しては，菊池忠純「ムハンマド・ムハンマド・アミーン著『エジプトにおけるワクフと社会生活 648-923A.H./1250-1517A.D. 歴史・文書研究』」，『イスラム世界』18号，1981年，に詳細な書評がある。

14) この文書の発見者であるアマル・アブルハッジュ女史は，エルサレムのイスラーム博物館の館員であった。彼女は，陳列棚の一部に長い間鍵のかかっている引出しがあることに気づいた。1974年にワクフ委員会の委員の立ち会いのもとで鍵を開けてみると，354点のアラビア語の古文書が出てきた。さらに76年にも新たに同様の文書が発見された。

15) 本論文集に収録された論文のうち，いくつかについてはアラビア語のテキストが付録されている。難解なアラビア語古文書の解読の一助となった。また，遺産処分に関する論文も同様にアラビア語古文書の解読の一助となった。付録としてスィヤーカの実例が示されていて，本書で取り扱った文書の解読にも役立った。

16) Huda Lutfi, *Al-Quds al-Mamlūkiyya : A History of Mamlūk Jersusalem Based on the Ḥaram Documents,* Berlin, 1985.

17) これらの観点については，ハンフリーズの観点とほぼ共通している。Humphreys, R. S., *Islamic History,* New Jersey, 1991, p. 255.

18) Ibn Qayyim al-Jawzīya, *Aḥkām Ahl al-Dhimma,* 2 vols., Bayrūt, 1983.

19) al-Maqrīzī, *al-Khiṭaṭ,* vol. 2, Būlāq, 1270H, p. 167. Q. A. Qāsim, op. cit., p. 147.

第1部

中世エジプトにおけるズィンミー

第1章
エジプトにおけるイスラーム政権の成立とズィンミー

はじめに

中東には現在でも数多くの民族的，宗教的小集団が存在する[1]。ある集団は迫害を受けて苦しい立場に置かれている。しかし，それは必ずしも中世のころからの歴史に根ざしているわけではない。イスラームによって支配された地域においては，近代以前の社会の統合の基準は民族ではなく，社会の構成員であることの基準は宗教であった。そこでは，イスラーム教徒が優位であることは当然であるが，イスラーム教徒ではない集団，すなわちユダヤ教徒やキリスト教徒諸派，ゾロアスター教徒も法制度上排除されることはなく社会の構成員として社会の中に組み込まれていた[2]。彼らは社会的には完全に独立した集団ではなかったが，ムスリム社会の中でさまざまな役割を果たしていた。イスラーム世界のマイノリティ集団はその特質を利用し保持することにより，きわめてダイナミックにイスラーム世界の中で商人として，官僚として，専門職として，学者として影響力をもち，活躍することが可能であった[3]。それはイスラームが，人種や宗教に関係なく優れた能力をもつ人材を社会の中で活用するシステムをもっていたからである。

エジプトには，1世紀にキリスト教が伝わったといわれている。その後急速にキリスト教が浸透し，7世紀にアラブの征服が行われるまでに，エジプトの人口の大部分はキリスト教徒になっていた[4]。そのエジプトをアラブ・イスラーム教徒の支配者集団が支配したのである。以後，エジプトは複雑な過程を経てイスラーム化し，アッバース朝滅亡後イスラーム社会の中心地として発展した。その過程で，キリスト教徒は徐々にマイノリティになっていった。

1．アラブの征服とイスラーム化

最初に，簡潔にエジプトのキリスト教の歴史を振り返ってみよう。

1世紀半ば	聖マルコがキリスト教をエジプトにもたらす。（伝承）
3世紀	キリスト教の組織が見られ，修道院生活（制度）が始まる。
4世紀	文章用語が土着の言語からギリシア語に基礎を置くコプト語に変わる。
↓	エジプトの人口のマジョリティがキリスト教徒に（ユダヤ教徒はマイノリティとして存在）なる。
641年	アラブの征服が行われる。
↓	キリスト教徒はマジョリティからマイノリティになっていく。 主要な言語がコプト語からアラビア語に変わる。
1517年	オスマン朝によって征服される。

641年のムスリムの征服時，エジプト人の大多数はある意味ではキリスト教徒であった。300年以上に亘ってキリスト教はエジプトにおける支配的宗教であった。キリスト教徒は，ムスリムの支配下で複雑な過程を経てマジョリティからマイノリティへとゆっくりと移行する。後の伝承によれば，使徒の聖マルコが1世紀の半ばにキリスト教をエジプトにもたらしたといわれる。実際には記録や考古学的に証明できるものによれば，3世紀に広まった。また3世紀になるとキリスト教徒の組織が見られる。この時期にエジプトにおける修道院生活（制度）が始まり，地中海世界に大きな影響を与えた[5]。

4世紀初頭に，エジプトの人口の重要な部分がキリスト教徒となった。古代から続いていた多神教の宗教施設は教会や修道院に変えられたり，破壊されたりした。一方，土着のエジプト人の言語の筆記方法が古代のものからギリシア文字に基礎を置くアルファベットによるものに変わった。それはエジプトというギリシア語 *Aigyptos/Aigyptioi* に由来するコプト語として知られるようになり，エジプトの公用語として使用されるようになった[6)]。ムスリムの征服時には，古代の宗教の大部分は消滅し，エジプトの住民のマジョリティはキリスト教徒となっていた。また，ユダヤ教徒はかなりのマイノリティとして存在した[7)]。

エジプトのキリスト教徒は単一のものではなかった。ビザンツ支配時代にその領土からやって来てアラブの征服後もエジプトに残った人々は，カルケドン公会議の決定，すなわち，イエスは神性と人性との両方をもつという信条に与した。いわゆる両性論であり，後にメリク派[8)]と呼ばれるようになった。しかし，エジプトの大部分のキリスト教徒は，イエスが神性のみをもつとする単性論の教義に従っていた。したがって，大部分のエジプト人は公式には異端とみなされ，公認の教義に従った少数派は特権を享受した。それゆえ，ムスリムの征服時に，エジプトのキリスト教徒の大部分は，ビザンツのエジプト統治者たちによって迫害されていた宗派に属していた。したがって，ムスリムの征服に対する単性派のキリスト教徒による強烈なリアクションは見られなかった[9)]。

また,ムスリムの支配者たちはイスラームへの大量の改宗を試みなかったし,ムスリムの大規模な移住や現存している行政機構の急激な変化を望んでもいなかった。このため，エジプトの征服は武力によるものであったが，比較的スムーズに政権の移行が行われた。

アラブ・ムスリムの征服が始まる直前，中東の大部分はビザンツとササン朝によって占領されていた。ビザンツはエジプトとシリアの海岸地域を，ササン朝はメソポタミアを支配していた。これらの地域の人々は大部分がキリスト教徒で，マイノリティとしてユダヤ教徒がいた。キリスト教徒の大分部は，ビザンツの側から見れば異端であった。帝国のテオドシウス帝は，ニケーアの公会

地図　キリスト教が広まった時代のエジプト，聖カテリーナ修道院の位置

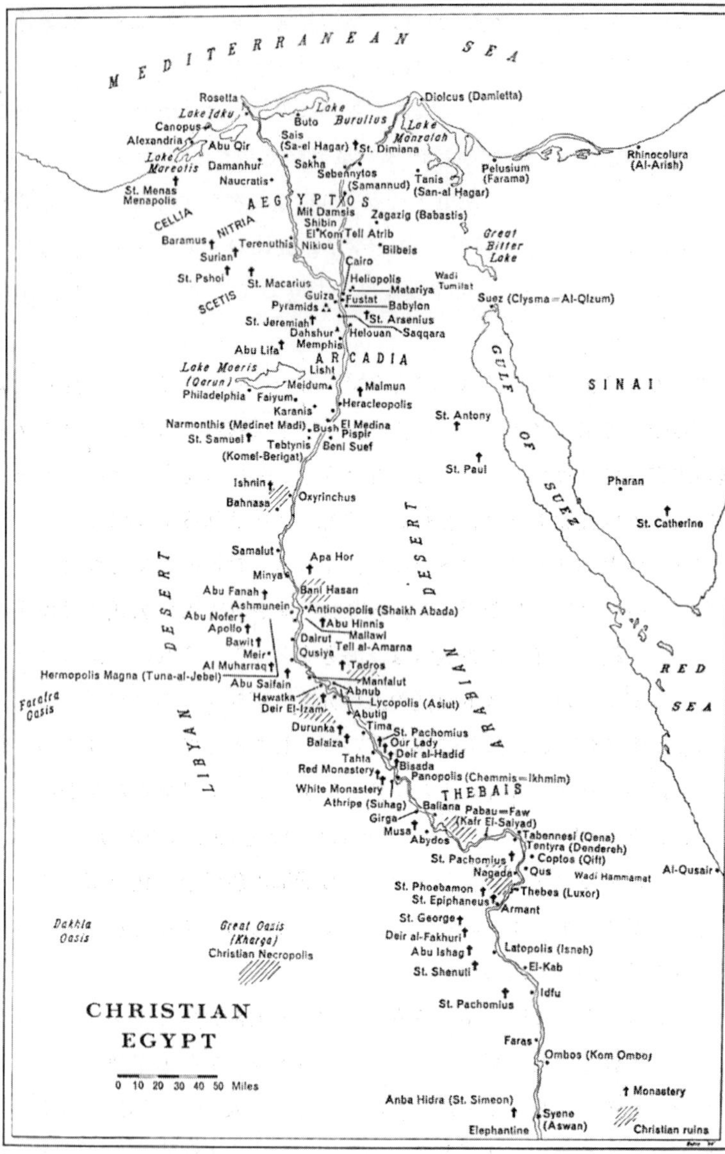

出典： A. S. Atiya, *A History of Eastern Christianity,* London, 1968, p. 4.

議で宣言された教義，すなわち，両性論を正統な教義とした。したがって単性論を支持する人々が分裂した。中東においては，イラクの大多数の人々はネストリウス派であったが，エジプトとシリアの大部分は単性派に属した。エジプトの単性派のキリスト教徒はコプト教徒（アラビア語では qipṭī）として，シリアの単性派のキリスト教徒はヤコブ派[10]として知られるようになった。ギリシア正教会はニケーアの教義に忠誠を誓った多くの人々を包含した。彼らは一般的に，アラビア語でメリク派 malakī として知られていた[11]。ムスリムたちは，エジプト人のキリスト教徒を，一般的にはキリスト教徒を意味する naṣrānī という言葉で呼んでいた。また，エジプトの単性派のキリスト教徒はヤコブ派（アラビア語では yu‘āqiba）としても記されるが，より正確にはこの言葉はシリアの単性派のキリスト教徒をさす[12]。

2．ズィンミーの改宗

征服はエジプトのキリスト教徒に新たな義務をもたらした。ズィンミーとして彼らはジズヤを支払わなければならなかったし，ハラージュを支払わなければならなかった。エジプトのキリスト教徒たちはムスリムの支配下で，ジズヤを支払うことで少なくとも信仰の自由を保障され，ビザンツ時代に慣れ親しんだ生活形態の多くを維持することができた。しかし，ムスリムとキリスト教徒との関係において税制への不平等が問題化した。ウマイヤ朝からアッバース朝にかけて，地方のキリスト教徒の集団が，とくに北部で反乱を起こし，832年のバシュムールの反乱で頂点に達した[13]。この問題の解決の一つの方法はムスリムへの改宗であった。

キリスト教徒のイスラームへの緩やかな改宗は複雑な過程を経る。彼らが改宗に至るのはさまざまな理由が考えられる。また改宗がどのように進んでいったかは，統計上も詳しくは確認できない。エリートなどの改宗の記録があるものを別とすれば，一般の人々の改宗を追跡するのは難しい。832年のバシュムールのキリスト教徒の納税反乱の過酷な鎮圧は改宗の重要な転換点となって現れた。以後，コプト教徒はマイノリティに転落していき，エジプトはムスリム社会として確立していく[14)]。

キリスト教徒の改宗の第二のピークは，マムルーク朝時代に現れる。ムスリムとキリスト教徒との間で増大した緊張が，とりわけ官僚や富裕層として振舞うキリスト教徒に対するムスリムの反発が，この時期において際立って増加したことが主要な要因であったと思われる。詳しくは第2部第2章で取り扱うが，この時代の改宗者の中にはムサーリマ（改宗後間もない改宗者）としてムスリムから疑いの目で見られていた者もいた[15)]。

エジプトのキリスト教社会における次の最も著しい変化は，コプト語の使用が減退しキリスト教徒もアラビア語を使用するようになったことである。ムスリムの征服時には，コプト語とギリシア語がエジプトの主要な言語であった。しかし，行政用語としてのギリシア語は9世紀のはじめに使用されなくなった。コプト語は，アラブの征服以前はエジプトにおける日常生活の言語であった。その後はエジプトにおけるキリスト教徒の言語となっていく。また，コプト語はキリスト教徒にとってはアラブの征服後も文章用語であった。けれども，コプト語はエジプトにおいては主要な行政用語ではなかった。705年に発布されたアラビア語の法令以降アラビア語が行政用語になる。キリスト教徒は，法律上の事柄に関してアラビア語を使うようになり，10世にはアラビア語による契約がキリスト教徒の間では普通になった[16)]。

ここで，エジプトにおけるキリスト教の諸宗派間の関係を一瞥しておこう。ムスリムのエジプト征服は，単性派と両性論のメリク派との関係をさらに悪化させたように思える。理論的には，ムスリムの支配下ではどの集団にも特権はなかったが，実際には状況は異なっていた。単性派は数の上では優越していて，エジプトのムスリムの行政官には気に入られていた。また，メリク派は単性派としばしば争い両者の間では協調関係がほとんど見られなかった。メリク派は彼らの総主教座をアレクサンドリアに維持し，信徒の共同体と修道院を維持した[17)]。

しかし，これらの諸信徒の共同体は征服前のエジプトの社会や文化を部分的に保持した。キリスト教徒たちは都市の中ではキリスト教信徒の共同体またはキリスト教徒の街区に集まって生活する傾向があった。農村では，修道院の外では彼らの状況を調べることが難しい。ムスリム支配下におけるキリスト教徒の団結は，宗教教義や儀礼だけでなく，社会組織においても見られる[18)]。

エジプトを征服したアムル・ブン・アルアースは，アラブの征服軍がその支配地においてすでに行ったように，征服地の住民のさまざまな伝統を破壊するよりはむしろそれを利用する方向を選択した。それゆえ，ビザンツ時代の行政機構を復活させた。最初の課税がパピルス文書に記されているが，ジズヤの歳入も記されている。征服直後は，1,200万ディルハムである。1人当たりの平均が24ディルハムと計算される。その1人が平均5人家族をもつとすると，エジプトの非ムスリムの人口はおよそ250万人ということになる。しかし，実際にはもう少し多いようである。BC.66年エジプトの人口はアレクサンドリアを除いておよそ750万人であったという記録もある。その後減少し，また疫病の流行などがあり，人口が減少した[19)]。

表1　アラブの征服直後のエジプトの宗教別人口（単位：1,000人）

Region	Total Population	Christians	Jews
Arabia	1,000	100	10
Syria	4,000	3,960	40
Mesopotamia	9,100	9,009	91
Egypt	2,700	2,673	27
Total	16,800	15,742	168

出典：Youssef Courbage and Philipp Fargues, *Chiristian and Jews under Islam*, London, 1977, p. 26.

ジズヤは非ムスリム人口に関する情報を提供する。ハラージュは宗教に関係なくあらゆる土地所有者に課せられるので，農村の人口に関する情報がわかる。およそ1割が都市の住人と計算することにより，エジプトの総人口を見積もることができる。表2の数字から判断すると，ハラージュは維持されているのに，ジズヤは減少している。すなわち総人口は安定しているのに，キリスト教徒の数は減少していることを示している。それはイスラームが改宗という手段で急速に広まったことを意味する。40年弱の間にコプト教徒の半分以上がイスラームに改宗したことになる。すなわち，644年から661年にかけておよそ26パーセントが，661年から680年のムアーウィヤの治世に33パーセントが改宗したことになる。

これに関しては別な見解がある。ある年のジズヤの減少は，ナイルの増水レベルが下回っていたことが原因の可能性もある。農業の低下の問題である。Dennettの説はもう少し緩やかな変化を示している[20)]。

図1　600-850年のエジプトにおける非ムスリム人口の割合

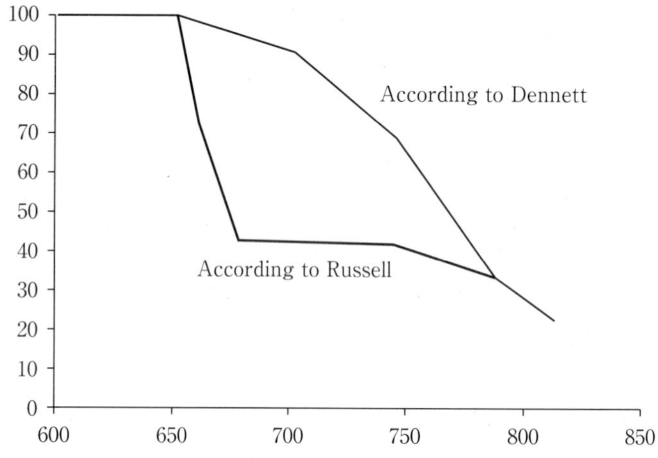

出典：Youssef Courbage and Philipp Fargues, *Chiristian and Jews under Islam,* p. 28.

800年ごろ，エジプトの人口は77パーセントがムスリム，22パーセントがキリスト教徒，1パーセントがユダヤ教徒であった。その後ジズヤの記録が残されていない。キリスト教徒はその後，1882年に8パーセントに衰退する。

ファーティマ朝時代は，エジプトにおけるズィンミーの黄金時代ともいわれ，コプトの歴史において彼らが最も寛容に取り扱われた時代であった[21)]。しかし，ファーティマ朝時代のカリフ・ハーキム（在位 996-1021）とムスタンスィル（在位 1036-94）の治世下で人口が著しく減少した。それは毎年定期的に起こり，エジプトの農地を潤すナイルの増水が数年に亘って起こらず，大飢饉が発生した時期と一致し，1022 年から 1121 年の１世紀の間に人口の３分の１が失われた。

マムルーク朝時代はキリスト教徒の改宗が進んだ時代でもあった。ムスリムとキリスト教徒との間で増大した緊張が，この時期において改宗の際立った増加の主要な要因であったと思われる。マムルーク朝のエジプト支配下の 250 年間にキリスト教徒の地位や数が衰退し続けた[22]。

表２　1978年までのエジプトの推定人口　（単位：1,000人）

Period	Total *jizya* (1,000 dirhams)	Christian and Jewish Population	Total *kharaj* (1,000 dirhams)	Total Population
1st century AD				4,500
4th century				3,000
600 AD				2,600
Arab conquest (641)	12,000	2,500		
Uthman (644-55)	13,000	2,500		
Mu‘awiya (beginning)	9,000	1,875		
Mu‘awiya (end)	5,000	1,040		
Hisham (743)			4,000	2,200*
Harun al-Rashid (787)	4,000	830		
Harun al-Rashid (813)	3,000	625	4,857	2,671*
al-Ma‘mun (813-33)			4,257	2,365*
al-Mu‘tazz Billah (869)			4,800	2,640*
Ibn Tulun (884)			4,300	2,365*
Mu‘izz al-Din (975)			3,200	1,760*
al-Mustansir (1090)			3,061	1,683*
Saladin (1189)			4,277	2,351*
Muhammad (1315)				4,200
Barquq (1382)				3,150
Bonaparte (1798)				2,498

＊：ハラージュの総額から算出
出典：Youssef Courbage and Philipp Fargues, *Chiristian and Jews under Islam*, p. 27.

以上のように，エジプトのズィンミーは改宗を通じて長い間に減少し，マムルーク朝時代に一段落するようになった。

3．ムスリム社会におけるズィンミー

(1)　イスラーム法による規定

エジプトの征服後，新しい支配者であるアラブ・ムスリムは大規模のイスラームへの改宗を迫ったわけではなく，エジプトへのムスリムの大量の移住を迫ったわけでもなく，これまでの行政機構の急激な変革を望んでもいなかった。エジプトのキリスト教徒は，ムスリムの支配を受け入れズィンマの民としてその保護下に置かれることになった。

それでは，イスラーム社会におけるズィンマの民はイスラーム法によっていかに位置づけられたのであろうか。イスラーム法はイスラーム法学者たちによって長い時間をかけて体系化された。ズィンマの民の位置づけも彼らの努力によってなされるようになった。

その規定は，コーランを根拠とする。コーランの第9章　改悛，29節には，

> アッラーも最後の日も信じようとせず，アッラーと使徒の禁じたものを禁断とせず，また聖典を頂戴した身でありながら真理の宗教を信奉もせぬ，そういう人々にたいしては，先方が進んで貢税（ジズヤ）を差出し，平身低頭して来るまで，あくまで戦い続けるがよい[23)]。

と示されている。すなわち，イスラームを受け入れない人々とはジズヤを差し出すまで戦えとしている。ジズヤの義務は，上記のコーランの規定に基づいている。その考えは，アラブの大征服のときに実践されている。

> 慈悲深く自愛あまねきアッラーの御名において……
>
> これはアッラーの僕，信徒の長ウマルによってイーリヤー Īliyā’（エルサレ

ム）の住民に与えられる安全保障である。彼らには，彼らの生命，財産，教会，十字架，儀礼の保護が与えられる。宗教的事柄においては彼らはいかなる規制も行われないし，彼らのうち何人に対しても危害を加えることはない。イーリヤーの住民は他の都市の住民と同じ方法でジズヤを支払わなければならない[24]。

これは第2代カリフのウマルがエルサレム征服（638年）の際に，キリスト教徒，ユダヤ教徒と取り交わした信仰と財産の安全保障に関する和約について記したものである。その具体的な内容はウマルの盟約として知られる。それにはいくつかの説があるが，以下に記す説は最も有名なものである。

ウマルの盟約

あなたが，われわれのもとに来た時，われわれはあなたに，われわれの生命，家族，われわれの宗教の人々の安全を以下の条件で求めます。

税金を支払うこと。ムスリムがわれわれの教会に昼夜を問わず立ち寄ることを妨げないこと。ムスリムをそこで三日間もてなし，そこで食物を与え，また外に向かっては戸を開けておくこと。教会では鐘をやさしく鳴らすこと。賛美歌を歌う時は大声を上げないこと。あなたの敵のスパイを教会や家に匿わないこと。教会，修道院，庵を建てないこと。壊れているそれらの建物を修復しないこと。ムスリムの街区の中にあるいかなる場所にも集まらないこと。偶像崇拝を見せないこと。教会でも，道でも，ムスリムの市場でも十字架をムスリムに見せないこと。われわれの子にコーランを習わせたり，教えたりしないこと。われわれの親類で本人が望めばムスリムに改宗することを妨げないこと。腰にズンナールを巻くこと。宗教を逸脱しないこと。服装，外見，鞍においてムスリムに似せないこと。ムスリムのクンヤを使用しないこと。ムスリムを尊敬すること。ムスリムに道案内をすること。われわれの建物をムスリムより高くしないこと。武器や剣を携行しないこと。ムスリムの土地を旅するときはそれを携行しないこと。ワインを売ったり見せびらかさないこと。ムスリムが住んでいる路上で火葬を行わないこと。葬式で大声を上げないこと。ムスリムを打たないこと。ムスリムの財産である奴隷を使わないこと。

われわれはこれらの条件を，われわれと同宗者とに課します。これを拒否する者には保護を与えません[25)]。

以上が，ズィンマの契約の具体的な内容である。しかし実際には，ウマルの盟約は，伝統的な形ではイスラーム暦の最初の2世紀間は知られていなかったようである。2世紀の終り頃，最終的な形で現れたようである[26)]。

ズィンマの民 Ahl al-Dhimma という言葉は，ズィンマの契約を結んだ者に適用されるイスラーム法の用語として定着していく。彼らは，ユダヤ教徒やキリスト教徒からなる啓典の民 Ahl al-Kitāb であり，ジズヤが徴収される。ズィンマの意味は，ダール・アルイスラームの中の啓典の民に，いわば市民権の授与の確立を約束するもので，ジズヤと引き換えに彼らを保護するものである。ズィンマの契約を結んだものはズィンミーとしてイスラーム社会の構成員であることを認められた。またジズヤは，啓典の民がムスリムの保護下でダール・アルイスラームに留まるための基本的条件であった。

ズィンマの契約は次第にイスラーム法学者によって形が整えられた。10世紀の法学者マーワルディーは主著『統治の諸規則』で以下のように規定した[27)]。その条件は二つに分けられた。すなわち，義務と推奨されるものである。

マーワルディーの規定

I．法的に義務とされることは，次の6つの条件である。

(1)　彼らは神の書（クルアーン）を中傷したり曲解（改竄）したりしてはならない。

(2)　神の使徒ムハンマドを嘘つき呼ばわりしたり，軽蔑を込めて語ってはいけない。

(3)　イスラームの宗教を誹謗中傷しないこと。

(4)　ムスリムの女性を，姦通，あるいは婚姻の名目で傷つけないこと。

(5)　ムスリムをイスラームから離れるように誘わないこと。また，ムスリムの財産や宗教に損害を加えないこと。

(6)　［イスラームの］敵対者を助けないこと。また，敵の間諜を受け入れないこと。

もしこの条件を破る者がいれば，ズィンマの契約が無効にされる。

Ⅱ．法的に推奨されるものは，次の6点である。

(1)　ギヤールという特別のしるしを付けたり，ズンナールという帯を締めたりして，外見をムスリムとは異なるようにする。

(2)　ムスリムが建てたものより高い建物を建てないこと。たとえ，ムスリムの家より低くしなくとも，同じ程度の高さにする。

(3)　彼らの教会の鐘の音や，聖書などを読む声や，エズラやキリストについて語る声を，ムスリムたちの耳にまで届かせない。

(4)　ムスリムの前でおおっぴらにブドウ酒を飲んだり，十字架を見せびらかしたり，豚肉を見せたりしない。

(5)　死者の埋葬は密かに行い，死者のために人前で泣いたり嘆いたりしない。

(6)　純血種の馬でも混血種の馬でも，ともかく馬に乗ることは禁じられる。しかし，ラバとロバなら乗ってもよい。

義務としての6つの条件は，その基本においては，イスラームとその信者の共同体の保護を目的としていた。

以上のことを整理すると，

1．イスラーム教徒は，ユダヤ教徒やキリスト教徒などをアフル・アルキターブ（啓典の民）と位置づけ，イスラーム社会の構成員として認めた。

2．イスラームは，啓典の民に対して，ズィンマ（安全および自治の保障）の契約を結んでズィンマの民として安全を保障した。

3．ダール・アルイスラームとは，このような契約が成り立っている場である。

このようにズィンミーの取り扱いはイスラーム法が体系化されるとともに徐々に規定された。彼らはマイノリティとしてその存在がイスラーム法で保障され，社会の構成員として規定されたのである。

(2)　ムスリム社会の中のズィンミー

アラブのエジプト征服後，キリスト教徒やユダヤ教徒は，彼らの宗派は何であれ，ムスリムの支配下に置かれ，その保護の下でズィンミーとして取り扱われることになった。理論的には，宗派の違いによる区別は行われなかったので，単性派の人々はビザンツの支配の下で受けていた不利益は受けることはなくなった。

征服後のエジプトにおけるキリスト教徒の重要な宗教制度は修道院であった。修道院はそこに暮らす男女にとって重要なものであった。精神的な理由だけでなく，そこは雇用の場所であり，学問，避難場所であり，ある種の人にとっては監禁場所であった。修道院はまた，修道士ではない人々であるエジプト人キリスト教徒の経済生活にとっても重要な場所であった。とくに商品の生産と流通において，また田舎における土地所有者として重要であった。地方の教会や修道院はエジプト人キリスト教徒にとって最も深く係わる重要な組織であった。修道院や教会への巡礼もある時代には行われている。教会や修道院は征服後のキリスト教徒の知的文化的生活の中心点として役立った。修道院では著作の生産とキリスト教徒への配布も行われていた。修道院はキリスト教文学の保存のための重要な場所であり，エジプト内のキリスト教の知的伝統の継続と発展のための重要な場所であった。古いテキストが保存されていてコピーされ，作り変えられたり，翻訳，新しい著作が行われた。エジプトのキリスト教信者の教育に関しては修道院の影響が認められる。今日でもキリスト教徒の教育においてその伝統が持続している[28)]。

著作の大多数は宗教関係のもので，聖書の解説書，神学の論文，説教，聖者伝，修道生活の案内，使徒書簡，殉教や典礼に関する著作がなされた。シナイ山の麓にある聖カテリーナ修道院は，モーセが十戒を授かったところとして信仰の拠点となっていた。それとともに学問研究の拠点でもあった。敷地内の図書館には，エジプトの内外から集まった修道士たちにより12カ国語で書かれた古い写本がおよそ3,300点保存されている。このコレクションの中に『シナイ古写本』と名づけられたギリシア語で書かれた最古の聖書も保存されていた。

政治的活動

マムルーク朝時代エジプトのキリスト教徒やユダヤ教徒は，社会，経済，政治活動においてムスリムとともに積極的に共同参加していた。以下にその例をあげてみよう。

(1) アッバース朝のカリフ・ムスタンシルのカイロ到着は658年ラジャブ月8日（1259年7月19日）であったが，スルターン・バイバルスは，カリフを迎えるためワズィールやカーディー，公証人たちとともに外出した。ユダヤ教徒はトーラーをキリスト教徒は聖書をもって外出した[29]。

(2) 792年（1390年）バルクークがスルターン位に復位した。人々は彼を歓迎するために外に出た。ユダヤ教徒はトーラーを掲げ，キリスト教徒も聖書を掲げて外に出た。彼らは火を灯した蠟燭をもってシリアから戻ってくるスルターンを歓迎した[30]。

とあり，いずれもマムルーク朝政権の政治的立場をキリスト教徒もユダヤ教徒もそれぞれの宗教の聖書を掲げて支持している。

経済的活動

以下も同様である。

(1) 749年（1348-49年）スルターン・ハサンは，アミール・マンジャクにギザ地域のナイルの堤防の建設の監督を命じた。必要な経費がムスリムおよびズィンミーから徴収された。この税はあらゆる人々から徴収され逃れられる者はいなかった。さらに，全てのイクター・店舗・家屋も対象になり，またモスク，ハーンカー，修道院，教会までもその対象となった[31]。

(2)　818年ラビー・アッサーニー月（1415年）に，スルターン・ムアイヤド・シャイフは配下のアミールやマムルーク，高官たちを伴い城塞を出てナイルから出る運河の掘削現場に向かった。人々が掘削作業のために召集された。あらゆる集団が集まったが，カイロ総督はユダヤ教徒とキリスト教徒をも引き出した[32]。

とあり，カイロ中の人々に協力の呼びかけがなされ，鳴り物入りで作業を行い，そこには悲壮感が漂っていない。ここでもマムルーク朝政権は運河や堤防という宗教に関係なくエジプト人が利用し，便宜を受ける事業に共同参加を命じ，キリスト教徒もユダヤ教徒も参加していたことが明らかである。

カーリー派ユダヤ教徒――カーリー派文書による研究

カイロのカーリー派のユダヤ教徒の研究が最近行われるようになった。オールド・カイロのシナゴーグに隣接する施設に保存されているアラビア語の古文書が利用されるようになった。それらは契約文書であるが，売買契約文書が多数を占める。物件はユダヤ教徒が多く住んでいたズワイラ街区にあるものが多く，購入者が購入後物件をワクフに設定している場合が多い。カイロのカーリー派の貧困者救済の目的のためのワクフであることがわかる[33]。キリスト教徒に比べれば少数派のユダヤ教徒もイスラーム法の枠組みの中で日常生活を送っていたことがわかる。

おわりに

以上のことから，中世におけるズィンミーたちは，イスラーム政権の中でイスラーム法によって彼らの立場が認められ，契約などによって発生する諸権利もイスラーム法に基づいて認められていたことがわかる。

また，社会的にはどのような役割を演じたのかということについても，彼らは完全に独立した集団を作っていたのではなく，ムスリム社会に結びつくような関係性をもっていたこともわかる。ズィンミーもさまざまな活動にムスリムとともに参加した。

注

1）A. H. Hourani は，長年に亘ってオスマン帝国によって支配されてきたアラブ世界の，すなわち，エジプト，パレスチナ，トランスヨルダン，レバノン，シリア，イラクのマイノリティを以下のように分類している。マジョリティはアラビア語を話す人々である。もちろん，これ以外にも数多くのマイノリティが存在するが，とりわけ重要なもののみが分類されている。

A. スンナ派ムスリム，アラビア語を話さない：

(1) クルド
(2) トルコマン
(3) コーカサス：チェルケス，チェチェン

B. アラビア語を話す，スンナ派ムスリムではない：

Ⅰ．スンナ派ではないムスリム：

(1) シーア派
(2) アラウィー派
(3) イスマーイール派
(4) ドルーズ派

Ⅱ．キリスト教徒：

(1) ギリシア正教徒
(2) シリア正教徒（ヤコブ派）
(3) コプト正教徒
(4) ネストリア教徒（アッシリア人）
(5) ローマ・カトリック教徒
(6) マロン派
(7) ギリシア・カトリック教徒
(8) コプト・カトリック教徒
(9) シリア・カトリック教徒
(10) カルデア・カトリック教徒
(11) プロテスタント：英国国教会派，長老派教会員，など

Ⅲ．ユダヤ教徒，セミユダヤ教派

(1) ラビ派
(2) カーリー派

(3)　サマリア派

Ⅳ．その他の宗教

(1)　ヤズド派

(2)　マンダ教徒

(3)　シャバク派

(4)　バハーイー教徒

C. アラビア語を話さない，スンナ派ムスリムでもない：

(1)　ペルシャ語を話す：シーア派
バハーイー教徒
ユダヤ教徒

(2)　クルド語を話す：　ヤズド派
シャバク派
アラウィー派
シリア正教徒
シリア・カトリック教徒
ユダヤ教徒

(3)　シリア語を話す：　ネストリア派（アッシリア人）
カルデア・カトリック教徒
シリア正教徒（ヤコブ派）
シリア・カトリック教徒

(4)　アルメニア語を話す：アルメニア正教徒（Gregorians）
アルメニア・カトリック教徒
アルメニア・プロテスタント

(5)　ヘブライ語を話す：ユダヤ教徒

(6)　ユダヤ教徒，ヨーロッパ諸語を話す：
イーッディッシュ，スペイン系，イタリア系，など

A. H. Hourani, *Minorities in the Arab World,* London, 1947, pp. 1-2.

＊シャバク派：信者の多くはモースルの東方の村に暮らしている。1960年の人口調査ではおよそ15,000人である。(EI. Vol. 9, pp. 152-53.)

2)　田村愛理『世界史のなかのマイノリティ』世界史リブレット53，山川出版社，1997年，7-8頁。

3)　同前掲書，54-55頁。

4)　Terry G. Wilfong, “The non-Muslim communities: Christian communities”, in *The Cambridg History of Egypt,* vol. 1, Cambridge, 1998, p. 176.

5)　*Ibid.,* pp. 176-77.

6） A. S. Atiya ed., *The Coptic Encyclopedia,* vol. 2, New York, 1991, p. 599.
コプトの定義は複雑であるが，語源としては２つの説があるようである。
⑴ 一つは，ルクソールの北東に位置する Coptos（現在名は Qifṭ）という町に由来するものである。しかし，この町は，歴史上コプト教徒の著しい活動の拠点として機能したことはなく，現在の住民も大部分はムスリムである。
⑵ 二つ目の説は，ギリシア語の *Aigyptos/Aigyptioi* に由来するものである。641年のムスリムの征服後，行政用語にアラビア語が使われるようになってから，子音が減少した。また，アラビア語は母音の表記を省略するため，*Aigyptos/Aigyptioi* はアラビア語の kpt という綴りになり，発音は Copt となった。

7） Terry G. Wilfong, op. cit., pp. 177-78.

8） 「皇帝派」の意味で，カルケドン派のキリスト教徒をさす。エジプトにおいても，カルケドン信条を容認する人々はそう呼ばれた。太田敬子「他者の表象としての「ローマ帝国」『シリーズ歴史学の現在 11　幻影のローマ』青木書店，2006 年，173 頁。

9） Terry G. Wilfong, op. cit., p. 178.

10） シリアのアンティオキアの教会の単性派のキリスト教の使徒 Jacob Baradaeus（c. 500-578）に由来する。アンティオキアの教会を迫害から守り続けたことにより，シリア正教会の創始者として知られる。*The Coptic Encyclopedia,* vol. 4, pp. 1318-19.

11） Youssef Courbage and Philipp Fargues, *Chiristian and Jews under Islam,* London, 1977, p. 4.

12） Terry G. Wilfong, op. cit., pp. 178-80. 聖カテリーナ修道院文書にもヤコブ派（アラビア語では yu‘āqiba）として登場する。

13） *Ibid.,* p. 182.
バシュムールの反乱：バシュムール al-Bashmūr は，ナイルデルタの北部の地中海の海岸に近い湿地帯であったが，バシュムールの正確な位置は不明である。ロゼッタとダミエッタの間の Idkū 湖の近くである。エジプトのコプト教徒は，7 世から 9 世紀にかけて各地でアラブの行政に対して反乱を起こしてきた。この地域の人々は，長い間反乱を繰り返してきたが，この地域はエジプトにおいてアラブの支配に服した最後の地域であった。反乱の原因については，コプト教徒に課せられた重税に対する反乱という説の他，アラブの増大する不寛容とバシュムールの反乱の始まりとの間に関係がみられるという説もある。反乱はアッバース朝の軍隊との激しい攻防の末，反乱者は停戦を受け入れた。しかし，反乱者はイラクやシリアなどに送られ，バシュムールは破壊され，反乱は終結した。また，この反乱には政治的なプランもなければ，強力な指導者もなく，組織された軍事力もなかった。反乱が可能であったのは，湿地帯という地の利のためであった。*The*

Coptic Encyclopedia, vol. 2, pp. 349-50.

14) *Ibid.*, p. 183. エジプトのイスラーム化については *The Coptic Encyclopedia*, vol. 3, pp. 938-42. に詳細な記述が見られる。

15) *The Coptic Encyclopedia*, vol. 3, p. 941.

16) Terry G. Wilfong, op. cit., pp. 184-85.

17) *Ibid.*, pp. 186-87.

18) *Ibid.*, p. 187.

19) Youssef Courbage and Philipp Fargues, op. cit., p. 5.

20) *Ibid.*, pp. 14-20.

21) Saleh, Marlis J.,"Government Relations with the Coptic Community in Egypt during the Fatimid Period (358-567 A. H./969-1171 C. E.)", Ph. D. dissertation, University of Chicago, 1995, p. 4.

22) Youssef Courbage and Philipp Fargues, op. cit., pp. 16-17.

23) 井筒俊彦『井筒俊彦著作集7 コーラン』, 中央公論社, 239頁。

24) al-Ṭabarī, *Ta'rīkh al-Rusul wal-Mulūk*, vol. I, Leiden, 1964, p. 2405.
Youssef Courbage and Philipp Fargues, op. cit., p. 1.
Antoine Fattal, *Le statut légal des non-musulmans en pays d'Islam*, Beyrouth, 1958, pp. 45-46.

25) しかし, これはフィクションであったようである。これはシリアのキリスト教徒がカリフ・ウマルにあてた手紙の形をとっている。

26) Ibn al-Ukhuwwa al-Qurasī, *Ma'ālim al-Qurba fī Aḥkām al-Ḥisba*, al-Qāhira, 1976, pp. 92-100.
ウマル盟約については, 伝承を整理しながらその成立の過程を詳細に明らかにした研究がある。辻明日香「ウマルの誓約：伝承の成立」『東洋学報』86-1, 2004。

27) マーワルディー『統治の諸規則』湯川武訳, 慶應義塾大学出版会, 2006年, pp. 353-54.

28) Terry G. Wilfong, op. cit., pp. 188-89.

29) Ibn Taghrībirdī, *al-Nujūm al-Zāhira*, vol. 7, p. 109.

30) Ibn Taghrībirdī, *ibid.*, vol. 12, p. 3.

31) al-Maqrīzī, *al-Khiṭaṭ*, vol. 2, p. 168. *al-Khiṭaṭ*, ed. by Ayman, vol. 3, p. 559.
この時徴収された税は, マドラサからは5から10ディルハム, すべての墓からは2から3ディルハム, モスク・ハーンカー・ザーウィヤ・リバートからは何がしかが徴収された。修道院・教会からは100ディルハムが徴収された。

32) al-Maqrīzī, *al-Sulūk*, vol. 4, part 1, pp. 313-14.

33) D. S. Richards, "Arabic Documents from the Karaite Community in Cairo", *JESHO*, vol. 15, 1972, pp. 105-62.

第2章
マムルーク朝政権とキリスト教徒

1．イスラーム法とキリスト教徒

第1章ですでに述べたように，イスラーム国家の中のキリスト教徒は，アフル・アルキターブ（啓典の民）とみなされ，イスラーム法ではズィンミーあるいはアフル・アッズィンマ（契約の民）として取り扱われていた。すなわち，イスラーム国家とズィンマ（生命財産の安全保障）の関係を結ぶ者という意味である。したがって，キリスト教徒はイスラーム法のもとでズィンミーとして国家の保護を受け，特定の権利を享有することができたのである。とはいえ，ムスリムと同じ完全な市民権を与えられていたわけではなかった。マーワルディーの『統治の諸規則』，イブン・カイイム・アルジャウジーヤの『契約の民の諸規則』，ヌワイリーの『学芸の究極の目的』などにはイスラーム法上のズィンミーの規定が詳細に記されている[1)]。これらのイスラーム法による規定をもとに，これまで，キリスト教徒とイスラーム国家およびキリスト教徒とムスリムとの関係については，法理論上はしばしば論じられてきた[2)]。

しかし，実際の社会の中での両者の関係についてはあまり論じられることはなかった。それゆえここでは，イスラーム政権であるマムルーク朝が，非イスラーム教徒であるキリスト教徒をどのように取り扱ったかを問題にする。イスラームは，初期イスラーム時代の征服活動によってムスリム政権が樹立されたことにより，現在中東と呼ばれる地域に広まった。しかし，その広大な地域は，支配者がムスリムであったのはもちろんであるが，社会全体がすぐにイスラーム化したわけではなかった。イスラーム化は徐々に進行し，人口の過半数がイスラーム教徒になるのは数世紀の後のことであった。それはイスラーム政権が，決して政治権力でイスラーム化を断行したわけではなかったからである。

それではイスラーム化した政権下では，キリスト教徒はどのように取り扱われたのであろうか。そのことは政治的枠組みの中で理解されるのはもちろんのことである。だが，イスラーム国家の政治は当然のことながらイスラーム法に基づき行われる。したがって，そのことを考えるためには，イスラーム法の理論の分析ではなく，イスラーム政権下の実際の司法行政の枠組みの中で，キリスト教徒はどのように取り扱われたのか，すなわち，キリスト教徒は実際には，イスラーム法であるシャリーアをどのように適用されたのか，あるいはそれをどのように受け入れたのかを分析しなければならない。

さて，そうしたイスラーム法のキリスト教徒への具体的な適用のあり方は，さまざまな法文書に現れている。では，そういう法文書は，どのような手続きを経て誰によって作成されたのであろうか。また，誰によってイスラーム法の知識がキリスト教徒の間に広められたのであろうか。そのことを考えることはまた，イスラーム政権下でイスラーム化していない社会へのイスラームの広がり方を考える材料にもなると思われる。

2．マムルーク朝の宗教政策とキリスト教徒

マムルーク朝は1250年から1517年までエジプト・シリアを支配した王朝である。マムルーク朝が政権を樹立したころのイスラーム世界は，その東部をトルコ系の遊牧騎馬民族やモンゴル勢力によって席巻され，また西からは十字軍勢力が繰り返し進入を行っていた。イスラーム世界はかつての栄光をまさに失おうとしていたのである。そういう危機に瀕した時期にマムルークの将軍たちはアイユーブ朝から政権を奪取したのである。

マムルークは，少年のころ奴隷として中央アジア方面からイスラーム世界に買われてきたトルコ系の異邦人で，文化的・軍事的教育を施された後に奴隷身分から解放され，主人に忠誠を誓うことと引換えにイクターを与えられてマム

ルーク軍団に編入されたのである。そして，彼らの中で最も有力なマムルークが代々スルターンに選出されてきた。しかも，この王朝の政治理念はイスラーム世界の伝統的統治原理に基礎を置かなかったのである。民主的な原理に基づくスルターンの選出や民衆の委任の原理は行われなかった。スルターン位は将軍たちの間で争われ獲得される原則が成立した[3)]。

マムルークたちは軍事力を独占し，ナイルの恵みがもたらす豊かな農業とインド方面とヨーロッパとの間の中継貿易が生み出す経済力を背景に安定した政権を確立した。こうしてできた体制をマムルーク体制というが，当時地中海世界で最も強力な軍隊を擁していた。マムルーク朝政権は，こうした強力な軍隊と繁栄した経済に基づき，バグダードが破壊された後のイスラーム世界の中心地を支配したのである。

体制の基盤を確立したマムルーク朝は，イスラーム世界の擁護者たるべく，さまざまな宗教政策を行った。彼らは領域内の聖地，すなわち，メッカ，メディナ，エルサレム，ヘブロンの保護を行った。しかし，マムルーク朝はメッカ，メディナの両聖地には軍隊を派遣しなかった。聖地の守護は当地の有力部族であったザイド派のアール・カターダに任せたからである。しかし，巡礼の保護のためには積極的な努力を行った。スルターン・カラーウーンはカーバ神殿を飾る黒布を毎年エジプトから送っている[4)]。

1258年モンゴル軍はバグダードに侵攻し，600年以上続いたカリフ制に一旦終止符を打った。しかし，マムルーク朝スルターン・バイバルスは，1261年アッバース朝カリフの一族をカイロに迎え入れ，象徴としてのカリフの存続を図った。

さて，マムルーク朝が行った宗教政策の中でとくに重要なものは，スンナ派の4法学派の公式な承認とその保護であろう。バイバルスは，それまでのシャーフィイー派のみに優位性を与えるアイユーブ朝の政策に代わって，4法学派の大法官をカイロに設置した。そして，それぞれの法学派が裁判や教育を行うことを許した。しかし，それはマムルーク朝が寛大であったというだけではなく，増え続ける大都市カイロの人口が1つの法学派だけでなく，他の法学派も必要としていることを認めたからである。こうして4法学派の法廷が設置され，それぞれの法学派を担う法学者を養成するマドラサが建設された。だが，この司法行政の拡大はマムルーク朝には有効な政策となった。というのは，そのことにより，裁判官たちが政権にとって好ましい裁決を下してくれることが期待できたし，異邦人であるマムルークが圧倒的多数のムスリムを支配することの正当性を法学者たちに認めてもらうことができたからである[5)]。

さて，イスラーム国家の政治理念は，その支配者がカリフであり，イスラーム法に従って支配する国家の内部で，キリスト教徒とユダヤ教徒の臣民すなわちズィンミーにもできる限りの自由を与えることであった。この見解は基本的にはマムルーク朝時代にも踏襲された。すでに記したように，マムルーク朝政権の統治の枠組みができ上がることによって，マムルーク朝政権とズィンミーとの関係もしだいに調整されていった。マムルーク朝スルターンのズィンミーに対する公式の立場の認識は，聖カテリーナ修道院文書の中の，マムルーク朝時代を通じて発布され続けたスルターンや政府高官からズィンミーへの布告などから知ることができる。例えば，スルターン・バイバルス，カラーウーン，バルクークなどの布告に共通に見られるのは，「彼らの保護された立場は永久に続くし，イスラームの保護によって彼らの安全は守られる。イスラームの支配とシャリーアの規定に従って」というような表現である[6)]。しかし同時に，マムルーク朝時代を通じてズィンミーに対して度重なる抑圧が行われたこともまた事実であった。例えば，長く続いた十字軍との戦いが，ムスリムとズィンミーとの間に敵対心を生んだであろうし，アンダルスでのレコンキスタによりかの地のムスリムたちがマムルーク朝領土内に避難してきたことも大きく影響した。けれどもジズヤを支払いさえすれば，基本的には国家は満足した。

だが，十字軍やモンゴル軍などとの戦いがムスリムたちの宗教的な熱烈さを強めた。ある種の圧力の下に，コプト教徒のイスラームへの改宗が急速に進んだ。ムスリムのズィンミーに対する感情も悪化した。国家の行政財政機構の中で多数のズィンミーの役人が任務に就いていたからである。また，ムスリムのワクフ財，土地などがズィンミーのために使われることも感情悪化につながった[7]。

スルターンはこうしたムスリムの民衆の感情に無関心ではいられなかった。というのは，宗教的な要素が不満を抱くマムルークのアミールたちと結びつく可能性があり，スルターン位を脅かすものであったからである。スルターン・ナースィルは3度スルターン位に就いたが，その間2度スルターン位を中断されている。それゆえ，以下のような布告を700年（1301年）に発布せざるをえなかった。この布告は多少の変化はあるものの第1章で取り扱ったカリフ・ウマルの盟約を踏襲したものであり，カルカシャンディーの『黎明の書』の中に残されている[8]。以下，多少長いが訳出して紹介してみよう。

ユダヤ教，キリスト教，サマリア派の全信徒たちが認めなければならない布告。エジプト，イスラーム諸国，その行政区に在住する上記のものに対してカリフ・ウマルの盟約をして支配せしめよ。イスラーム諸国の中では修道院，教会，修道士の庵を新たに建設してはならない。廃墟となっているこれらの建築物を再建してはならない。諜報活動を行う者，イスラーム教徒に疑いをもつ者をかくまってはならない。ムスリムに不信を押し付けてはならない。彼らの子供たちにコーランを教えてはならない。多神論を広めてはならない。親類の中で本人が望むならば，イスラームに改宗することを禁じてはならない。ムスリムと似た服装を着用してはならない。青や黄色の服装をしなければならない。彼らの婦人をムスリムの婦人に似せてはならない。鞍を使用してはならない。剣を携帯してはならない。馬やラバに乗ってはならない。サドルを付けたロバに横向きに乗らなければならない。ブドウ酒を売ってはならない。彼らは何処にいても彼らの服装をしなければならないが，絹以外で作ったベルトを腰に着用しなければならない。キリスト教徒の婦人は青色の亜麻のショールを着けなければならない。同様に，ユダヤ教徒の婦人は黄色のショールを着けなければならない。ハンマーム（公衆浴場）ではムスリムではないことを特徴づけるものを首に着けなければ，また鉄や鉛の指輪などを着けなければ入場してはならない。ムスリムの建物より高いもの，広いものを建ててはならず，最も低いものでなければならない。鐘の音は弱いものでなければならない。教会で高い音を出してはならない。この王朝やアミールたちに仕えてはならない。ムスリムを圧倒する職業に就いてはならない。遺産相続はイスラーム法の支配に服さなければならない。ムスリムの個人の場合のように官庁の保護が与えられる。ズィンミーの婦人はムスリムの婦人と共にハンマームに入ってはならない。彼女たち専用のハンマームに入らしめよ。

かくの如くして，マムルーク朝政権は公式に，法制度上も社会形態上も何らかの差別をズィンミーたちに課すことを再確認した。この布告が社会的にどれだけ厳しいものであったかは定かではないが，ズィンミーを社会の中ではっきりと識別し，彼らの社会的および宗教的活動に何らかの制限を加えることを目的としたものであろう。しかし，これは発布されてから直ちに徹底されなかったのではないかと思われる。第2部第4章で取り扱うが，721年（1321年）に，カイロやフスタートで教会が破壊されるという事件が起き，それがエジプト各地に広がってしまった。それから約1カ月後，カイロのいくつかの地区が焼打ちされた。キリスト教徒が報復のために行ったという噂が広まった[9]。そして，これを機にこの布告に見られるような差別が強まったものと思われる。しかし，こうした事態が収束するともとの状態が回復し，ズィンミーは行政機構の中へ復帰することが認められた。

だが，その後もマムルーク朝政権のズィンミーへの抑圧は何らかの形で続き，とくにコプト教徒社会はマムルーク朝時代に衰退し，今日のエジプトのコプト教徒の社会的状況はこの時代にでき上がったのである。13世紀にはコプト語は日常用語としては使われなくなり，以後教会内の聖職者たちの言葉になってしまった[10]。

しかし，マムルーク朝時代を通じてズィンミーへの抑圧とそれに対する彼らの反発が何度も繰り返されたことは同時代の史料が伝えているが，それはそうした事態が極度に達したときであり，通常は彼らは，ジズヤの支払いは別として，ムスリムとほとんど同じような権利を享受していた。イブン・アルウフッワの名で知られる『ヒスバの書』の著者は，彼の時代のズィンミーはムスリムの建物やモスクよりも高い建物を作るようになったし，またかつてカリフの名に使われていたもの，例えば，ラシードとかアブー・アルハサンとかアブー・アルファドルとかを名のるようになったと言っている。彼らはまたムスリムの乗り物に乗り，上等の衣服を着用し，彼らが得た高い地位を禁じられることはなかったのである[11)]。

3．聖カテリーナ修道院文書から窺えるエジプト社会のズィンミー

マムルーク朝政権がキリスト教徒を実際にはどのように取り扱ったかを知るためには，すでに記したように，イスラーム法が具体的にどのように彼らに適用されたのかに着目しなければならない。すなわち，そのためには彼らが残したさまざまな法文書を分析しなければならない。

詳細は第5部で取り扱う。聖カテリーナ修道院文書のアラビア語の古文書は，ファーティマ朝時代から近代に至るまで1,072文書あるが，キリスト教徒の社会生活を知るうえで重要なのは法文書である。法文書には，売却文書，抵当文書，ワクフ文書，債権文書，イクラール文書，イスティブダール（ワクフの交換）文書，ファトワーなどがある。法文書の大半は売却文書やワクフ文書などに見られるように不動産の所有権の移転を記したものである。そしてそれらの移転は，ムスリムからキリスト教徒あるいはその逆という異教徒の間で行われる例は少なく，大半はキリスト教徒同士で行われていたようである。

また，文書は一つの完結した移転を記しているだけでなく，その後に発生したその不動産の移転も記していて，その不動産の何世代かに亘る推移がわかるようになっていた。例えば，ある不動産を購入した者がその後他人に転売した場合，あるいはその後ワクフ物件に設定するというような場合である。これらの文書が修道院に保存されたのは，その中で取り扱われている法行為が何らか

の形で修道院と係わりをもったからである。ここではそうした法文書の中から，イクラール文書と証言証書の二つの文書を訳出して紹介してみよう。

文書 244 ：イクラール［表］　41.5cm × 23cm　紙

慈悲深く慈愛あまねきアッラーの御名において，

トゥールに頻繁に往来するキリスト教徒，シャイフ・マリー・ギルギース・ブン・ナジャー・アルシャウバキーは供述した。彼の証言は［シャリーアに基づき］以下のとおりである。(中略) 彼は健全な身体と精神をもち，彼自身の事柄について法的に処理する資格をもっている。それゆえ，彼は強要されることなく，強制されることなく，そのことに無知でなく，自分自身に証言した。彼はトゥールの修道士たちの顧問（ワキール）と，マーリク果樹園とトゥールにありアブー・ジュードとして知られた場所にあるナツメやしと建物の価格から評価されるものと同等のものとの交換を行うことを供述した。そしてそのことを確定することなしにその場でそのことを証言した。トゥールの修道士たちと彼らの顧問は，交換するもの全て，要求するものと要求者，権利と義務を示した。そしてその要求はシャリーアにより否定されないものであること，それを受け入れ満たすことが間違いでないことを彼に確認させた。(中略) さらにこのイクラールが行われた後には，彼は上記のナツメやしと建物に関して権利もなければ，要求も証言もせず，共有することも相続することも，利益を所有することもないことを供述した。

また，［この交換によって］彼の権利となったものはシャリーアに基づき，永久に聖カテリーナ修道院に住む修道士たちのワクフとして設定された。

彼は 674 年シャッワール月 4 日（1276 年 3 月 22 日）にかくの如く証言した。

かくの如く証言した。
アルウィー・ヤークーブが記述した。

かくの如く証言した。
アブド・アルラフマーン・ブン……

［裏］

カーディー（裁判官）に委任されトゥールで登録される

慈悲深く慈愛あまねきアッラーの御名において

シャウバクのシャーフィイー派の裁判官ディヤー・アッディーン・アブー・アルナサーイル・ダニヤル・ブン・ミスハクは証言した。そして裁定を執行した。彼はその内容を彼のもとでシャリーアに基づき証明し，確認した。それゆえ，私は675年ラビー・アッサーニー月25日（1276年10月7日）にこのことについて彼に対して証言を行った。

かくの如く証言した。　　　かくの如く証言し記述した。

アリー・アリー……　　　……………

文書285[12]**：証言証書**　37 × 27.5cm　紙

慈悲深く慈愛あまねきアッラーの御名において

その当時トゥールに在住のメリク派キリスト教徒の Khalīl b. al-Muʻallim Badr b. Ẓarīf および Khalf b. al-Qassīs Makhlūf b. Ṣadaqa および al-Muʻallim Yūsuf b. Naṣr Allāh b. Yūsuf および Khalīl b. Ibrāhīm b. Sābā はその日付に本証人のもとに集まった。証人は出席した彼らに対してイスラーム法に基づく以下の証言を行った。

トゥール在住のメリク派のキリスト教徒 Ghanīm b. Ilyās al-Shawbakī は，トゥールにある建物の一群をワクフに設定し，その建物に付随する諸権利，その特徴，その付属物，それに関するあらゆるものとともに登録した。

この建物の境界は，以下のとおりである。南は上記のワーキフである Ghanīm が所有する家に接し，東は門のある通りに接し，北は Sālim b. al-Samīn として知られる者の家に接し，西はキリスト教徒の Sālim Abū ʻUwayna の家に接している。この境界はイスラーム法に基づき855年に定められたものである。

このワクフは聖カテリーナ修道院が受益者としてイスラーム法に基づいて

設定された。売却，譲渡，担保設定はできず，いかなる方法でも移転ができないものである。いかなる理由によっても，最初に設定された条件に異なるいかなる目的のためにも使用されない。聞いたあとで，それを勝手に作りかえたりしたら，その罪は全部作りかえた者が負わされることになるぞ。まことにアッラーはすべてを聞き，あらゆることを知り給う。

上記のワーキフにはアッラーの称賛が発生した。慈善を行う者は善人の称賛を受けることを否定されない。そのことに公平を行った者には，アッラーはその行いをよく思い，称賛を与えるであろう。すべては挙げてアッラーのもの。だからこそ，悪いことをした者にはそれ相応の報いを与え，善いことをした者には最善の御褒美を授け給う。

このワクフを証明する証言が，彼らに対して882年ラビー・アッサーニー月11日（1477年7月24日）に行われた。神は最も良く知り給う。

上記の証人たちに対して彼らに属するものに関して証言を行う。
ハティーブのMuḥammad b. Muḥammad b. ʻAbd ……が記す。
上記の証人たちに対して彼らに属するものに関して証言を行う。
ハナフィー派のʻAlī b. ʻAlī al-Ghazzīが記す。

内容に関するものは正しい。
Khalīl b. Badr b. Ẓarīfが記す。
内容に関するものは正しい。
Khalf b. al-Qassīsが記す。
内容に関するものは正しい。
Yūsuf b. Naṣr Allāhが記す。
上記の証人たちに対して証言を行う。
Ibrāhīm b. Muḥammad al-Ḥusaynī
内容に関するものは正しい。
Khalīl b. Ibrāhīm b. Sābāが記す。

4．ズィンミーとイスラーム法

さて，244番の文書はイクラール文書であり，285番は証言証書である。両文書に出てくる不動産はシナイ半島の港町トゥール[13)]にあり，文書244はトゥールおよびその付近在住のキリスト教徒からキリスト教徒への不動産の移転に関する法文書であり，文書285はトゥール在住のキリスト教徒が設定したワクフの証明に関する文書である。ここで問題となるのはイスラーム法の適用のあり方である。最初に，イクラールおよび証書がイスラーム法ではどのように行われ，どのように文書が作成されるのかを説明したうえで，訳出紹介した実際の文書を検討してみよう。

イクラール

両文書に登場する法律用語イクラールとは，イスラーム法上の証言の一種であり，供述のような意味をもつ。イクラールは，理論上は証人による証言よりも弱いものであり，例えば，ハッド刑を含む刑事訴訟では取り消されることもあるし，家族関係を証明する（例えば親子であることや兄弟であることの確認）ことに使われるときには，当事者による確認を必要とした。だが，イクラールは実際の社会では，それをする側に一つの義務を生じさせる最も確実な手段であった[14)]。

すなわち，ある法律上の事柄が裁判という煩わしさに発展するのを防ぐため，ある人が訴訟に頼らずに他人の権利を認めることがある。この権利の承認をイスラーム法ではイクラールという。それはその承認を供述する供述者の側に法的な義務を生じさせる供述である。例えば，もし売却契約が証人の証言で証明されるとき，支払いをめぐり何らかの抗弁が買手には開かれている。しかし，買手Aが問題になっている金額を売手Bに支払う義務を負っているということを，A自身が供述した場合，Aの供述は取り消すことができない。イスラーム法によれば，イクラールはそれを行う者にとって最も拘束力のある法的義務であり，少なくとも2人の証人の前でそれが行われると，特別な状況を除いて取り消すことができない。イクラールは司法上はもちろんのこと，司法外のことにも適用される。また，イクラールは法廷内であろうと，法廷外であろうと2人の証人の前で行われると，どちらの場合でも法的に拘束される[15)]。

しかし，法的に効力のあるイクラールを行うものは，ある必要条件を満たさなければならない。すなわち，供述者は健全な精神と身体との持ち主でなければならないし，自由意志で行動しなければならないし，法的な資格がなければならない。したがって，未成年，精神異常者，すなわち禁治産者によってなされた供述は有効ではないのである。しかし，効力のない人間あるいは奴隷によってなされた供述は，ある種の条件の下では有効とみなされる場合もある。また，供述の内容は少なくとも2人の公証人による証言がなければならないとされている。以上がイクラールに関するイスラーム法の理論的枠組みである[16)]。

さて，先に訳出した文書を検討してみよう。244番の文書は表がキリスト教徒マリー・ギルギスによってなされたイクラールである。供述者は一人称ではなく三人称で供述を行っている。供述者は正確に特定されなければならないため，本人の名前以外に，ラカブ（尊称），ナサブ（「誰それの息子」の意味のイブンで始まる名），ニスバ（由来名）が記されている。次いで，供述者マリー・ギルギスが健全な精神と身体の持ち主であること，すなわち法的な資格をもっていること，自由意志でこの不動産の交換を行うことなど，イスラーム法上の必要条件が明確に記されている。そして，供述者マリー・ギルギスは，この交換が行われた後には，それまで彼が所有していたナツメやしと建物には如何なる権利をも放棄した旨を供述し，イクラールが完了したことが記されている。また，この交換によって取得したマーリク果樹園を供述者マリー・ギルギスは聖カテリーナ修道院のワクフとして設定した。同修道院にこの文書が一部保存されていたのはこの理由からである。

このイクラールは674年（1276年）に4人の公証人の前で行われ，公証人アルウィー・ヤークーブがこの文書を書いたことがわかる。さらに，この文書の裏に書かれていることからわかるのであるが，このイクラールは登録をするためにトゥールのシャーフィイー派の法廷に持ち込まれたのである。裁判官アブー・ナサーイルは内容をイスラーム法に基づき検討し，それが正しい旨の裁定を約半年後に下している。こうして，このイクラールは正式にトゥールのイスラーム法廷に登録された。この紙背の文書も3人の公証人によって記述され証言されている。

以上のことから，キリスト教徒のマリー・ギルギスは，不動産の交換という法的な行為を行うために，公証人アルウィー・ヤークーブのもとに出向き，イスラーム法に則ってイクラールを行い，イスラーム法に基づきこのイクラール文書を作成してもらったのである。すなわち，キリスト教徒も日常の社会生活の中で行われる法的行為は，ムスリムと同じようにイスラーム法に従っていたのである。

証　　書

文書285はワクフの契約が正当に行われたことを証明する証書である。証書はその内容がイスラーム法に基づき正しいものであることを証明するために証人による証言を必要とする。この文書では，証人が7人証言を行っているが，3人はムスリムで4人はキリスト教徒である。ムスリムの証人の1人であるMuḥammad b. Muḥammadはトゥールのモスクのハティーブである。両者の違いは，文書の末尾の署名の部分の表現に現れている。ムスリムの証人は，「上記の証人たちに対して彼らに属するものに関して証言を行う」という表現の後に署名をしている。また，キリスト教徒の証人は，「内容に関するものは正しい」という表現の後に署名をしている。

ここで重要なことは，キリスト教徒が行ったワクフの証明にムスリムとキリスト教徒との両方の証人が証言を行っていることである。

5．ズィンミーの日常生活

マムルーク朝時代のズィンミーは，すでに述べたように政治的には多くの差別を受けたが，日常の社会生活においては，さまざまな社会活動も，経済的な行為もムスリムとほとんど変わらなかった。彼らはムスリムとの社会的な共同作業にも平等に参加した。水利事業，例えば水路や運河の開削，灌漑土手の建設などにはズィンミーも参加した。第1章ですでに紹介したように，749年（1348-49年）スルターン・ハサンは，アミールのマンジャクをナイルの水をギザからカイロに引く水路の建設の監督に任命した。建設に必要な資金は特別税としてズィンミーをも含めた民衆から徴収されたほか，モスク，ハーンカー，ザーウィヤ，修道院，教会からも徴収された[17]。すなわち，日常生活においては，信仰が異なることを別にすれば，ムスリムであることとズィンミーであることとがそれほど大きな意味をもたなかったのではないかと思われる。すでに紹介した上記のイクラール文書，証言証書文書に見られるような日常生活の中で行われたさまざまな法的行為を記し，イスラーム法の適用を受けて処理されたさまざまな文書がそのことを物語っている。

ズィンミーに関していえば，理論上イスラーム法はズィンミーと個々のイスラーム教徒およびイスラーム国家との関係にのみ適用され，ズィンミー個人と他のズィンミーとの関係には適用されることはなかった[18]。しかし実際には，売買契約文書によく見られるように，ズィンミーとズィンミーとの間でも，またズィンミーとムスリムとの間でも売却と購入が自由に行われ，イスラーム法に則って契約がなされている[19]。また，キリスト教徒の債権者が，キリスト教徒の債務者の支払いが滞ったため債務をムスリムの商人に移したことを記した文書などもある。売却は個人と個人との間で行われただけではなく，売却人が複数の場合，すなわち，家族で所有していた不動産を売却した場合もあるが，売却費はイスラーム法に従って分配されている。家族で売却した場合でも，父親が死亡した後に売却が行われた場合もあり，そこには財産相続が考慮されて，寡婦と子供との間で細かく分配されている[20]。

また，法廷に裁定を求める嘆願書が提出される場合もあった。それらのいくつかは，老朽化し収益を生まなくなったワクフ物件の売却を求めるものである。カーディーは調査を執行し，専門の公証人を派遣し当該物件の価格査定が行われる。続いてその査定に至るまでの全ての法的処理に関する証言がなされている[21]。

このように，キリスト教徒たちが日常生活の中で行うさまざまな法的行為は，ムスリムとほぼ同様のイスラーム法の支配を受けていたのである。

注

1）al-Māwardī, *al-Aḥkām al-Sulṭānīya,* al-Qāhira, 1298 H. 湯川武訳『統治の諸規則』,『イスラム世界』27･28，1987年。湯川武訳『統治の諸規則』，慶應義塾大学出版会，2006年。

Ibn Qayyim al-Jawjīya, *Aḥkām Ahl al-Dhimma,* 2 vols, Bayrūt, 1983.

'Abd al-Wahhāb al-Nuwayrī, *Nihāyat al-Arab fī Funūn al-Adab,* vol. 8, Cairo, 1997, pp. 22-23.

2）A. S. Tritton, *The Caliphs and Their Non-Muslim Subjects,* London, 1970.

Munawar Ahmad Anees, "Christian-Muslim Relations : Historial Perspectives", *Islamic Culture,* vol. 614, 1988.

Antoine Fattal, *Le Statut Légal des Non-Muslmans en pays d'Islam,* Beyrouth, 1958.

Bernard Lewis, *Jews of Islam,* London, 1984.

3）Q. A. Qāsim, *Ahl al-Dhimma fī Miṣr al-'Uṣūr al-Wusṭā,* Cairo, 1979, pp. 63-101.

4）Donald P. Little, "Religion under the Mamluks", *The Muslim World,* vol. XXIII, nos. 3-4, 1983, pp. 170-71.

5）*Ibid.,* p. 174.　マムルーク朝時代の4法学派のカーディー・アルクダーおよび司法行政については，J. H. Escovitz, *The Office of Qāḍī al-Quḍāt in Cairo under the Baḥrī Mamlūks,* Berlin, 1984. を参照。

6）聖カテリーナ修道院文書，文書16，22，29。

7）S. 'Āshūr, *al-Mujtam' al-Miṣrī fī 'Aṣr Salāṭīn al-Mamālīk,* al-Qāhira, 1962, pp. 40-48.

8）al-Qalqashandī, *Ṣubḥ al-A'shā fī Ṣinā't al-Inshā',* Cairo, vol. 13, pp. 378-79.

最近この布告に注目した辻明日香は，これをマムルーク朝エジプトにおけるズィンミー政策の転換点とみなした。辻明日香「マムルーク朝エジプトにおけるズィンミー政策の転換点― 1301年の法令を中心に」『オリエント』49-2，2006年，165-81頁。

9）Ibn Habīb, *Durrat al-Islāk,* vol. 2, p. 224.

Bosworth, "The "Protected Peoples" (Christian and Jews) in Medieval Egypt and Syria", *BJRL,* vol. 62-1, p. 34.

10）　Bosworth, *ibid.*, pp. 35-36.

11）　al-Qurasī, *Kitāb Ma'ālim al-Qurba fī Aḥkām al-Ḥisba,* al-Qāhira, 1976, pp. 92-100.

12）　'Abd al-Laṭīf Ibrāhīm, "Thalāth Wathā'iq Fiqhīya", *Mijallat Jāmi'at al-Qāhira,* 1967, pp. 101-04.

13）　トゥールは，スエズ湾に面するシナイ半島の良好な停泊地で，古代から重要な港であった。トゥール港はジェッダ，ファロマー，クルズム（スエズ），カイロなどと結ばれていた。20世紀の初頭まで聖カテリーナ修道院の隊商が定期的に利用していた。カルカシャンディーによると，1047年までトゥールはメッカ巡礼の船にとって最も重要なエジプトの港であった。その後，その地位はアイザーブ港に取って代わられるが，再び北ルートとして利用された。ポルトガル人のインド洋航路の発見により，トゥールは徐々にその重要性を失っていった。18世紀後半にメッカ巡礼から帰還する者のために検疫所が置かれ，再び繁栄する。スルターン・ムラトは砦を建設した。（*EI,* 2 ed., pp. 663-64）

14）　J. Schacht, *An introduction to Islamic Law,* Oxford, 1964, p. 151.
Huda Lutfi, "A Study of Six Fourteenth Century Iqrārs from al-Quds Relating to Muslim Women", *JESHO,* vol. 26-3, pp. 252-58.

15）　*Ibid.*

16）　*Ibid.*

17）　al-Maqrīzī, *al-Khiṭaṭ,* vol. 2, Būlāq, 1270 H, p. 167. Q. A. Qāsim, op. cit., p. 147.

18）　Galal H. El-Nahal, *The Judicial Administration of Ottoman Egypt in the Seventeenth Century,* Minneapolis & Chicago, 1979, p. 42. この著作は，17世紀オスマン朝治下のエジプトにおけるシャリーア法廷の法廷文書に依拠して，同時代の司法行政を明らかにしたものであるが，同種の著作のないマムルーク朝を対象にしている筆者は大変多くの示唆を本書から受けた。

19）　聖カテリーナ修道院文書265。

20）　聖カテリーナ修道院文書256。

21）　聖カテリーナ修道院文書270。

第2部

マムルーク朝政権とズィンミー

第1章
マムルーク朝のマザーリム制度

はじめに

本章は，マムルーク朝政権とズィンミーとの関係のうち，政権に提出された直訴を取り扱う。著者はこれまで，中世イスラーム社会のズィンミーをイスラーム法との関係からできるだけ生き生きと描き出す試みを行ってきたが，そうした作業のなかで，114 点にのぼる直訴に関係した文書を確認した。これらの文書は大部分がマザーリム法廷において裁決された直訴の裁決文である。このうち直訴文と裁決文がワンセットになって残っているのは 4 文書だけである[1)]。その理由は，これら 4 文書は表が直訴文で，その裏に裁決文が書かれ，直訴者に返還されたからである。それ以外のセットになっていないものは，おそらく，直訴文の裏に裁決文を記すという形式をとらなかったために，裁決文のみが修道院に授与され保存されたためと思われる。シナイ半島という僻地においてもこれだけ数多くの文書が残っているということ，またイスラーム社会ではマイナーな存在であるズィンミーの直訴がこれだけ数多く残っていることから考えても，直訴がかなり広く行われていたことが想像される。

直訴文は聖カテリーナ修道院文書だけでなく，ハラム文書，マムルーク朝時代の年代記の中にも残されているが，本書では主として，聖カテリーナ修道院文書の中の 3 文書をその対象とする。この文書はすでにスターンの紹介があるが[2)]，あえてここで再び取り上げるのは，筆者が研究対象としているズィンミーとムスリムとの関係史，および，シャリーアがズィンミーに実際にはどのように適用されていたのかということを考えるうえで不可欠と考えるからである。

さて，直訴は前近代の日本では御法度であり，それだけで打ち首になっていた。したがって，日本史の概念では直訴を支配者が合法的に裁くことはありえないのである。しかし，中東では，後述するように，王などの支配者が人々の直訴を聞く伝統があった。本書では，直訴という言葉を，お上に直接訴えるという普通名詞の意味で使用する。確かに，お上に直接訴えるという行為は，世界の多くの地域で行われていたことであり，日本史だけの特殊な概念ではなく，また日本史の概念を普遍化する必要もないのではないかと思われる。さまざまな直訴があり，イスラーム世界にはイスラーム世界の直訴があったのである。

イスラーム世界の直訴に関しては，スターンによる研究，ニールセンによるマザーリム制度の研究がある[3)]。それゆえ，本書では，Jørgen S. Nielsen, *Secular Justice in an Islamic State: Maẓālim under the Baḥrī Mamlūks, 662/1264-789/1387.* を紹介する形で，国家権力とマザーリム法廷との縦の関係，マザーリム法廷とカダー qaḍā（通常の司法）との横の関係に注目しながらマザーリム法廷の概要を述べ，最後にカルカシャンディーによる直訴の行政的裁決の仕組みと聖カテリーナ修道院文書の中の直訴文の検討を行う。また，ニールセンの労作の紹介を試みるのは，これまでこれだけ網羅的に直訴を取り上げ，マザーリム制度の中で論じた研究が存在しなかったからである。また分析の際の問題の捉え方も筆者の問題関心とほぼ一致しているからである。

1．中世イスラーム世界のマザーリム制度の成立

中世イスラーム国家のマザーリム制度の研究には，従来二つの傾向があった。一つは，E. Tyan, *Histoire de l'organisation judiciaire en pays d'Islam.* に代表される，マーワルディーの業績を中心とする法学的アプローチに基づくものであり，そこで描き出されるマザーリム制度は当然理念上のものであった。もう一方は，スターンの論文に代表されるように，現存する文書に基づき，支配者や官僚による裁決のプロセスに焦点を合わせた実証的研究である。それゆえ，国家の制

度としての機能と実際に運用する司法制度との間にはギャップがあったと言えよう。そして，それらを総合してマザーリムを描き出そうとしたのがニールセンの研究であると言えよう。

伝統的なイスラーム国家においては，通常の司法制度はイスラーム法であるシャリーアを適用するカーディー法廷において機能していた。しかし，それとは別に特別な司法権が存在した。すなわち，国家は，マザーリム制度として知られていたものを通じて，司法の直接管理をしようとした。したがって，通常の裁判官ではなく，政治権力者が直接裁決を下す制度が機能したのである。

マザーリム maẓālim とは不正という意味であり，その反対の意味はアドル ‘adl，すなわち公正である。カルカシャンディーはマザーリムを次のように定義している。「不正を受けた者を，不正をなした者から守るため，正当な権利をもっている者を救うため，弱者に勝利を与えるため，王朝の内部に公正な法をもたらすためである」と[4]。したがって，不正（ズルム）を正し公正（アドル）が広く行われるのを見ることは支配者の重要な責任であった。支配者は，臣民が支配者に訴えを行い易いような環境を整えた。また，支配者は臣民が不正や政府の役人の権利侵害を支配者に直接訴えることができるようにしていた。

マザーリムはその源を探れば，中東的特徴として古くから存在していたようである。中東においては，「司法権は王の手に」，という伝統が長く続いていた。その伝統は，王権と司祭職との間の強い関係によって維持されてきた。ササン朝の官僚制度は職務の分化よって特徴づけられるが，王権と司祭職は分離され，司法の権能は主として mōbedh mōbedhān（大法官）に率いられる聖職に属した。その役職はイスラームの大カーディー職，qaḍā’ al-quḍāt のモデルであるといわれている。しかし，王は依然として官僚たちの権利侵害に対する臣民の直訴を聞くことが期待されていた。また，mōbedh mōbedhān（大法官）に率いられる通常の司法制度では公正を十分に与えることができず，臣民は期待される裁決を得ることができなかった。とくに，判決が政府の高官に与えられるような場合である。したがって，このような場合の唯一の頼みは王に直接訴えることであった。それゆえ，王へ直接訴えるための特別な司法制度が構成されるようになった。

アラブは各地を征服したときに，征服地で行われていた諸制度の中で，受け継ぐ必要が見出されたものは受け継ぎ，それを改良して適用したということはよく知られた事実である。とくにササン朝やビザンツの諸制度である。しかし，伝統的なアラブの制度もまた維持された。とりわけ，アラブのベドウィンの慣習法に基づく司法処理も預言者ムハンマドの司法の中に取り入れられた。アラブのベドウィンの間には族長の手による慣習的裁判の伝統があった。したがって，両者の影響の下にイスラーム社会のマザーリム制度はできあがったと考えられる[5)]。

2．マーワルディーのマザーリム論

マザーリム制度を語る際に是非とも触れなければならないものは，マーワルディー（d. 450/1058）のマザーリム論である。彼は『統治の諸規則』において，マザーリム制度を，通常のイスラーム法を適用する司法制度 qaḍā' との関係を含めたさまざまな観点から包括的に叙述している[6)]。この著作の重要性は，かつてこれほど詳しくマザーリムを取り扱ったものはなかったし，その後も，これを発展させたものは存在しなかったことにある。

マムルーク朝時代の諸制度を記録したヌワイリー（d. 1332 A.D.）も，マザーリム制度に関する記述は，マーワルディーのものを援用している。

ニールセンによれば，彼の考えはそのユニークさのため，後世の学者によって過大評価されているが，イスラーム国家の歴史の中の特殊な段階で形作られたものであり，イスラーム史の流れの中では結果として時代錯誤となったものの一部として書かれたものであるという点に着目しなければならない。すなわち，マーワルディーは，セルジューク朝期名目的となってしまったカリフ権の復活を目論んだ2人のカリフ，al-Qādir と al-Qā'im の下で活躍した人物であり，またカリフ制の復活を積極的に推進した法学者 Abū Ḥāmid al-Isfarāīnī を師と仰ぐ人物であったからである。それゆえ彼の考えが後の時代のこの制度の運用において実際にどれだけ適用されたかは，かなり慎重に判断しなければならない。マーワルディーはマザーリムの監視の究極の責任はカリフにあるとした。だが一度監督者が任命されると，マザーリム法廷は，その裁決の執行とシャリーアの尊重の両方を確実にできる手段として合法的に構成されることになった。

マーワルディーはマザーリム監督官の任務を10種類あげているが，それらは次の二つに集約することができる。すなわち，官吏の権力の乱用の抑制とカーディーの決定の執行である。さらに，彼はマザーリムとカダー（司法）の違いについて10項目あげているが，その大きな違いはマザーリム法廷の柔軟さであろう。

マザーリム法廷の著しい特徴は，カーディーの権限をはるかに越える権限をもっているということである。すなわち，その決定を強制する権力をもっているということである。マザーリム法廷は，仲裁に付し，その調査を官吏に委任する広範な権利をもっていたが，カーディー法廷においては，それぞれの法学派に従って仲裁があるだけであった。またカーディー法廷では宣誓 īmān が支配的な役割を果たした。カーディーは訴訟手続の際に，異なった時になされる一連の複雑な宣誓に基づいてのみ決定に至ることができる。カーディーは原告 muddaʿī の訴えに関して被告 muddaʿā ʻalay-hi に尋問するが，もし被告がそれを認めれば，告訴は裁決される。だが，もし彼がそれを否定すれば，カーディーは原告に証拠の提出を求める。もし彼が証拠を提出できない場合，あるいは証人がいない場合は，原告が要求するならば，カーディーは被告に事実に関することのみを宣誓することを要求する。もし被告が宣誓をすれば，そのケースは却下される。またもし彼が宣誓を辞退すれば，判決は原告の勝訴となる[7)]。だが実際には，被告が宣誓をすれば原告はそれを否定する立場になり，彼は宣誓をする権利をもち，事はいっそう複雑になる。だが，マザーリム法廷では，例えば原告が証人によって支持された文書による証拠を提出する場合などは，被告の宣誓をする権利を否定できる。

歴史的にマーワルディーの理論は，軍事支配国家とその官吏の権力を制限する一つの試みであった。しかし，マーワルディーからマクリーズィーに至るまでマザーリムを論じた者は，マザーリムを，あたかもその出発点はその規定がいっそう柔軟にされていた厳格なるシャリーアであったかのように許されたものとして取り扱った。そして後世の著作者たちはマザーリムとスィヤーサ・シャルイーヤ（スィヤーサによって許された厳格なるシャリーアの例外の拡大）とが結びついていると理解した。すなわちスィヤーサ（君主によって行われる行政的司法：君主の自由裁量権）もまたシャリーアの諸規定の緩和であったという穏当な見解をとった。

また，アバース朝初期からの緩やかな定義によればスィヤーサは，公法の広い分野で，特に税制，刑事裁判と法の執行において，君主の自由裁量権を許していた。それゆえ，スィヤーサはマザーリムと共通の要素をもつのである。それはマーワルディーの後の数世紀のことであるが，マザーリムの概念はスィヤーサの概念と結びつけられるのである。マーワルディーによっては言及されていないが，その結びつきは彼の理論の中にすでに内在している。後の著作者たちがその結びつきを明らかにしたのである。とくに，マムルーク朝時代に行われたマザーリムはスィヤーサの特別な体系の中に含まれるようになったとしている[8)]。

マクリーズィーはスィヤーサについて異なった考えをもっていた。というのは，彼は特別な感慨を抱いていたからだ。彼は増大しつつあるカーディーの欺瞞とマムルーク朝権力者の側のシャリーアを攻撃している。それゆえ，彼は本当のスィヤーサとシャリーアを同一視する。すなわち，スィヤーサはシャリーアの一部であると。そして偽りのスィヤーサを「悪魔の言葉」と表現している。そしてそれは，モンゴル法ヤサを執行するハージブの裁判権であり，不愉快なものとして記述している。マクリーズィーは，エジプトの人々はヤサを歪曲し，“yāsa”に“s（アラビア語のスィーン）”を付加し，“siyāsa”と言ったのであると記している[9)]。

以上を整理すると，マザーリムは，少なくとも理論上は，スィヤーサによって許された厳格なるシャリーアの例外の拡大であるスィヤーサ・シャルイーヤを通じてシャリーアと結びつくのである。権力と行政が係わる限り，マザーリムはカーディーの不変の裁判権に対比するものとして，特別な君主裁判権を表すのである[10)]。

マーワルディーのマザーリムの理論は，マザーリムとカダー（カーディーによる司法権）の制度の間の対立を予想するものではない。むしろ彼は両者を補足しあうものとしている。カーディーが彼の執行力の欠乏のため，あるいはシャリーアの手続きの規定で彼に強いられた制限のため実施できないものを，マザーリムは引き受けるのである。マザーリムはより少ない形式的な手続きを通じて，また国家権力への組織的な関係を通じてより広い権力を与えられている。一般的にカダーの関心は，マザーリム法廷にカーディーの出席を具体化すること，およびシャリーアと宗教との事柄に関係した直訴を彼らに任せることであった。だが，イブン・ハルドゥーンの意見は冷ややかである。「もし彼らが裁決をすることに参加したとしても，それは形式的なことであり，そこには現実性がなかった。実際の執行力は権力を持つ者に属する。決定を執行する権力を持たない者は執行力を持たない。彼らは単に宗教法上の権威として使われていただけであり，彼らの司法上の決定が受け入れられただけであったのである」[11)]と。

マーワルディーは概念的な見解を提供するが，イブン・ハルドゥーンは，カダーに委ねられた権力と影響力の重要であいまいな点を無視しながら権力の明白で物理的な手段のみを考慮に入れているのである。それゆえ，カダーと宗教的指導者がマザーリムの中で挑み，あるいは挑まれるケースの中に示されているように，両者の考えは歴史的事実と照合することで判断する必要がある。

そこでニールセンはいくつかの例を取り扱うが，マムルーク体制が確立されると，マザーリムとカダーとの間の対立を示す記録はほとんど存在しないのである[12)]。

３．マムルーク朝のマザーリム

マザーリム制度の形態は，部分的には政治的，行政的状況によって決定された。そしてその中でマザーリム制度は機能した。しかししだいにマザーリムは，マムルーク朝国家の機能する部分として，政治的，行政的な構造を左右するような役割を演じた。だがこの役割はマザーリム制度が独立を獲得することに失敗したため制限されることになる。したがって，マザーリムの役割は主に受け身の役割となり，その中でマザーリムは，臣民に官吏の抑圧あるいは傲慢さに対して不平をいう手段を与え，また一方では官吏や影響力のある者には彼ら自身の利益を増大させる，あるいはライバルのそれを妨げる手段を与えていた。不平のための手段としては，マザーリムは効果的な手段であることからはるか

図１　マムルーク朝時代の司法行政

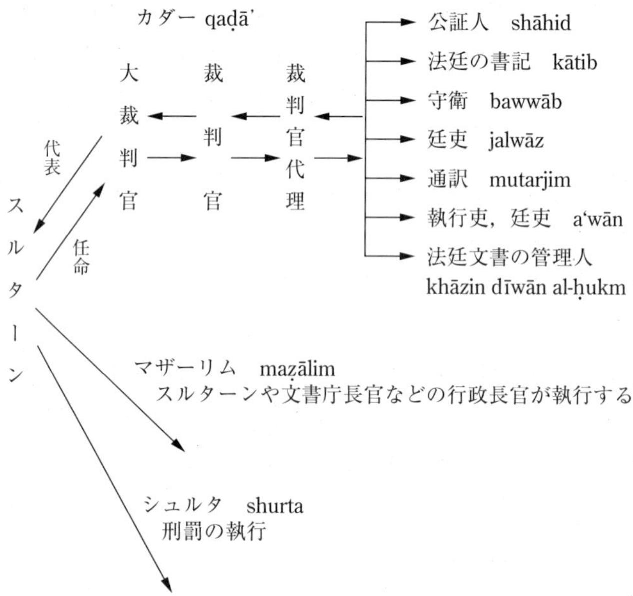

に離れていたといえる。けれども，個人的な利益を増す手段としては，マザーリムは個人的なそして政治的な目標を達成するために役立ち得た。

マムルーク朝国家には政治体系のヒエラルキーがあり，その頂上にあるのはイスラームの構造上の理論の理念的体系であった。そしてそれはそれ以外のヒエラルキーにとっても概念形成の基盤となった。このため，それはマザーリムが自立するのを失敗させるのに役立った。結局マザーリムはその基準を下げて行政的範例書にあるような形式的体系に至るが，その基底には実際に行われた体系があった。

マムルーク朝国家の名目上の構造においては，4つの要因が，政治体系が機能するかどうかを決定した。すなわち，官吏を任命する権威，その官吏に割り当てられる責任，官吏に開かれた伝達の手段，官吏の決定を支配するさまざまな規定である。だが，マザーリムはそうしたマムルーク朝国家構造の機能する部分として位置づけることは難しい。マーワルディーの理論と行政的範例書に従えば，マザーリムのメンバーは職権上の資格をもっていたし，制度の権威は絶対的であった。しかし，それは分離した存在として国家構造の中に位置づけることも難しい。問題はマザーリムにおいて命令を与えることができる官吏がいたことと，彼らがマザーリムへ参加することによっていっそう複雑さを増した。それゆえ，マザーリムは国家の分離した制度というよりは，官僚が出席する形態をとる。つまり，マザーリムは国家構造の一部ではなく，むしろ触媒のようなものであったのである。すなわち，政府や社会制度や官吏，さらには個人が有利な状況でそれによって国家の機能に影響を与えることができる手段の一つであったということである[13)]。以上がニールセンの記すマザーリム制度の概要である。

4．マザーリムの実態

マザーリムとは何かを定義することは理論的には比較的簡単であるが，実体を捉えることはそれほど簡単ではない。およそ直訴を行う者にとってマザーリム法廷に対して最初にすることは，直訴文を書くこと，ないしはそれを書いてもらうことであった。そして，カイロでは直訴文は自分で，あるいは代理の機関によって提出された。直訴文（一般的には qiṣṣa，時には ruq‘a）には一定の形式があった。カルカシャンディーは以下のように記している。

> このことにおける慣習は，紙の始めにあるスペースを置くこと，および左右のマージンを取ることである。basmala で始め，次の行は以下のように始める。「マムルークの何某は大地にキスをし……のことを述べる」。その次に，「彼の訴えは……である」。もし，スルターンに対する訴えであれば，「高貴な恵み深さを求める彼の訴えは……である」。スルターン以外に対する訴えは,「包み込むような恵み深さを求める彼の訴えは……である」。スルターン自身を訴える場合は，「彼の訴えは……と命令する高貴な命令に対してである」と。続いて，「もし神がお望みならば，神を讃えよ，預言者にお恵みを，神はわれわれにとって十分である，神は何とりっぱな守護者であろうか」と。「マムルーク何某」という言葉は直訴文の端，すなわち basmala の線の外に書かれる場合もある。マムルークという言葉はアッラーという言葉に比べて貧しい言葉であるからである[14)]。

以上がカルカシャンディーの記す直訴文の形式であるが，この記述が正確であることは聖カテリーナ修道院文書の直訴文とほとんど合致することから明らかである。

直訴文を書いたら次の段階は，スルターンに代わり役人に処理してもらわなければならない。これを行う最も公的な場所は dar al-‘adl（公正の館）での法廷であった。しかし，これは唯一の方法ではなかったばかりか，最も一般的でもなかった。

カルカシャンディーは直訴を取り扱うための６つの手段を記述している。

(1)　通常の日にスルターンのもとに運ばれるもの

スルターンのもとに運ばれ，慣例としてスルターンの前で読まれた。彼が裁決すると直訴文の裏に「それを書かしめよ」と書かれた。それから秘書長 kātib al-sirr[15] のもとに運ばれ，マザーリム法廷の役人の一人に渡された。彼は（裁決文）を書き，証拠として彼のもとに保存した[16]。

(2)　文書庁 dīwān al-inshā' の長官に提出されるもの

直訴者で彼の利益や関心から君主の裁決文を求める者は，もし彼が，名士，アミールかスルターン直属のマムルークのような高官，政府の高官であるならば，直訴は文書庁に送られる。長官はそこに出席し，それを考慮し，そのことについて調査を行う。スルターンの助言が必要なときは，スルターンが出席しているときに，彼の面前で直訴文が読まれる。長官は命令されるものに従い，それが直訴者の要求に適合するかどうかを書き留めた。次いで，それを文書庁の役人の一人に渡す。その役人は指示通り裁決文を書き，証拠として保存した。文書庁からのそのような裁決文はスルターンの裁決と同等の資格をもつ。もし直訴者が普通の人の場合は，直訴文は文書庁のあるセクションの長の一人に回され，彼の印が付けられる。各セクションの長は，自分に与えられた直訴文を集め長官に提出する。受付けられない直訴文は反故にされるか返却される。受付けられた直訴文は役人によって登録される。もし，それらの中で何か問題が見つかれば，それはスルターンに差し戻され，彼の決定が何であるかをはっきりさせる。彼がそれを役人に分配したら，役人は裁決文を書き証拠としてそれを保存する[17]。

(3)　dār al-'adl に提出される直訴
（その際スルターンは裁決のため親衛隊に囲まれて座る）

慣例としてスルターンの委員会が，先に述べたように領土の統治と関連して組織されたとき，直訴文は kātib al-sirr と出席している kātib al-dast[18] に配ら

図2　カイロの城塞内のマザーリム法廷の開廷場所

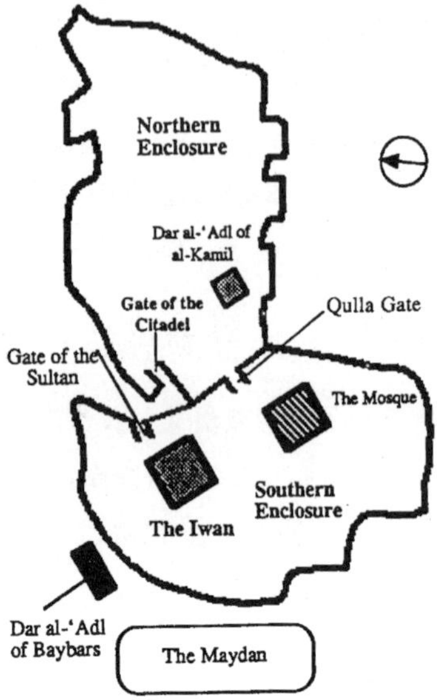

出典：Nasser O. Rabbat, "The Ideological Significance of the Dār al-Adl in the Medieval Islamic Orient", *IJMES* 27, 1995.

図3　スルターンが採決するマザーリム法廷の内部

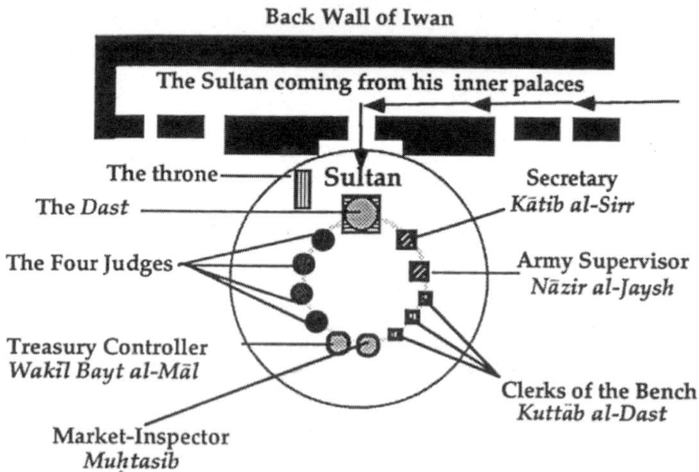

出典：Nasser O. Rabbat, *ibid.*

図4　マザーリム法廷の全体

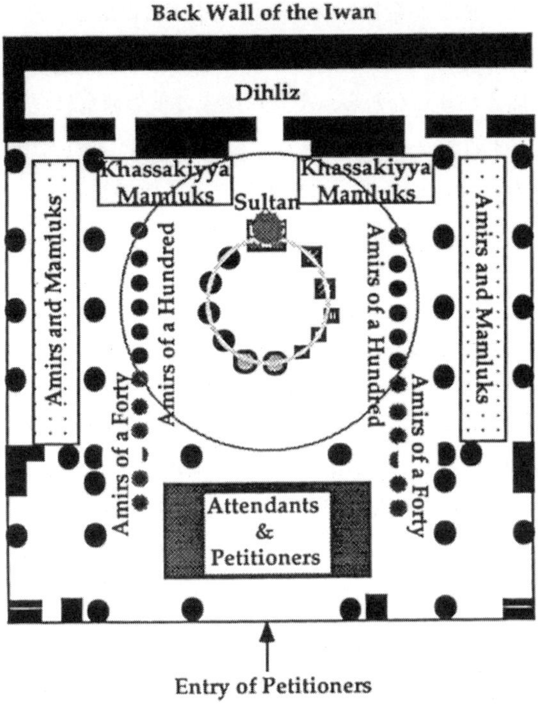

出典： Nasser O. Rabbat, *ibid.*

れる。kātib al-sirr は読むに値すると思ったものを読む。次に kātib al-dast が一人ずつ読む。スルターンは直訴を受けるかどうかを示すため，頭か手で合図を送る。kātib al-sirr か kātib al-dast は，その直訴文の上に結果を書き記す。それから文書庁に運ばれ，彼は自分が望む文書庁の役人にそれを手渡す。彼は裁決文を書き，その直訴文は証拠として彼のもとに保存される。直訴人は，自分の直訴が dār al-ʻadl で取り上げられているときは出席を許された[19]。

(4)　全権を有するナーイブに提出された場合（在職の場合）

慣例としてナーイブは彼のもとに kātib al-dast（ベンチの書記）の一人を置い

た。彼はナーイブの前に座り，彼のために直訴文を読み，それに関して書かれたものを執行した。直訴が全権を有するナーイブに提出されたときは，kātib al-dast が彼のためにそれを読み，必要があればそれを調整したり，削ったり，文章の間に付け加えたりしながら，それに関する彼の命令に従う。それから，直訴文は全権を有するナーイブに渡され，彼はマージンの真ん中に上から下に向かって，文書の要約の書体で，例えば，「それを書かしめよ」というふうに書く。次いでそれは kātib al-sirr に渡され，彼はそれを文書庁の役人に渡し，裁決文が書かれる[20)]。

(5)　アターベク（総司令）に提出される直訴

このことはしばしば起こるのであるが，スルターンが幼少の場合である。慣例として kātib al-dast が彼と共に出席する。直訴がアターベクに提出されたら，以下の方法で取り扱われる。もしそのことがらが明白な場合，例えば権利の執行のような場合は，kātib al-dast はそれをアターベクに読むことなしに，必要があればマージンに結果を記す。事柄がはっきりしない場合，例えば両当事者の争いから生じた直訴のような場合は，彼はそれをアターベクに読み上げ，彼の指示に従い彼の命令が示すものを書いた。両方の場合において「我々の時代」の慣例は，彼は自分が書くものの最後か下にアターベクの名前を書くのであるが，その際，最もよく知られた文字で書くということであった。例えば，バルクークはスルターンになる前は qāf を書いたし，アイタミシュは shīn を書いたし，ナウルーズは nūn を書いた[21)]。

(6)　ダワーダール（官房長）[22)]に提出される直訴

古い時代に慣例として一般に行われていたことが知られている。もしスルターンがダワーダールの一人を通じて口頭で何かを書く命令を与えたならば，バリーディーの一人がそれをダワーダールから kātib al-sirr に運ぶ。彼はバリーディーの言葉を聞き，もし直訴文があったらその上に，なければ別の紙に「バリーディー何某の口頭でこれこれのメッセージが届いた」と書き記す。それから，文書庁の役人の一人を任命しそれを書かせる。このことはカラーウーンの時代まで続いた。以後，文書庁長官 Shihāb al-Dīn はメッセージを書き留めておくために書記を一人任命したので，彼は kātib al-sirr が今まで書いていたものを直訴文の上に，あるいは別の紙に書くようになった。次にそれは kātib al-sirr に提出され，彼はそう書き記されるべき命令を書いた。次いで，必要事項を書き記す者を任命し，メッセージが記された直訴文あるいは紙は，証拠として彼によって保存された。このことはダワーダールのもとにいた kātib al-dast の一人であったカーディー Fatḥ al-Dīn まで続いた。その時のダワーダールはアミール Yūnus であった。kātib al-sirr は彼にダワーダール Yūnus からのメッセージを直訴文の裏にあるいは別な紙に書き留めることを許した。彼は，直訴文のマージンの真ん中に小さな文字で行間を狭く右から左に上に向かって斜めに以下のように書いた。「大アミール閣下 Yūnus al-Ẓāhirī ダワーダーリーのメッセージによって次のことが命令される。かくかくしかじかの答書，あるいは命令書が書かれるべきこと」と。あるいはそれに似たようなものが書かれた。彼は日付を書き，kātib al-sirr のところにもっていくと，その上に命令が書かれる。次いで，文書庁の役人が一人任命され，裁決文が書かれる。彼は証拠として彼のもとにそれを保存する。このことは現在まで続いている[23)]。

以上が，直訴が裁決されるまでのカルカシャンディーの記述によるプロセスである。したがって，裁決文は普通一つの文書として書かれたが，例外的に裁決文が直訴文の裏側に書かれる場合もあった。これは簡単な直訴の場合である。現存する文書から裁決文が書かれる過程をたどれば，kātib al-sirr か kātib al-dast が決定を記録し，kātib al-sirr の指示で文書庁の役人が実際の裁決文を書き，最後にサインをもらうためスルターンに送られたことがわかる。最後の段階として，裁決文は首都と地方の両方の政府の役所に登録される。

5．マザーリムの実例

それでは直訴は実際にどのような形で行われ，どのように裁決されたのであろうか。その実例を聖カテリーナ修道院文書の中から紹介してみよう。

文書26：直訴文 qiṣṣa　38 × 11.5cm.　紙（**表**）

サラーマ・アルシャウバキーに対する彼の所有するナツメやしを免税とする布告

彼は彼所有のナツメやしを修道院のためのワクフとした[24)]

慈悲深く慈愛あまねきアッラーの御名において

マムルーク

サラーマ・アルシャウバキーは大地にキスをし，以下のことを述べる。

このマムルークは子供を抱えた家族をもつ貧しい者であり，トゥールに住んでいる。

彼はそこにナツメやしを所有し，家族とトゥールを訪問する者を養っている。

このマムルークのスルターンへの訴えは，

・彼所有の上記のナツメやしに関して，彼はいかなる干渉も受けるべきではない

・彼の所有を証明する彼所有の文書にあるように，昔からの慣行により彼は取り扱われるべきである

・彼は不正（ズルム）も抑圧も受けるべきではない

という主旨の命令が出されるべきであるということである。このマムルークはこのように申し開きをした。たたえあれ唯一の神。

文書26：裁決文 ḥukm（裏）

バイバルス

［われらが］主スルターン，アルマリク・アッザーヒル・ルクヌ・［アッドゥンヤー］の命令により発布された裁決文である。（神がそれを確証しますように）

この訴えを起こしたサラーマ・アルシャウバキーは，彼所有の効力のある文書に従い取り扱われるべきである。何人も彼の所有するナツメやしに干渉する

ことは許されない。また，彼への不正，抑圧は許されない。すべての総督をして，われわれが命令し，われわれが指図したことに従わしめよ。

[6]59年シャーバーン月8日（1261年7月8日）に記す。

右マージンに：アターベク・アクターイ Aqṭāy の慈悲深い導きにおいて

2行目と3行目の間に：この高貴な命令をして従わしめよ。神がそれを高めますように。

3行目と4行目の間に：この高貴な命令は従われた。神がそれを誇りに思し召すように。

3行目と4行目の間から4行目と5行目の間にかけて：監視庁において登録させよ，もし神が思し召すならば。

下から3行目：バイバルスの命令で監視庁に登録された。

以上は文書26の直訴文と裁決文であるが，提出された直訴はスルターンによって取り扱われず，アターベクによって取り扱われた。おそらく，この直訴が提出されたときはバイバルスの治世の初めで，彼は激務のため代理を任命したためであろう。裁決はアターベクによって行われたが，裁決文はスルターンの名で，サインとともに発布された。文書はスルターンのサインを受けた後に，その事柄に関係した諸官庁に手渡された。最初は2行目と3行目の間に書かれている，「この高貴な命令をして従わしめよ」と記した人物の処に渡されたのであるが，政府の高官である。スターンは nā'ib al-salṭana（スルターン代理）であると推測している[25]。それが済むと登録されるわけであるが，まずある官庁に登録せしめよという命令があり，次にその命令に従って登録されたという結果が記されている。両者は対になっていることがわかる。またこの文書からは8ケ所で登録されたことがわかる。

文書36：直訴文　136 × 13.5cm.　紙（**表**）

慈悲深く慈愛あまねきアッラーの御名において

マムルーク

聖カテリーナ修道院の修道士は，大地にキスをし以下のことを述べる。

彼らは辺鄙な砂漠に住む貧しい者であり，紅海を通ってヒジャーズから帰ってくる巡礼者の奉仕のために留まっている。彼らの義務は彼らが必要とするすべてのものを供給することである。彼らの手元には，すべての修道院がそうであったように遊牧民が修道院に侵入することを禁止する命令がすでにあった。遊牧民は最近，彼らを悩まし，修道院への侵入を試み彼らを害した。神のおかげで，彼らの訴えは遊牧民が修道院に入りこまないように，また彼らがすでに手元にある法令に従って取り扱われるように，彼らが彼らの場所で安全に住むことが許されるべきことを命令する高貴な法令を出して欲しいということである。彼らにお恵みあれ。彼らに恩恵あれ。彼らの祈りはこの王朝の繁栄を願うものである。このマムルークはかくのごとく申し開きをした。神がお望みならば。神をたたえよ，創造の主，神はわれわれにとって十分である。神はなんとすばらしき守護者であろうか。

右マージンに：彼らは，彼らの手元にある高貴な法令に従って取り扱われ，彼らは彼らの場所に安全に住むことを許される。遊牧民は彼らを侵害すること，および彼らの修道院に侵入することが禁じられるという裁決を文書に書かしめよ。

右マージンに：彼らの直訴は許可される。

文書36：裁決文（裏）

マリク・ナースィル

直訴者によってここに提出された訴えは考慮され，彼らは彼らの手元にある高貴な法令に従って取り扱われ，彼らは彼らの場所に安全に住むことを許され，高貴な法令の支配に従って取り扱われることにより，遊牧民は彼らを侵害し，修道院に侵入することが禁止されるという高められた命令によって裁決される。このことを執行せしめよ。そこから逸れることなく，裁決から外れることなく，高貴な署名が高められた後で。もし神がお望みならば。

750年，ラジャブ月3日（1349年9月17日）に記される。

神はわれわれにとって十分である。神はなんとすばらしき守護者であられようか。

この直訴はスルターンへの直訴ではなく，政府高官への直訴である。スルターンの裁決，つまり，marsūm sharīf を求めたものではなく，スルターン以外の官吏の裁決 marsūm karīm を求めた直訴だからである。また，裁決文は直訴文のマージンに書かれたものをほぼ忠実に踏襲している。さらに，高められた署名 al-khaṭṭ al-ʻālī とあることからもスルターンの署名 al-khaṭṭ al-sharīf でないことがわかる。また，公式のサインはないが，文頭の al-Malakī al-Nāṣirī という表現からスルターン・ナースィルに仕える高官であることがわかる。このような形式をとることはカルカシャンディーの記述でも確認できることである。ではこの裁決文を発布した高官は一体誰であったのだろうか。この裁決文が発布された 750 年ラジャブ月 3 日（1349 年 9 月 17 日）の 2 日後に発布された裁決文（文書番号 30）は，内容もほぼこの文章と同じようなもので，ワズィールでありウスターダールでもあったアミールの Manjak によって発布されている。したがって，この裁決文は Manjak によって発布されたものと考えられる。

文書 37：直訴文　123.5 × 14cm.　紙（**表**）

マムルーク，砂漠の中のシナイ山の修道院の修道士は大地にキスをし以下のことを述べる。マムルークたちは遠く離れた砂漠に住み，ヒジャーズから戻ってくる巡礼者たちの世話をしている弱く，貧しい者である。砂漠の遊牧民が彼らに力を及ぼし，修道院に侵入し，修道院の内と外で修道士に属するものを略奪し悩ますようになった。

彼らの訴えは，神のために，彼らが干渉を受けないように，また遊牧民が修道院に入り込まないようにするため，彼らの手元に高貴な法令を置いておきたいということである。われらが主スルターンが行った気前よさのため神が彼の治世を引き延ばしますように，神がこの公正な王朝に彼らの報いと祈りの恵みを与えますように。

このマムルークはこのように報告する。

創造の主，神をたたえよ。

文書 37：裁決文（裏）

ハサン・ブン・ムハンマド

高貴で気高いわれらが主スルターン・ナースィルの命令によって裁決された。神が彼を高め，彼に名誉を与えますように。

直訴者によって表（直訴文）にて提出された報告が考慮されるべきこと，また彼らがいかなる干渉も受けるべきでないこと，彼らの修道院が侵入を受けるべきでないことが命令されるべきだ。

このことを行わしめよ，それについて規定に従って執行せしめよ。高貴な記述が高めた後で，もし神がお望みならば。

749年，ラビー・アッサーニー月10日（1348年8月7日）に記す。

ナースィルのダワーダール，Amīr Sayf al-Dīn Ṭanhbughā のメッセージ

神が彼の繁栄を引き延ばしますように。

神はわれわれにとって十分である。神はなんとすばらしい守護者であろうか。

マージンに：高貴な裁決文に従って

この直訴はスルターンに提出された直訴である。彼はダワーダールにバリーディーを通じて文書庁に運ぶことを命令している。この文書の形式は先に紹介したカルカシャンディーの(6)と一致する。次いで，直訴は kātib al-sirr に渡された。彼は裁決文を書くことを指示している。そして裁決文を書くために彼の部下の一人を任命したことがわかる。

6．マザーリムの裁決

ニールセンも指摘するように，実際のマザーリム制度は官僚的プロセスによ

って定義される制度である。マーワルディーによって記述された詳細な手続きの規定が，マムルーク朝時代にも適用されたと仮定してみよう。ヌワイリーはそれらが行われていたかのように記述しているが，それがかなりの度合いで適用されたと結論づける証拠はない。またもしマーワルディーの理論が実際には適用されない理論であるとすると，実際の手続き上の実行を再構成することは難しくなる。したがって，二つの推測を併せた仮定は，マザーリム法廷は慣例による手続きを行っていたということになるであろうか。そのように考えると，聖カテリーナ修道院文書の中のファーティマ朝時代からマムルーク朝時代までの一連の直訴をすっきりと理解できるし，カルカシャンディーの記述もある一定の時期にほぼ実際に行われていたと考えることができる。

では，マザーリム法廷の裁決する権威は，一体誰の手にあったのであろうか。先に紹介したカルカシャンディーによる行政的範例書と実際の文書などから検討してみよう。

(1)　その権威がスルターンにあるもの

当然のことながらスルターンは正義の頂点にあった。スルターン・バイバルスは，661年（1262年）に dār al-ʻadl をアイユーブ朝にならって設立し，翌年から，月・木曜日にそこで開かれるマザーリム法廷に出席した。そして直訴がスルターンによって裁決された場合には，裁決文にその印が見られる。それは認可 mustanadāt と呼ばれ，ḥasab al-marsūm al-sharīf min dār al-ʻadl al-sharīf という表現で表される。だが，聖カテリーナ修道院文書では dār al-ʻadl al-sharīf の表現は見当らない[26]。

(2)　政府高官にあるもの

すでに文書による実例や行政的範例書で見てきたように，直訴はスルターン以外の政府高官の手によっても裁決された。本書では実際に文書を紹介する余裕がなかったが，聖カテリーナ修道院文書の中の3文書から nā'ib al-Salṭana が直訴を裁決したことがわかるし，アターベク，ワズィールも裁決したことが，すでに紹介した文書で確認できる。それではマーワルディーの記すマザーリム長官 nāẓir al-maẓālim は実際に裁決に携わったのであろうか。ヌワイリーはマザーリムの理論を記した記述の中で，マザーリムの監視は niyābāt dār al-‘adl と呼ばれたとある[27)]。実際にマクリーズィーなどのマムルーク朝時代の記録には，すでに nāẓir al-maẓālim という記述はなく，nā’ib dār al-‘adl がそれに取って代わったものと思われる。だが，カルカシャンディーやウマリーの記述には，彼らが裁決に携わっていたことを示す記述は見当らない。したがって，nā’b dār al-‘adl はマムルーク朝時代には，かなりマイナーな行政官になり下がっていたのであろう。

おわりに

聖カテリーナ修道院文書の一連の裁決文からは，マザーリムは認められた権利の執行と強制を求めるために使われていたことがわかる。この点ではマザーリムはマーワルディーの理論と一致する。ただしこの裁決文がどれだけ実際に効力をもっていたかということになると，史料は何も語ってくれない。だが，一連の直訴文は，政治権力者の効力のある裁決文を出して欲しいと繰り返し求めていること，また文書 30，36 に見られるように，ほぼ同時期に一方はスルターンに，他方は政府高官にほぼ内容の一致する裁決文を求めているところから判断すると，やはり一時的には効果があったものと考えられる。シナイ半島のズィンミーは，周辺遊牧民とシューラーによる協約という形で両者の争いを解決する一方で[28)]，マザーリム法廷を通じて国家権力の介入によって紛争の解決を図っていたのである。

次にシャリーアがズィンミーにどのように適用されたかということであるが，この三つの直訴からは裁決者がシャリーアを直接適用した形跡は認められない。しかし，ズィンミーの直訴だからといって特別に扱われたわけではなく，通常の直訴と同様に扱われている。それゆえ，そこではスィヤーサが適用されたとみることができる。もし，スィヤーサがシャリーアの緩和とみるならば，結果的にはシャリーアの適用を受けたことになる。つまりズィンミーはマザーリム法廷を通じて国家権力の介入を受けることにより，シャリーアの支配を受けていたのである。

また，シャリーアの支配という国家構造の観点からみれば，司法制度の中に国家権力が入り込むことは本来許されていない。マザーリム制度とはその許されていない介入を国家権力が司法制度の中に行ったものとみることができよう。したがって，当時の大部分の法学者はそれを裁判制度とは認めておらず，そのためそれが司法制度の枠組みの中で発展することはなかったのである。

それでは最後に，こうした不正を正し，公正を社会にもたらす概念が社会の中にどうして生まれてきたかを考えながら，マザーリム制度のもつ歴史的意味を考えてみよう。

西洋の主要な法体系，例えばローマ法においても，その発展の過程において従来の法体系が膠着したときに社会的な公正の概念が生まれたといわれる[29)]。一方イスラーム法においては，イスラーム法の諸原理は神の正義の具現化とみなされていた。だが，法の原理と支配は画一性と普遍性によって特徴づけられるため社会の発展の中で必然的に法の精神に矛盾した不正が結果として現れてくることになるのである。したがって，社会的正義を貫くためにはどうしても超法規的なマザーリム制度が必要であったのである。

注

1)　本書では，文書26，36，37の文書を翻訳して紹介するが，247番に関しては重要な文書ではあるが，あえて翻訳紹介を試みない。その理由は，この文書は通常の直訴のように文書庁で取り扱われたものではなく，軍務庁で取り扱われたものだからである。この直訴に関しては，D. S. Richards, “A mamlūk petition and a report from the Dīwān al-Jaysh”, *BSOAS*, vol. XL, part 1, 1977, pp. 1–14. があり，そこではイクターとの関連からこの直訴の研究がなされている。

この直訴は，トゥールのムクター Sunqur al-Marzūqī が，イクター収入を補うため修道院のワクフとなっているナツメやしに新たな課税したことに対して，修道士が直訴を起こしたものである。直訴は二人の人物，nā’ib al-salṭana の Arghūn al-Dawādār と，nāẓir al-jaysh の Fakhr al-Dīn Muḥammad とによって裁決されている。

2） S. M. Stern, “Petitions from the Mamluk period (Notes on the Mamlūk Documents from Sinai)”, *BSOAS*, XXIX, 1966, pp. 233-76.

3） Jørgen S. Nielsen, *Secular Justice in an Islamic State : Maẓālim under the Baḥrī Mamlūks, 662/1264-789/1387,* Leiden, 1985.

4） al-Qalqashandī, *Ṣubḥ al-A‘shā fī Ṣinā‘t al-Inshā’,* Cairo, vol. 6, p. 204.

5） Jørgen S. Nielsen, op. cit., pp. 1-2.

6） マーワルディー，湯川武訳『統治の諸規則』イスラーム世界 22，1984，pp. 45-82.『統治の諸規則』慶應義塾大学出版会，2006 年，pp. 183-228.

7） Schacht, J., *An Introduction to Islamic Law,* Oxford, 1964, p. 190.

8） Nielen, op. cit., pp. 32-33.

9） マクリーズィーは以下のように記している。スィヤーサによる裁判権：われわれの時代よりも前の，エジプト，シリアを支配したトルコ人王朝の時代からのものである。それはシャリーアの裁判権とスィヤーサの裁判権に分かれる。スィヤーサには 2 種類ある。公正のスィヤーサとは，不正から権利を引き出すものである。不正のスィヤーサとは，禁じられたシャリーアであり，もともとはモンゴルのヤサに由来する。エジプトの人々はそれを歪曲し，“yāsa”に“s（アラビア語のスィーン）”を付加し，“siyāsa”と言ったのである。al-Maqrīzī, *al-Khiṭaṭ,* vol. 3, London, 2003, p. 714.

10） Nielsen, op. cit., chapter 2.

11） イブン・ハルドゥーン，森本公誠訳『歴史序説』⑴岩波書店，1979，448 頁。

12） Nielsen, op. cit., pp. 114-21.

13） *Ibid.,* chapter 8.

14） al-Qalqashandī, op. cit., pp. 203-04.

15） 普通 kātib al-sirr は，通常の直訴の処理を行う官吏であった。その職は文書庁の長官 ṣāḥib dīwān al-inshā’ の職が発展したものであり，両者が存在することもあれば，同一人物が両方の職を兼ねる場合もあった。

16） al-Qalqashandī, op. cit., p. 206.

17） *Ibid.,* pp. 206-207.

18） kātib al-dast は「ベンチの秘書」という意味で，文書庁の官吏である。秘書長 kātib al-sirr の配下の主な秘書には 2 種類あり，kātib al-daraj と kātib al-dast である。前者は公の通信を取り扱い，時には後者を補佐する。後者は kātib al-sirr と共に dār al-‘adl に出席し，スルターンに関係事項を読みあげたり，スルターンの指示に従って文書を記したりする。

19） al-Qalqashandī, op. cit., p. 207.

20） *Ibid.,* p. 208.

21)　*Ibid.*, p. 208.

22)　ダワーダールという言葉は，「インク壺を運ぶ者」という意味であるが，マムルーク朝時代にスルターンの側近として活躍する官房長のことである。ダワーダールは軍人の中から採用されるが，シャリーアの知識をもっていた。通常はスルターンの通信業務を処理するが，kātib al-sirr と似たような職務に就いた。しかし，彼は kātib al-sirr のように部下をもつことがなく，彼が決定した事柄や，スルターンの決定を書き記したものを kātib al-sirr に引き渡さなければならなかった。

23)　al-Qalqashandī, op. cit., pp. 209-10.

24)　この部分は直訴としての機能が終了した後で，直訴文に布切れを継ぎ足して書かれているが，直訴者サラーマ・アルシャウバキーが彼所有のナツメやしを修道院のワクフにする際に，物件の所有を証明するために修道院に提出したものと思われる。

25)　Stern, op. cit., p. 248.

26)　*Ibid.*, pp. 265-68.

27)　‘Abd al-Wahhāb al-Nuwayrī, *Nihāyat al-Arab fī Funūn al-Adab,* vol. 6, Cairo, 1997. p. 265.

28)　拙稿「セント・カテリーヌ修道院文書からみた遊牧民」『オリエント』第31巻第2号，1988，pp. 153-64.

29)　Majid Khadduri, “Equity and Islamic Law” : Atiyeh, G. N. & Oweiss, I. M., *Arabic Civilization,* Albany, 1988, pp. 82-87.

第2章
マムルーク朝のムサーリマ問題

はじめに

マムルーク朝時代の史料には，イスラームへの改宗者で，改宗を宣言はしたものの正式にムスリムと認められない者に関する記述が見受けられるが，彼らは，ムサーリマ musālima という言葉で表現されている。従来の研究では，マムルーク朝の前半期に，とくにエジプトでは14世紀半ばまでに多くのコプト教徒がイスラームに改宗し，コプト教徒は社会の中では以後マイノリティになっていったことが明らかにされてきた。しかし，コプト教徒の改宗は，いわゆるズィンミーからムスリムへの移行という単純な流れではなく，そこには，ズィンミーでもなくムスリムでもない両者の間に位置するムサーリマが存在したことがわかる。数多くのズィンミーがムスリムへの改宗を余儀なくされたマムルーク朝時代は，社会が激しく流動した時代であり，ムサーリマは，社会にそれなりの存在理由を与えたと思われる。本章では，ムサーリマと史料上で表現された人々の実態をできるだけ明らかにすることを目的とする。

1．改　　宗

ムサーリマ問題を検討するにあたり，最初に改宗の問題を整理しておかなければならない。マムルーク朝時代の非イスラーム教徒であるズィンミーのムスリムへの改宗については，Gaston Wiet や Donald P. Little などがそのプロセスを明らかにしてきた[1)]。

それらの研究によれば，マムルーク朝時代の 14 世紀前半期に，マムルーク朝の圧力のもとに数多くのコプト教徒がイスラームに改宗したことがわかる。しかし，それは，マムルークたちが改宗を呼びかけたからではなく，カイロやその他の都市でイスラーム教徒の民衆が，多くのコプト教徒たちが経済的に華々しく成功し，政府の役人として権力の一部を担っていることへの憤懣からマムルーク朝政権に改宗を迫ったからである。すなわち，この憤懣が，しだいにコプト教徒に対する暴力へと発展していった。そして，そのことはマムルーク朝の社会的・政治的均衡状態を壊した。このため，暴力を抑え，社会的均衡を維持するために，バフリー・マムルーク朝のスルターンたちは，カリフ・ウマルがかつて発布していた布告をほとんど踏襲して公布したり，官僚機構の中にコプト教徒たちを雇用しないという政策をとった。こうした政策が，コプト教徒の広範囲の改宗を促し，14 世紀の半ばまでにエジプトではコプト教徒はマイノリティになったのである。

さて，このことをもう少し詳しく検討してみよう。リトルによれば，キリスト教徒の改宗の契機となったのは 692 年，700 年，721 年，755 年の出来事であるという。最初の 692 年に起こった事件は，カラーウーンの死後スルターン位に就いたアシュラフ・ハリールの親衛隊のマムルークがコプト教徒を書記として雇ったことに関係する。彼らはこの親衛隊の保護のもとに繁栄し，富を誇示するようになった[2)]。692 年に，イブン・トゥールーン・モスクの付近で一人のキリスト教徒の書記が，一人のムスリムの債務者に縄をかけて引き回していた。ムスリムたちがこの罪人を解放しようとしたところ，マムルークたちが民衆を追い払ったのである。民衆はすぐに，スルターンに訴えたのである。スルターン・アシュラフは，今後スルターンもアミールもキリスト教徒やユダヤ教徒を雇用してはならないという，またすでに雇われている者は改宗か死かの選択をすべしという布告を発布した。その結果，何人かの書記は改宗をしたが，この布告の影響はそれほど大きくなかった[3)]。

700 年，スルターン・ナースィルの二度目の在位のとき，キリスト教徒やユダヤ教徒に対する攻撃が激しさを増した。そのため布告が発布されたが，その時の状況は以下のように記されている。

アミールはカイロ総督に，古カイロとカイロにおいて，青や黄色のターバンを付けなかったキリスト教徒とユダヤ教徒は民衆によって略奪され，その財産と婦人とは彼らに帰属するという布告を発布することを命じた。いかなるキリスト教徒もイスラームに改宗しなければ政府のいかなる職にも就けなかった。それゆえ，harafish とそれ以外の者が彼らを支配した。布告を無視する者がいれば，それにはロバに乗るズィンミーも含むが，彼らを手酷く殴りつけた。それゆえ，命を恐れて多くの者がロバに乗らずに通りを歩いた。彼らの多くが改宗した[4)]。

彼らを改宗に向かわせたのはここでもマムルークたちではなく，民衆であった。マムルークたちはむしろ，キリスト教徒やユダヤ教徒の能力を利用していたのである。

741 年，スルターン・ナースィルが死去し，マリク・サーリフがスルターン位に就くと，コプト教徒は再び富を誇示し始めた。マムルーク朝政権は 700 年の布告を再び発布した。スルターンは民衆の要求に屈服し，教会の取り壊しの許可を与えた。さらにマムルーク朝政権は，エジプト全土の教会や修道院のワクフの調査を行わせた。その結果，25,000 フェッダーンの土地が没収され，イクターとしてアミールや数人のファキーフに分配された[5)]。かくして，キリスト教会の主要な収入源を効果的に排除したのである。そして，コプト教徒に反対するさまざまな手段がエジプト中で行われた。彼らは生活の基盤を失い，教会を破壊され，コプト教徒はムスリムの中に吸収されていった。マクリーズィーは次のように記している。

コプト教徒がイスラームに改宗し，モスクに通うようになり，コーランを憶えるようになり，中には法的資格が承認されて公証人とともに事に当たるまでになったという多くの報告が上エジプトや下エジプトから届いた。エジプトの北や南のあらゆる地方で，破壊されずに残っている教会はなかった。そして，その場所にモスクが建てられた。というのは，キリスト教徒の災難がいっそう大きくなり，彼らの収入が減少したとき，彼らはイスラームを受け入れることを決めたからである。それゆえ，イスラームがエジプトのキリスト教徒の間に広がった。カルユーブ Qalyūb の町だけで一日に450人がイスラームに改宗した。多くの人々はこのことをキリスト教徒の狡さのためだとし，彼らを不愉快にみなしていた。しかし，これはエジプトの歴史においては画期的な出来事であった。この時から，エジプトにおいては血統が混ざることになった。というのは，諸地方でイスラームに改宗した者たちは結婚し子供をもうけたからである。後に，彼らの子孫はカイロにやってきて，ある者は裁判官や公証人や学者になった。だが，彼らの経歴を知る者は誰でも，彼らはムスリムのことに従っているが，あからさまに語れないものもあることを理解した[6)]。

この記述に見られるように，これはエジプトにおける宗教史上大きな転換点であったことは間違いないであろう。生活の手段を失った彼らはムスリム社会の中に溶け込んでいく道しか残されていなかったのである。したがって，これ以後エジプトのイスラーム化，アラブ化がさらに進んだものと思われる。この最後の一文から想像されることは，改宗者はすぐにはムスリム社会の中に同化しなかったということである。

以上が，従来明らかにされたズィンミーのムスリムへの改宗のプロセスである。

2．ムサーリマ問題

最近リトルは，前作の論文をさらに発展させ，マムルーク朝におけるイスラームへの改宗の問題を再検討した[7)]。それに拠れば，こうした改宗は，単にコプト教徒からイスラーム教徒への改宗という単純な流れではないということである。

すなわち，ヌワイリーなどの同時代の歴史家の記述に拠れば，改宗は，マムルーク朝の抑圧がもたらしたものではなく，むしろ，キリスト教徒としての部分を残したままでイスラームを宣言するコプト教徒の役人たちの都合によるものであったという。前章で記した700年に発布されたスルターン・ナースィルの非イスラーム教徒を抑圧する布告，統治機構の役人への雇用の禁止令によって，大量のコプト教徒の役人がその職を維持するために，イスラームへの改宗の道を選んだのである。彼らの多くが，イスラームを宣言した後も，もとの宗教に忠誠を誓っていたという[8)]。

それゆえ，そのような改宗者をムサーリマという。ムサーリマ musālima は（単数はアスラミー aslamī，またはムスラマーニー muslamānī），アラビア語でイスラームを宣言したものという意味である。この言葉は，最近キリスト教徒やユダヤ教徒からイスラームに改宗した者に対する呼称である。時には，ズィンミーでイスラームへの改宗を宣言した者には，ムシュリフ・ビルイスラーム mushrif bil-Islām というラカブが与えられた。彼らは，マムルーク朝時代のエジプト社会の中ではムスリムとズィンミーとの間に位置した。すなわち，同時代の人々は，彼らがイスラームを宣言しているので彼らをズィンミーとはみなさなかった。また，彼らは自分たちを真正のムスリムとも認識しなかった。その理由は，改宗者の中でイスラームの信仰を守らない者が相当数いたからである。彼らの中にはその後も改宗前の宗教を維持し続ける者もいたという。それゆえ，イスラーム教徒たちは，彼らをムサーリマと呼んだのである[9)]。

では，このことをもう少し詳しく検討してみよう。マムルーク朝時代の各種の伝記や年代記に登場する人物の中で，al-Qibṭī al-Islāmī というニスバをもつ人物がいることがわかる。彼らは，単に al-Qibṭī とか al-Naṣrānī とかいうニスバではなく，イスラームを宣言したという意味でキプティー・イスラーミーというニスバをもつのである。そして，伝記などの記述の中ではムサーリマ al-Musālima と呼ばれている。したがって，そこには彼らがコプト・イスラーム教徒と呼ばれ，普通のコプト教徒ともイスラーム教徒とも違う存在である理由があることがわかる。

さて，伝記や年代記に登場するムサーリマはほとんどがマムルーク朝の官僚機構の中に組み込まれた役人たちである。リトルによれば，バフリー・マムルーク期には宰相 Waẓīr，軍務庁長官 Nāẓir al-Jaysh，財務庁長官 Nāẓir al-Dawāwīn という国家機構の重要職をはじめとして，27 のポストがあげられる[10)]。また，ペトリによれば，こうした傾向は続くブルージー・マムルーク期にも見られるという[11)]。そして，史料で確認できる改宗者の 98 %が官僚機構の役人であるという。すなわち，彼らのイスラームへの改宗の意図は，改宗することが職と地位を確保する手段であったからである。

では，もう少し改宗の動機を探ってみよう。ヌワイリーによれば，前節で記した，700 年に発布された「ウマルの布告」により，非イスラーム教徒は役人として雇用されなくなり，彼らの多くが改宗をしたことがわかる。例えば，財務首席監督官 Nāẓir al-Nuẓẓār であったタキー・アッディーン Ṭaqī al-Dīn のことを以下のように記している[12)]。

> 村を変えることでコプト教徒は人頭税を回避しえたのであるが，それは財務首席監督官でブルルギー Kātib Burlugī として知られるタキー・アッディーンの意見であった。彼は，スルターンの会計から人頭税を移し，イクターに加えた。私は，この移し替えは，彼が意に反してイスラームに改宗したムサーリマ・キプティーの一人であったことに起因していると見ている。彼はイスラームを宣言し，その儀礼に従っているが，彼の好み，望み，関心はキリスト教徒に基づくものであった。キリスト教徒の人頭税の軽減を望み，それをイクター収入の中に含めたのである。すると，多くのキリスト教徒が村から村へと移動した。農民が出ていった村のムクターは徴税が困難となり，移り先の村に彼らを求めた。そして，移り先の村の徴税人が彼らに税を求めたところ，彼らは自分たちはその村の住人ではないと言って回避したのである。この理由で人頭税が減少した。信頼できるアミールのディーワーンの何人かの公証人が私に語るには，キリスト教徒の

> 人頭税はおよそ4ディルハムと公言されているが，これまでは56ディルハムであったのである。――命にかけて言うが，もし，このムサーリマのタキー・アッディーンが国を支配したならば，イスラームの名のもとにキリスト教徒を好意的に取り扱わないばかりか，これまでよりも一段と彼らを軽んじるでありましょう。

ここでは，財務首席監督官であったタキー・アッディーンの改宗の直接的な理由は定かではないが，自らの意志に反してイスラームに改宗したが，キリスト教徒としての部分を残したままであることがわかる。しかも，高級官僚としてその地位を利用して，ムスリムを憤慨させるようなことを公然と行っていたのである。したがって，この改宗は自ら望んで行ったものではなく，しかも，周囲の人々もその事実を知っていたということになる。

次に，少し時代は下るが，イブン・タグリービルディーの伝記に拠り，マムルーク朝の宰相を務めたタージュ・アッディーンの例を検討してみよう。

> タージュ・アッディーンは，‘Abd al-Wahhāb b. al-Shams Naṣr Allāh b. al-Wajīh Tūmā という名であるが，al-Waẓīr Tāj al-Dīn al-Qibṭī al-Islāmī とも呼ばれる。al-Shaykh al-Khaṭīr として知られるが，シャイフ・ハティールは，父の al-Shams Naṣr Allāh のラカブである。カイロで生まれ，キリスト教徒として育った。財政の分野で優れた能力を発揮し，各方面に仕えた。やがて，イスラームの告白を余儀なくされた。その後，バルスバーイがまだアミールであった時に奉仕変えをした。バルスバーイがスルターンに就任すると，タージュ・アッディーンはスルターンの厩舎長 Nāẓir al-Isṭabl al-Sulṭānī に昇進した。やがてバルスバーイは838年彼をワズィールに抜擢した。しかし，ジャクマクがスルターン位に就くと，彼を逮捕し，尋問した。そして，民衆が彼を嫌ったため，性格の悪さのため，またイスラームを軽んじ，キリスト教を重んじたために彼を遠ざけ雇用しなかった。彼のターバンはキリスト教徒のようであった[13]。

この記述には，彼がイスラームに改宗した直接的な理由は記されていない。しかし，記述の内容から，おそらく財政を担当する書記の職務を解雇されることから逃れるために改宗せざるをえなかったものと想像される。

そのため，彼らの中には形だけイスラームを宣言し，もとの宗教を維持していた者もいたことがわかる。例えば，

マジュド・アッディーン Majd al-Dīn Mājid b. al-Naḥḥāl al-Aslamī al-Qibṭī は，もとはカイロ生まれのキリスト教徒であった。キリスト教徒の書記としていくつかの分野で活躍した。しかし，アミール・ナウルズ Amīr Nawruz が彼にイスラームを強要した。彼はイスラームを宣言したが，彼のもとにいた妻や使用人たちはキリスト教徒のままであった[14)]。

また，別の例をあげれば，

アブー・アルファラジュ Abū al-Faraj al-Aslamī al-Qibṭī は，経歴において最も悪いワズィールであった。彼の時代には，財産没収が多く，彼への誹謗中傷が強まり，彼の愚かさが人々を苦しめ，恐怖が広がるに至った。神は彼に罪を負わせることを急いだ。彼はイスラームを宣言することを強いられた。そして，白いターバンを被るようになり，人々を罰する際にはその罪によってのみ罰するようになった。奇妙なことであるが，彼がキリスト教徒を装っている時は，誠実さと人々に対する保護に気を配る価値ある人であったが，イスラーム教徒を装う時には神への信仰において罪深かったのである[15)]。

とあり，その職を失うのをおそれて形式的にイスラームに改宗していたことがよくわかる。

また，中には，キリスト教徒に戻る宣言をする者も出てきた。マクリーズィ

ーは次のように記している。

> この年（781年），男と女からなる一団がカイロにやってきた。彼らはイスラームを離れることを表明した。彼らは元々キリスト教徒であったが，背教によって血を流してもメシヤに近づきたかったのである。何度かイスラームに戻るように勧めたが，彼らはそれを受け入れなかった。彼らは「われらは自らを清め，メシヤに近づくために来たのだ」と言った。男どもがマドラサ・アルサーリヒーヤの窓の下に連れてこられ，首をはねられた。女どもにはイスラームに改宗するように勧めた。だが，マーリク派の裁判官の助手が彼女らを城塞の下に連行し，首をはねた。法学者たちがこの裁判官を告発し，そのことを非難した[16)]。

すなわち，この時期に改宗はしてみたものの，心の中で大きく揺れ動いていた人々がいたことも事実である。改宗が彼らに重くのしかかっていたのである。

以上の例からは，確かにムサーリマたちは必ずしもマムルーク朝政権の力によって改宗させられて生み出されたものではないことがわかる。したがって，同時代史料が記すムサーリマとは，彼らがムサーリマになっているという事実を本人も自覚し，また周囲の人々もその事実を認識しているような改宗者をいうということになるであろう。

しかし，自らの意にそぐわないまま改宗したムサーリマだけがすべてではなかったようである。次節ではそのことを取り上げる。

3．ムサーリマの実態

さて，前節で正式なムスリムでもなく，ズィンミーでもないムサーリマが存在することを明らかにした。ここではそのムサーリマの実態をもう少し別な観点から明らかにしてみたい。筆者が長年利用し続けてきた聖カテリーナ修道院文書にも，この問題を考える上で有用な文書が存在する。それゆえ，その文書を訳出紹介して，この問題を検討してみたい。この文書は，文書番号が265番と分類された長文の売買契約文書であるが，関係する部分のみをここでは取り上げる[17)]。

文書265：紙（縦232cm×横31cm）

慈悲深き慈愛あまねきアッラーの御名において。神が預言者ムハンマドとその家族および教友たちにお恵みを与えますように。

イブン・アッシャリーファ Ibn al-Sharīfa として知られるバドル・アッディーン Badr al-Dīn Ḥasan b. Nūr al-Dīn ʻAlī b. Badr al-Dīn Ḥasan al-Adamī は，自分自身のために，イスラームへの改宗者 al-mutasharrif bil-Islām のジャマール・アッディーン Jamāl al-Dīn Yūsuf b. Saʻīd b. Shibl すなわち，小売商人でサブウ Sabʻ として知られる人物から，不動産の半分の12サフム（およそ$88m^2$）を購入した。それは土地付きの建物群で，カイロのアトゥーフ地区にあり，故バクティムル Baktimr の住居の近くにある。

建物の正面には2つの扉があり，最初の扉を開けると大理石の階段があり，イーワーン，噴水，手洗い，ベッドルーム，床に続く。第二の扉は家具の置かれたタイル張りの床の部屋に続く。

上記の不動産は現在，上記の売却人に所有権と処分権があり，そのことが証明された文書が彼の手元にある。上記の建物の3分の1は彼の真の兄弟のナミル Namir から交換によって取得したものであり，その執行はカーディー Abū al-Rūḥ ʻĪsā b. Shams al-Dīn b. Abū ʻAbd Allāh Muḥammad b. Sharaf Abū al-Rūḥ ʻĪsā al-Afqahsī al-Shāfiʻī によって，826年ラビー・アルアッワル月25日（1423年3月8日）に行われたものである。上記の不動産の残りの部分，すなわち6分の1は，彼の真の姉妹でキリスト教徒のハシーマ Khasīma から交換によって取得したものであり，826年ジュマーダー・アルウーラー月11日（1423年4月23日）に執行されたものである。

上記の建物の境界は以下のとおり限定される。南は上記のバクティムル al-

Sayyd al-Sharīf Baktimrの建物に接し，北は果樹園に接し，その果樹園はアラーイー al-Arā‘ī ‘Alī al-Shihmaとして知られる厩舎に続いている。東はクルカース Qulqāsとして知られるハッジ・アフマド al-Ḥajji Aḥmadの家に接している。西は小路と井戸とに接している。

購入はイスラーム法に則ったものであり，その値段はアシュラフ金貨[18)]とザーヒル金貨[19)]で140ディーナールであり，上記の購入者は上記の日付の半年後に上記の価格を一括して支払うものとする。上記の購入者は，この契約に関する事柄を明確に理解したうえで，これがイスラーム法の適用を受けた取得であることを確認した。また，上記の購入者は，この売却が異なった建物であり，人が住めるように修理する必要があることを知った。この売却の証人は，上記の内容を受け入れた。

この件に関する裁定が849年ジュマーダー・アルアーヒラ月11日（1445年9月15日）に求められた。神はよく知り給う。

売買契約者の両者に証言する。　　売買契約者の両者に証言を行う。

Aḥmad b. ‘Alī al-Wajdī　　‘Alī Ḥasan al-Shādhlī

売買契約者の両方に証言する。

Muḥammad Muḥammad al-Jawharī

3人が私のもとでこの売却とその内容に関して証言を行った。

以上が文書の内容である。この文書は，一般的に解釈すれば売却文書である。すなわち，購入者のバドル・アッディーンは，売却人のジャマール・アッディーンからカイロのアトゥーフ地区にある不動産を140ディーナールで購入した。そして，この売却がイスラーム法の適用を受けて執行されたことが記されている。

しかし，この文書はムサーリマ問題に関する重要な事柄を記してもいる。すなわち，この文書に登場する上記不動産の売却人である，ジャマール・アッディーン Jamāl al-Dīn Yūsuf b. Sa‘īd b. Shiblはイスラームへの改宗者であるということである。文書では，ムタシャッリフ・ビルイスラーム al-mutashrrif bil-

Islām（イスラームの名誉を与えられた）と記されているが，ムサーリマとほぼ同義語と思われる。そして，このジャマール・アッディーンはおそらく最近改宗したのではないかということも推測される。その理由は，彼には両親が同じ，すなわち真の兄弟と姉妹がいたが，兄弟のナミル Namir は記されてはいないが，おそらくキリスト教徒であろう。というのは，ナミルはキリスト教徒の名前では Leopardus を意味するからである。次いで，姉妹のハシーマ Khasīma もキリスト教徒である。以上のことから，彼の両親はキリスト教徒であり，最近彼が自らの意志からかあるいはそれ以外の理由で改宗したことがわかる。しかも改宗後も，サブウ Sab'として知られ，小売商を営んでいたのである。サブウはキリスト教徒の名前では Leo に相当する。

彼には上記のムタシャッリフ・ビルイスラーム（イスラームの名誉を与えられた）というニスバが与えられている。彼は小売商人であり，官僚機構の役人ではない。したがって，彼の改宗は，職務の継続を望んで改宗を余儀なくされたものではない。考えられることは，彼自らが自らの意志で何らかの理由からムスリムになることを望んだということであろう。しかし，彼はムスリム社会の中で，改宗後直ちに真のムスリムとしては認められなかった。それゆえ，上記のニスバを与えられたものと思われる。このニスバは直訳すれば，イスラームの名誉を与えられた者という意味であろう。したがって，完全なイスラーム教徒としてすぐには認めるわけにはいかないが，イスラームを十分理解していることを讃え，一定の期間を置いてその信仰の証が証明されれば正式にイスラーム教徒として迎え入れることが可能であるということを暗示しているのではないだろうか。

この文書は確かに一片の文書であるが，しかし社会の中には，年代記や伝記などに名を残さなかった多くの普通のムサーリマも存在したことを物語っている。このような文書が存在したことからも窺われるように，彼らの多くはもちろん完全なムスリムではなかったのであろうが，しかし，裁判官や公証人のもとに出向き契約手続きを全うしており，社会の中での日常生活においては，普通のムスリムとの差はほとんどなかったのではないかと思われる。

また，ムサーリマの中には，形式的に改宗したのではなく，ムスリムとして積極的に生きようとした者もいたことがわかる。そして，彼らの中にはマドラサを建設するなどの慈善行為を行っていたことがわかる。

マクリーズィーによれば，775年に死亡したカーディーのシャムス・アッディーン al-Qāḍī Shams al-Dīn Shākir al-Qibṭī al-Miṣrī は，イブン・アルバクリー Ibn al-Baqrī として知られるムサーリマであり，スルターン・カラーウーンの時代に，カイロにマドラサ・バクリーヤを建設したのである[20]。このマドラサは，ハーキム・モスクからアトゥーフ地区に至る小路沿いにあり，より新しい形の建築で，シャーフィイー派の法学のためのマドラサであったことがわかる[21]。

イブン・アルバクリーは，ムサーリマであったが立派なムスリムとして知られ，イスラーム法学の教育機関を設立し，ムスリムとして社会の中で活躍した人物であったことがわかる。しかし，彼はよりムスリムに近かったとしても，キリスト教徒との関係を完全に断ち切っていなかったのかも知れない。彼の葬儀にはわずかではあるがコプトの指導者たちが出席していたからである。

また，イブン・アビー・シャーキル Ibn Abī Shākir として知られるアブド・アルワッハーブ ʻAbd al-Wahhāb b. ʻAbd Allāh al-Madwū Mājid b. Mūsā al-Qibṭī al-Miṣrī al-Ḥanafī は，ディーワーン・アルムフラドの執達吏，財産・食料・人事・ワクフ行政の執達吏を歴任した後，その優れた能力を認められ，宮廷長官に就任した。彼はキリスト教とは距離を置いていた。キリスト教徒ではない女性と結婚したが，それは善良なムサーリマの印であった。特に，多くの善良な行動，信頼性，知識人の彼に対する好印象があげられる。彼は，カイロの郊外のバイナ・アッスーライニにマドラサを建設した。そして，それにいくつかのワクフを設定した[22]。

以上のように，イスラーム社会の中でムサーリマと呼ばれる者の中には，前節で検討したように完全なイスラーム教徒ではなく，記録に残っているのは多くの場合自らの意志に反して改宗し，キリスト教徒としての要素を多分に残したままの役人もいた。しかし，彼らの中には，改宗後イスラームを受け入れ，ムスリム社会の中に積極的に溶け込んでいった人々もいたのである。

おわりに

イスラーム世界に暮らす人々の主要な構成は，ムスリムとズィンミーからなる。イスラーム法によれば，イスラームへの改宗を望むズィンミーは，ハティーブのもとに出向き彼のもとでイスラームを宣言しなければならない。そして，金曜礼拝の際に，ハティーブがミンバルから彼の改宗を告げることになっている。そのようにして改宗したズィンミーのすべてが直ちにムスリムとして認められなかったことは明らかになった。すなわち，ズィンミーでもなくムスリムでもないムサーリマが存在するからである。本章ではそのムサーリマをさまざまな観点から明らかにしてきた。しかしながら，一つだけ明らかにし得なかったことがある。マムルーク朝時代の14世紀の半ばまでにエジプトの多くのズィンミーがイスラームに改宗し，以後特にコプト教徒はマイノリティになっていったわけであるが，その際，改宗者がすべて一旦ムサーリマになったわけではないであろう。おそらく，イスラームへの信仰の証が決め手となったものと思われる。問題はその割合である。どれくらいの割合でムサーリマが存在したかということである。すなわち，それが社会問題になっていたかどうかである。本章ではそれを明らかにすることができなかったので，今後の課題としたい。

注

1)　Gaston Wiet, Ḳibṭ, *EI* vol. 2, pp. 996-97.

Donald P. Little, "Coptic conversion to Islam under the Baḥrī Mamlūks, 692-755/1293-1354", *BSOAS,* vol. 39, 1976,

また，本書作成の際に参照した関連論文は，以下のとおりである。

Donald S. Richards, "Dhimmi Problems in Fifteenth-Century Cairo : Reconsiderration of a Court Document", in *Studies in Muslim-Jewish Relation,* vol. 1, 1993, pp. 127-63.

Linda S. Northrup, "Muslim-Christian Relations during the Reign of the Mamluk Sultan al-Manṣūr Qalāwūn, A.D. 1278-90", in *Conversion and Continuity : Indigenous*

Christian Communities in Islamic Lands, Eighth to Eighteenth Centuries, ed., Michael Gervers and Ramzi Jibran Bikhazi, Papers in Medieaval Studies 9 (Toronto : Pontifical Institute of Medieaval Studies, 1990), pp. 253-61.

M. Tahar Mansouri, "Les Dhimmis en Egypte mamluke : Statut legal et perceptions Populaires", *IBLA,* t. 52, no. 164, pp. 255-70.

Donald P. Little, "The Coptic Bureaucracy under the Mamlūks", *in Colloque international sur l'histoire de Caire,* Cairo, 1969, pp. 373-81.

2） Little, *ibid.,* p. 553.

Donald P. Little, "Religion under the Mamluks", *The Muslim World,* vol. XXIII, nos. 3-4, 1983, pp. 179-80.

3） Taqī al-Dīn Aḥmad b. 'Alī al-Maqrīzī, *Kitāb al-Mawā'iẓ wal-I'tibār fī Dhikr al-Khiṭaṭ wal-Āthār,* Būlāq, 1854, Vol. II, p. 497.

4） Taqī al-Dīn Aḥmad b. 'Alī al-Maqrīzī, *Kitāb al-Sulūk li-Ma'rifa Duwal al-Mulūk,* al-Qāhira, 1970, Vol. 1, Part 3, pp. 914-15. この時発布された布告の内容については，拙稿「マムルーク朝政権とキリスト教徒」『講座イスラーム世界 3　世界に広がるイスラーム』栄光教育文化研究所，1995 年 pp. 132-33 に所収。

5） *Ibid.,* vol. 2, part 3, p. 921.

6） *Ibid.,* vol. 2, part 3, p. 927.

7） Donald P. Little, "Coptic Converts to Islam during the Baḥrī Mamluk Period", in *Conversion and Continuity,* pp. 263-88.

8） Little, *ibid.,* p. 264.

9） Q. A. Qāsim, *Ahl al-Dhimma fī Miṣr al-'Uṣūr al-Wusṭā,* Cairo, 1979, p. 171.

10） Little, *ibid.,* pp. 270-71.

リトルがあげた 27 の官僚機構のポストの中に唯一含まれなかったものは，文書庁の官僚たち Kuttāb al-Sirr である。これだけはムスリムが就任したのである。

11） Carl Petry, "Geographic Origins of Dīwān Officials in Cairo During the Fifteenth Century", *JESHO,* 21, 1978, pp. 165-84. ペトリはムサーリマを次のように定義している。この言葉は社会的類型として正確な議論のもとに定義し，特定する必要がある。それは，コプト教徒の家系として認められた個人で，最近彼自身または前の世代でイスラームに改宗した者をいうとしている。

12） Shihāb al-Dīn Aḥmad b. 'Abd al-Wahhāb al-Nuwayrī, *Nihāyat al-Arab fī Funūn al-Adab,* MSS, vol. 30, fol. 91.

Little, op. cit., p. 264. ヌワイリーのこの部分の記述は，マクリーズィーの年代記の註の中にズィヤーダが採録しており，筆者はそれを参照した。al-Maqrīzī, *al-Sulūk,* vol. 2, part 1, pp. 153-54.

13） Abū al-Maḥāsin Yūsuf b. Taghrībirdī, *al-Manhal al-Ṣāfī wal-Mustawfī ba'da al-*

Wāfī, Cairo, vol. 7, pp. 399-400.

14)　Abū al-Maḥāsin Yūsuf b. Taghrībirdī, *al-Nujūm al-Zāhira fī Mulūk Miṣr wal-Qāhira,* Cairo, 1971, vol. 15, pp. 480-81.

15)　al-Maqrīzī, op. cit., vol. 3, part 2, p. 820.

16)　al-Maqrīzī, op. cit., vol. 3, part 1, pp. 372-73.

17)　ここで訳出紹介する部分は，登録証書の部分である。この部分のみを紹介するのは，主文の長い内容を要約してあるからである。

18)　アシュラフ金貨は，スルターン・バルスバーイ al-Ashraf Abū al-Naṣr Barsbāy（在位 1422-38）の名を冠したものである。その重さは 3.38-3.41g である。後期マムルーク朝に鋳造された金貨では最も良質である。バルスバーイは金貨の改革を行った。

19)　ザーヒル金貨は，スルターン・ジャクマク al-Ẓāhir Abū Sa'īd Jaqmaq（在位 1438-53）の名を冠したものである。その重さは 3.37-3.42g である。

20)　al-Maqrīzī, *al-Khiṭaṭ,* vol. 4, London, 2003, p. 566.

21)　Ibn Taghrībirdī, *al-Nujūm,* vol. 11, p. 128.

22)　Shams al-Dīn Muḥammad al-Sakhāwī, *al-Daw' al-Lāmi' li-Ahl al-Qarn al-Tāsi',* Cairo, 1353-5H. vol. 5, p. 102.

第3章
マムルーク朝のエルサレム問題

はじめに

エルサレムの帰属をめぐる問題は今日でも大きな国際問題になっているが，この問題は十字軍戦争以来今日まで続いている政治的・宗教的問題といえよう。パレスチナにおける十字軍勢力の拠点を手中に収めたマムルーク朝スルターンは，その後もこの問題には敏感に対応せざるをえなかった。一方，十字軍の拠点を失ったキリスト教の諸国は，その後聖地エルサレムにおけるキリスト教の施設の管理，および巡礼者をいかに送り出すかが大きな問題となった。巡礼者を安全に送り出すため，キリスト教諸国の支配者たちはエルサレムを領有したマムルーク朝のスルターンに外交使節を繰り返し送り，巡礼者の聖地訪問および商人の通商の自由などの許可を求めたのである。一方，マムルーク朝のスルターンはイスラーム法の休戦条約の規定に基づき，キリスト教諸国の支配者の要望に応えてこの問題の処理に当たっていた。

本章は，アラゴンのハイメ2世とマムルーク朝のスルターン・ナースィルとの間で取り交わされた書簡による休戦条約，およびナースィルの治世以降は，フランシスコ会のサフユーン修道院文書，聖カテリーナ修道院文書の中のスルターンの布告に依拠してマムルーク朝時代のエルサレム問題の一端，とりわけエルサレム巡礼者の問題を明らかにすることを目的とする。

1．史料解題

(1)　アラゴン王室古文書館所蔵のアラビア語古文書

バルセロナのアラゴン王室古文書館にはアラゴン時代のアラビア語の古文書が保存されている。それは，アラゴンとグラナダのムスリム政権（文書 1-77），トレムセンとモロッコのイスラーム政権（文書 78-114），チュニスのイスラーム政権（文書 115-144），マムルーク朝（文書 146-153）との間で取り交わされた書簡である。その他断片などが文書 154-162 として付録されている。そのすべてが Alarcon と Santon によって以下のように校訂され出版されている。

Alarcon y Santon, *Los documentos Arabes diplomatico del Archivo de la corona de Aragon,* Madrid and Granada, 1940, pp. 438.

この文献は，この文書館所蔵のアラビア語古文書のすべてを含んでいるが，そのうちエジプトに関係するものは 9 文書で，文書番号 145-153 が付されている。本章で取り扱うのは，文書 146-153 までの 8 文書で，スルターン・ナースィルがアラゴン王ハイメ 2 世にあてた書簡である。最大のものは縦 30m に及ぶ大きなものである。

スルターン・ナースィルから送られたこの文書を最初に紹介したのは A. S. Atiya で，以下の著作において，この文書を特定した経緯などを含めて，一部訳出を行っている。

Aziz Suryal Atiya, *Egypt and Aragon,* Leipzig, 1938, pp. 71.

(2)　サフユーン修道院文書

本章で依拠するサフユーン修道院文書は，前世紀の半ばまではエルサレムのフランシスコ会修道院に保管されていたのであるが，現在カイロのムスキー地区に位置するフランシスコ会修道院付置の東洋学研究所に移管されている[1]。この文書の経緯を振り返ってみよう。エルサレムの旧市街の南西の城壁外に位置するシオン山と呼ばれる小高い丘には，かつて 2 層に分かれた建物があった。

上の階はイエスが使徒たちと「最後の晩餐」を行った場所として知られていた。やがて西暦4世紀にはここにシオン山教会が建てられた。また，この教会の周りに1335年にフランシスコ会の修道院の建設が認められ，サフユーン修道院として知られるようになった[2)]。

一方，下の階には何世紀もの間，誰が埋葬されているのかが判らない墓が内部にある小部屋があった。ユダヤ教徒の伝説では，12世紀以来，これがダビデの墓であることが主張され続けてきた。14世紀にユダヤ教徒たちがこの部屋の所有を強く要求したため，そこを占有していたフランシスコ会の修道士たちとの間で長い間争いが継続した。このため，マムルーク朝のスルターン・ジャクマクは，この問題の解決と称してここをムスリムの管理下に置き，1452年にマスジドに変えてしまった。

イスラエルが建国され，中東戦争が始まると，ダビデのマスジドはユダヤ教の宗教施設に変えられた。さらにイスラエルは執拗にこの文書の入手に動き出した。そのため，フランシスコ会の修道士たちはこの文書をカイロにあるフランシスコ会修道院付置の東洋学研究所に移し保管したのである。この文書の存在は長い間歴史研究者の目にはそれほどとまらなかったようである。しかし，1922年には修道士Castellaniによって，アラビア語とトルコ語で記された全文書のカタログが以下のように作成されている。

Castellani, *Catalogo dei firmani ed altri documenti legali emanti in lingua arabe e turco concernati I santuari, I proprieta, diritti della Custodia di Terra-Santa,* Gerusalemme, 1922.

次いで1931年には，修道士Rishaniによってアラビア語の文書の一部が以下のように出版されている。

Rishani, Norberto, *Documenti e Firmani,* Gerusalemme, 1931, pp. 352.

第1部　アラビア語文書

アラビア語の文書は，スルターン・バイバルスからカーンスーフ・アルガウリーの治世に至るまでの83文書で，以下にその概要を述べる。

(1)　スルターンから修道院長に発布された布告（マルスーム）

これはサフユーン修道院文書の中で最も重要なもので，フランシスコ会の修道士たちはスルターンの治世が代わる度に布告を求めていたことがわかる。しかし，現存するものはすべてではなく，すでに失われているものも多数あると思われる。例えば，バイバルスからシャーバーンまでの間のものは失われていて現存しない。

(2)　スルターンに提出された直訴に対する布告

(3)　エルサレム総督から発布された布告

(4)　エルサレムのカーディーが発給した法文書

修道士たちとパレスチナの住民との間で起こった日常の係争に関するもの，不動産の購入文書。

(5)　エルサレムのカーディー，シャイフが発給したファトワー，マフダル

修道士たちに教会や修道院の建設や修理を許可する文書。

第2部　トルコ語文書

オスマン朝のパレスチナ統治時代におけるフランシスコ会修道士たちの活動に関するもので，2,561文書に分類される。1519年から1902年に亘る。

(3)　聖カテリーナ修道院文書

文書86のスルターン・カーンスーフ・アルガウリーの布告

912年ムハッラム月16日／1506年6月8日の日付。エルサレム，ガザ，ラムラ，ヤッファ港の統治者，裁判官にあてた布告。

2．マムルーク朝のエルサレム支配

伝統的なイスラーム法によれば，イスラーム世界（ダール・アルイスラーム）と異教の世界（ダール・アルハルブ）との間では，両世界の支配者は永続するいかなる合意も取り結ぶことができないとされていた。両者の間では，期限限定付きの休戦条約であるフドナ hudna のみが結ばれていた[3)]。

休戦条約に関する規定は，カルカシャディーの *Ṣubḥ al-Aʿshā* に詳細に記されている。休戦条約は，平和条約に関する協約文書を取り扱った記述の中に見られ，「イスラームの支配者と異教徒の支配者との間で結ばれた休戦条約に関して」というタイトルが冠されている。それによると，カルカシャンディーは休戦条約の法的有効性の根拠として，630年の預言者ムハンマドと多神教徒のクライシュ族との間で結ばれたフダイビヤの和議をあげている。和議は10年間継続することが取り決められた。したがって先例においては，休戦条約の存続期間が示されているのである。しかし，マムルーク朝時代に有力であったシャーフィイー派の解釈によれば，休戦条約はムスリム政権が強力のときは，4カ月を超えるべきではなく，また，脆弱の場合でも10年を超えるべきではないとしている。ただし，休戦条約は延長が可能である[4)]。

さて聖地エルサレムに関する休戦条約において重要なものは，マムルーク朝政権とキリスト教諸国との間で締結されたものであろう。それらはおおむね，両者とも陸路，海路の通行の自由を他の側の商人や旅行者などに与えるものであり，また，休戦条約が終結するとき，他の側に捕虜になっていたそれぞれの側の人々を安全通行権のもとに帰還させるというものである[5)]。

休戦条約に関していえば，東方における十字軍の最後の拠点を失ったキリスト教諸国にとって，とりわけ，カスティーリャとアラゴンとにおいてその影響が大きかった。というのは，両国はイベリア半島でイスラーム政権のナスル朝（グラナダ王国）と隣りあっていたからである。そして，多くのムダッジャン mudajjan，すなわちレコンキスタの後もそこに留まることを選択したイスラーム教徒を支配していたからである。また，イベリア半島のキリスト教徒には聖地エルサレム巡礼という関心があった。とくに，パレスチナにおける十字軍の最後の拠点が陥落して以来，この思いが強まった。それゆえ，この時期聖地を支配していたエジプトのマムルーク朝政権と友好・平和関係を取り結ぶことを試みた。その理由は，当地に居留するキリスト教徒の安全，聖地への巡礼者の安全，そして通商活動の発展を求めたからである。とくにアラゴンにとっては，交易活動のため東地中海に進出しようとしていた時期であり，エジプトやシリアの港は東方との交易を行うための最も重要な拠点となったからである。また，エジプトにとっても東アンダルスの港は交易の拠点となったからである[6)]。

このため，アラゴンのハイメ2世 Jaime II（在位1291-1327）はエジプトに重要な外交使節を派遣してきた。そして，マムルーク朝のスルターンとの間で平和・友好関係が締結された。

注目すべきは，これらの外交使節の交換は，聖地におけるキリスト教徒の完敗，そしてエルサレム王国の残存拠点の陥落からわずか十数年の後のことである。また当時パレスチナを支配していたマムルーク朝のスルターン・ナースィルは，このような動きのなかでこれまでのキリスト教諸国との敵対関係の政策からアラゴンと親交関係を取り結ぶという政策転換を行ったことである。そしてイスラーム世界とキリスト教国家との間で外交関係を取り結ぶことに慎重を期した[7)]。

以上の如くマムルーク朝は，エルサレム統治において，キリスト教諸国家とは休戦条約の締結により対処したのである。

3．エルサレム巡礼

マムルーク朝とアラゴンとの間で取り交わされた外交文書が現存しているが，それによるとアラゴンからは8回の使節がスルターン・ナースィルの時代に来航した。この間両者の間で書簡の形で取り交わされた休戦条約は，バルセロナのアラゴン王室文書館に保管されており，前述したように Atiya によって最初にアラゴンとマムルーク朝との両方の側の文書が研究・紹介された。この文書にはエルサレム巡礼に関して，アラゴンの側から巡礼者の聖地訪問のための安全通行を求めたのに対し，マムルーク朝がそれを承認する旨が記されている。外交使節は1300年から1330年に亘って繰り返し交換された。それゆえ，以下に簡単に両者で取り交わされた休戦条約の内容を紹介してみよう。

(1)　第1回外交使節

第1回目のアラゴンからの書簡は，散逸しており，699年シャッワール月13日／1300年4月6日付[8)]のスルターン・ナースィル（2回目の在位1298-1308年）からの返書のみが現存している。それによると，交易および聖地への巡礼に関する事柄が要求されたものと思われる。スルターンの返書で巡礼に関する部分は以下のとおりである。

> 彼（ハイメ2世）の国からエルサレムに巡礼に訪れたいと望む者，またそれを平和で安全に行う許可を得たいという彼の嘆願に関しては，われわれはこのことを認め，このことに関しては彼の嘆願を許可する。両国の友好関係は樹立される。

(2)　第2回目の外交使節

1303年6月1日，ハイメ2世は2回目の使節を派遣し，以下のことを求めた。

1．イベリア半島のキリスト教政権下のムスリムへの信仰の自由と引き換えにキリスト教の教会を再開すること。
2．アラゴン人の捕虜を解放すること。
3．アレクサンドリアにおけるスルターンの税関がバルセロナの商人に課した12,000ベザンを回復すること。

これに対するスルターンの返書は，703年シャッワール月13日（1304年2月14日）付のもので，

1．捕虜の解放を受け入れること。
2．アラゴン王の好意が認められたFakhr al-Dīn ‘Uthmān[9)]をスルターンの使者として派遣すること。
3．カイロに位置する2つの教会を再開すること[10)]。

であった[11)]。

(3)　第3回目の外交使節

この使節においては，ハイメ2世は巡礼者の聖墳墓教会への自由な接近とスルターンの領土を通行する移動に際して，諸税を支払うことのない安全通行権の獲得を要求した。

1306年2月16日スルターンの返書は次のとおりである。

1．聖地へのキリスト教徒の巡礼者は平和的かつ安全に受け入れが許される。

2．カイロの政権からの命令がアレクサンドリア総督に伝えられた。アレクサンドリア在住のあらゆるアラゴン商人および居住者の安全を確保するようにと。

3．エジプトにおけるキリスト教徒の捕虜は解放される。しかし，アラゴン人の捕虜はいないというスルターンの見解が示された[12)]。

ファフル・アッディーンがこの使節のエジプトの大使であった。彼は，スルターンの命令により，リストに記載されたアラゴン王に贈呈すべき贈り物，解放された捕虜を伴い，アレクサンドリアから出航することになっていた。しかし,スルターンの側近が捕虜の中に有力者の息子が含まれていることを告げた。スルターンはその捕虜を再逮捕し法外な身代金を課すことにした。このため,エジプト大使ファフル・アッディーンは，Dusayによって報復され，アレクサンドリアへの船に乗せられた。このため以後8年間外交関係が断絶した[13)]。

(4)　第4回の外交使節

1314年9月8日付の書簡で，ハイメ2世は前使節の不祥事の謝罪とともに以下のことを要求した。

1．スルターンの領土内のキリスト教徒の信仰の自由

2．聖地への巡礼者の安全な通行

3．キリスト教徒の捕虜の釈放

1315年3月17日付スルターンの返書は，捕虜の修道士Kiliam，修道士

Almat，およびアラゴン人ではない6名の解放に同意することであった[14)]。

(5)　第5回の外交使節の交換

1318年にハイメ2世は使節の派遣を決定した。前回の使節の要求によって6人の捕虜が解放されたが，さらなる捕虜の解放が要求された。だが，スルターンはこれに応えず使節を派遣しなかった[15)]。

(6)　第6回の外交使節の交換

1．聖墳墓教会の管理はアラゴン人のドミニコ会の修道士に委ねられるべきである。総大司教の住居は新しい管理人に任されるべきである。
2．友好の印として，スルターンの手中にあるといわれている聖遺骨の一部，キリストの受難の十字架とキリストの聖餐杯の一部およびSt. Barbaraの遺体を使節に与えることが嘆願された。

スルターンの返書は，使節を受け入れ，その要求がもっともであると思われるものには同意するというものであった[16)]。

(7)　第7回の外交使節の交換

ハイメ2世は，聖墳墓教会のラテン人との奉仕の共有を，アラゴン人のドミニコ会の修道士に代わってアラゴン人のフランシスコ会の修道士への変更を求めた。

一方，スルターンは，ハイメ2世からの書簡を受け取りその目的を理解した。St. Barbaraの遺体を移送したい旨については検討するとしている[17)]。

ハイメ2世が，ドミニク会の修道士からフランシスコ会の修道士に変えようとした理由は，そのことによってスルターンの好意を得ようとしたためである。

(8)　第8回の外交使節

この時期，ナースィルは3度目のスルターン位に就任しており，アラゴン側はハイメ2世の死去に伴い，アルフォンソ Alfonso IV 世（在位 1327-36）が就任したが，ハイメ2世の政策を踏襲したものと思われる。マムルーク朝の書簡には，この第8回の使節の成果については何も記されてはいない。使節はエルサレム巡礼後に帰国している[18)]。

さて，これらの外交使節の交換によって明らかになったことを整理してみよう。取り交わされた外交文書の流れから判断すると，アラゴンの側から使節が書簡を携えて渡来し，マムルーク朝側がそれに応えるという形をとっていることがわかる。また，この時代の休戦条約は，キリスト教徒側が主導権を握り交渉が開始されていた。カルカシャンディーは，外交使節がマムルーク朝の領土に到着したときから交渉の一般的な進め方，休戦条約の記述の方法までを記している。これらの文書には，カルカシャンディーの *Ṣubḥ* に規定されているような休戦条約の期限は記されていないが，使節が頻繁に来航したことから，時の経過とともに条約の効力が弱まっていったものと思われる。

さまざまな事柄が長期に亘って交渉されたが，聖地エルサレムへの巡礼問題に関する交渉がとりわけ重要であったことがわかる。そしてキリスト教徒のエルサレム巡礼が安全かつ平和的に受け入れられることが認められたといえよう。この交渉においては，アラゴン側は交渉を有利に進めるために，イベリア半島のキリスト教政権下のムスリム，すなわちムダッジャンの信仰の自由と引き換えに，マムルーク朝に諸要求を行っていることにも注目しなければならないであろう。つまり，アラゴン側は支配下のムスリム，マムルーク朝は聖地エルサレムという切り札をそれぞれちらつかせて交渉を行っているのである。次いで注目しておきたいことは，フランシスコ会の中東での活動であろう。フランシスコ会は，マムルーク朝時代に中東での活動の拠点を拡大し，エルサレムにおいても西方のキリスト教徒の巡礼者への奉仕活動を強化していった。

最後に，アラゴンのハイメ2世は，パレスチナを中心として東方キリスト教世界の主導権を得ようとする政策を推し進め，パレスチナを支配していたマムルーク朝との友好関係を取り結ぶことに尽力したのである。

4．サフユーン修道院文書からみたエルサレム統治

さてこれらの文書からは，スルターン・ナースィル以降のマムルーク朝のエルサレム支配のあり方，とりわけキリスト教徒の巡礼者をどのように取り扱ったかに関する情報を得ることができる。以下に，そのことが言及されているスルターンの布告（マルスーム）の該当部分を訳出してみよう。

(1)　スルターン・シャーバーン（在位1363-1377年）の布告（13 × 175cm）

エルサレムを訪れる商人およびフランク人の名において嘆願書が提出された。彼らは所轄の官庁の規定に従っており，彼らの間でズィヤーラとして昔から知られている場所に向かうものである。しかし，その途中の諸道で被害にあっている。われらが布告は，彼らへの課税は従来通りにせよということである。諸道での彼らへの妨害を禁ずるということである。776年ラジャブ月2日（1374年12月7日）[19]。

(2)　スルターン・バルクーク（在位1382-99年）の布告（12 × 195cm）

われわれの布告は，彼らに対して，以前から今日に至るまでに適用されていた布告を適用せよということである。彼らや彼らの領事を妨害することを禁ずるということである。790年シャワール月19日（1388年10月21日）[20]。

(3)　スルターン・フシュカダム（在位1461-67）の布告（16.4 × 920cm）

この布告はあらゆる関係者に適用される。シリアとアレッポの大アミール，タラーブルス，ハマー，サファド，ガザ，エルサレムの総督，メッカ・メディナの監督官，ラムラとナブルスの総督，執事長に。

サフユーン修道院の人々，エルサレム在住および訪問する修道士たちは嘆願書を提出した。その中で彼らは訴えた。彼らは彼らの手元にあるバイバルス，カラーウーン，ナースィル，ナースィル・ハサン，シャーバーン，バルクーク，ファラジュ，ムアイヤド，ムザッファル，タタル，サーリフ，バルスバーイ，ジャクマク，イーナール，そしてわれらが布告の権威の効

力を求めて布告を新たに求めたのである。

（中略）

ラムラの知事は，上記修道士たちに対して慣行通りの徴収を妨害されないようラムラおよびヤッファにて警戒を行い，その誓約書を提出しなければならない。誰一人としてヤッファ港に到着する修道士たちを妨害してはならない。ロバ引きは修道士たちやその他の者に乗物を強要してはならない。そのことに関してはサフユーン修道院，アイン・カーリム修道院，ベツレヘム修道院長以外とは交渉してはならない。同様にラムラおよびエルサレムの通訳に関しては，フランク人に通訳を行う者は通訳許可証（マルスームまたはマンシュール）を交付されていなければ通訳を行ってはならない。また，通訳許可証を得ていない者は規定の料金を得てはならない。（中略）グルジア人，商人，修道士，商人の見習いの集団が聖墳墓教会を訪れたとき，スルターン税（maujib）を支払う者は，彼らの慣行により3回入ることが可能である[21)]。

以上の布告に基づきマムルーク朝のエルサレム巡礼に対する支配のあり方をまとめてみよう。

まず，マムルーク朝はバイバルスの時代から基本的にはエルサレム在住のキリスト教徒および巡礼者に対してその存在を認め彼らを妨害する行為を禁じる政策を踏襲していたことがわかる。

次いで，ラムラがヨーロッパ方面から到来する巡礼者などを統括するパレスチナの拠点であったことがわかる。ラムラ知事はその責任者であり，巡礼者たちに対するあらゆる妨害行為から彼らを保護しなければならなかった。それゆえ，ラムラにおいては保護税が徴収されたのである。またラムラは，エルサレム巡礼に向かうキリスト教徒の宿泊施設があるところで，フランシスコ会の修道院長が巡礼者に巡礼の心得を記した冊子を手渡していた[22)]。

巡礼者が巡礼を行うに当たり徴収される諸税は以下のとおりである。

エルサレム巡礼者への諸課税

(1)　入国税 rasm al-dukhūl および al-maks

巡礼者が聖地に入る際には入国税が課された。また巡礼者のすべてに対して，その所持品にマクスが課された。巡礼者が海路から直接入る場合はヤッファで，陸路の場合，すなわち最初にエジプトでキリスト教の縁の地を訪問してからシナイ半島経由で入る場合はガザで徴収された。ただし，修道士に対するこの課税はズルム（不正）とみなされていた。マクスはサラディンが徴収して以来オスマン朝に至るまで踏襲された[23)]。

(2)　保護税 maujib al-khafar

巡礼者がラムラに到着した際に徴収された。巡礼者が聖地を訪問する間，巡礼者を保護するためのものである。巡礼者や商人たちの諸道での安全を確保するため，フランシスコ会の修道士などがスルターンに嘆願し，(1)のシャーバーンの布告が発布された[24)]。その課税額に関しては，断片的にのみ明らかである。1403年にスルターン・ファラジュとロードスの聖ヨハネ騎士団が協約を結んだが，その中にこの税の課税額が記されている。それによれば，聖墳墓教会とそれ以外の巡礼地を訪れる全ての巡礼者に63 drachme（dirham）が課せられていたことがわかる[25)]。

(3)　スルターン税 maujib al-Sulṭān

聖墳墓教会の訪問を許可されたすべての巡礼者から徴収された。またとくにローマ・カトリック教の巡礼者の間に，聖墳墓教会を3回巡礼する慣行がある。その際には，2回目，3回目は減額される。教会の入り口では聖墳墓教会管理人がすべての巡礼者からスルターン税を徴収した。すべての巡礼者は，氏名，年齢，国籍，身長，目の色，顔の形などの特徴を記す登録書が2部作成され各人の手形が押され，1部はカイロに送られ，もう1部はエルサレムで保存された。税額は5 ducat（金貨）であり，修道士は免除された。カトリックの巡礼者の2回目は4ディィルハム，3回目は2ディルハムであった[26)]。

(4)　その他の課税

ヤッファの船員	1ディルハム
ラムラの吏員	1　〃
エルサレム総督	3　〃
サムウィール教会の番人	1.5　〃
ベツレヘムの聖誕教会の番人	1　〃
ダビデの塔の番人	2　〃
ヨルダン川の渡しの番人	2　〃
バイト・ウンヤーの番人	1.5　〃

しかし，実際にはエルサレム巡礼者が支払う総額は，15世紀初頭では7 ducat，1481年には14 ducatになっていた[27)]。

さらにこの他に，巡礼者は所属する国の領事と領事に従う通訳に支払う料金があった。この中からスルターン庁に支払いが生じた[28)]。前述のファラジュと聖ヨハネ騎士団との協約によれば，エルサレム駐在の聖ヨハネ騎士団の領事はスルターン庁に対して，巡礼者一人当たり4ディルハム（ベネチア銀貨）支払っていた。巡礼者がラムラに到着した時に徴収することが許されていた[29)]。

ヨーロッパ方面からの巡礼者でなく，マムルーク朝領内のキリスト教徒の巡礼者に対する課税については，著者は現在正確には把握できていない。しかし，オスマン朝時代においては，巡礼者は出身地域の違いによって課税額が異なっていた。西ヨーロッパのフランク諸国，東欧・バルカン・アナトリアなどのルーム諸国，東アナトリア・アルメニアなどの東方諸国，アレッポ・シャームなどのシリア地方，エジプト，サフドなどの北パレスチナ地方，ガザとラムラ，エルサレム・ヘブロンとに分けられ，課税額にかなりの相違がみられる[30)]。フランク諸国からの巡礼者に対する課税がもっとも高額で，エルサレム・ヘブロン在住の巡礼者は小額の負担であった。したがって，マムルーク朝時代においてもおそらくヨーロッパからの巡礼者とは区別されて課税がなされていたと推測される。

5．スルターン・ガウリーの布告

聖カテリーナ修道院文書の中にも，マムルーク朝のエルサレム支配に関するものが含まれている。86番の番号が付されたスルターン・ガウリーの布告である。その内容は以下のとおりである。

エルサレム，ガザ，ラムラ，ヤッファ港のすべての所轄の総督，裁判官，侍従，知事，高官に対する布告である。

彼らに以下のことを知らしめるためである。トゥーマーン・バーイが官房長，執事長であること。聖カテリーナ修道院の修道士，それ以外のメリク派やヤコブ派の修道士や修道女は彼の庇護のもとにあること。彼らはトゥーマーン・バーイに嘆願し，修道士，ヤコブ派およびメリク派の修道士，修道女には租税が課せれないこと，彼らがエルサレムに入る際に不正を行わないこと，クルド人およびアビシニア人の修道士に対しても同様であること，同様に彼らがヤッファ港に到着の際，ヤッファ港から出国の際に，またガザやラムラ・ルッド Ramlat-Ludd を経由して陸路・海路によりあらゆる方向からエルサレムを訪問する上記の修道士および修道女に不正を行ってはならないことは慣行であったことを彼に知らせた。そして，彼らに新たな事が導入されなかったこと，また彼らの Kamanthīr のこと，それは彼らの墓のことであるが，彼らの埋葬する死者に対して誰も反対しないこと，ギリシア正教やコプトの修道士，修道女は長い間の慣行に従って課税から免除されることを彼に知らせた。

われわれの布告は，彼らに困難を引き起こさせないこと，不利な取り扱いをしないこと，迷惑を被らないこと，そして上記の寛大なる閣下の保護に含められることである。

以上のような内容の布告が発布されており，前節で紹介したサフユーン修道院文書の，スルターン・フシュカダムの布告と同様に，エルサレムを訪問する修道士の保護を明らかにしている。

6．カーイト・バーイのエルサレム統治

スルターン・ジャクマクの治世にキリスト教徒やユダヤ教徒への迫害が強まった。1451年，サフユーン修道院のフランシスコ会修道士たちが逮捕され市中引回しが行われた。次いで，1452年，エルサレム，ベツレヘムの教会および修道院の調査が行われた。また，前述したようにダビデの墓の領有をめぐって，フランシスコ会修道士とユダヤ教徒との間で長い間争いが継続してきたが，ジャクマクはこの問題の解決のため，1452年そこをムスリムの管理下に置いた。このようにマムルーク朝内の宗教的マイノリティは度重なる抑圧を受けた時代もあった。

これに対して，スルターン・カーイト・バーイ（在位1468-1498年）はエルサレムの宗教的マイノリティに比較的寛容な政策を行った。

カーイト・バーイの876年（1471年）の布告（12.5 × 640cm）には，

> ……修道士たちは必要ならば，彼らが住居する場所の修復をすることが可能である。また，エルサレムの裁判官，知事，総督などは彼らの施設を破壊してはならない。彼らの祖国から彼らに送られてきたサダカを禁止してはならない。警護人は，港，海岸，諸道などで彼らに危害を加えてはならない。彼らが巡礼を行う場所では，彼らがそこに入り宗教活動を行うことを妨げてはならない。ラムラ知事は，ラムラおよびヤッファの警護人が上記修道士たちに金銭を要求することのないように注意を払わなければならない。ラムラおよびそれ以外の場所で彼らに乗物を強要してはならない。そのことについては，サフユーン修道院長，ベツレヘム修道院長以外とは交渉してはならない[31]。

とあって，カーイト・バーイもまた前述のマムルーク朝スルターンの政策を基本的には踏襲している。しかし，そこには彼が行った新たな政策も見受けられる。それは，カーイト・バーイが修道士の住居の修復の許可を認めていることである。おそらくこれは，布告の別な部分に記述が見られるサフユーン修道院の外の住居のことであろうと思われる。また，教会や修道院への国外からのサダカの持込みを認めることなどである。

さて，カーイト・バーイは，マムルーク朝を取り巻くさまざまな対外的関係に注意を払わなければならなかった。その中でエルサレムを巡る動きを取り上げてみよう。877（1472-73）年，アレクサンドリア総督はヨーロッパの海賊の一団を逮捕し，カイロに移送した[32]。

880（1475-76）年には，アレクサンドリア港でスルターンの商人 Ibn ʻUlayba, Ibn Yaʻqub ʻAlī al-Kīzānī, ʻAlī al-Namrāwī が捕虜となった[33]。そのため，アレクサンドリア居住のヨーロッパ商人が逮捕され，財産および商品の没収が行われた。881（1476）年には，サフユーン修道院，ベツレヘム，聖墳墓教会に居住するフランシスコ会修道士の逮捕，およびカイロへの移送が行われ，ムスリム商人は保釈金を支払うことで解放される。修道士も解放され，宗教活動を続けることが許される[34]，というような一連の軋轢もあったが，カーイト・バーイはエルサレムのキリスト教徒，とりわけフランシスコ会には寛大であった。

サフユーン修道院長およびベツレヘムの修道士たちは，風雨に曝され屋根が朽ちたベツレヘム聖誕教会の屋根の修復を嘆願した。するとカーイト・バーイは，エルサレム総督に対し 885（1480）年，ベツレヘムの聖誕教会の屋根の修復を，イスラーム法およびファトワーに基づき許可する旨の布告を発布した[35]。さらに，「ウマルの盟約」およびそれを踏襲したマムルーク朝のスルターンが禁じた，新たな教会の建設さえも許可しているのである。894（1489）年，マルヤムが 14 年間住んでいたと言われるサフユーン修道院の近くの場所に建設が認められている[36]。

さて，892（1487）年，カーイト・バーイは，サフユーン修道院長アントニオ・ミラン Antonio Milan とイタリア人修道士の一人を外交使節として，ナポリのフェルナンド1世，教皇インノケンティウス8世，アラゴンとカスティーリャの王フェルナンドとイサベルのもとに派遣し親書を送った。そこには，キリスト教諸国の王がグラナダ王国のムスリムを攻撃しないこと，敵対行為を継続しないこと，彼らの土地を征服し流血を行わないこと，彼らの財産を奪わないことが記されていた。また，エジプトやエルサレムでは数多くのキリスト教徒がカーイト・バーイの保護の下，自由を享受し，身体，信仰，財産の安全が保たれている。それゆえ，彼らに対する敵対行為を止め，彼らから奪った土地を返還することを求めるものである。教皇とナポリの王には，カスティーリャとアラゴンの王に干渉し，ムスリムに対する暴力を止めるよう働きかけることを求める。もし要求が入れられなければ，スルターンはキリスト教徒の保護に関してはこれを虐待する政策を行う。エルサレムのキリスト教徒の宗教指導者たちに危害を加え，キリスト教徒の聖地立ち入りを禁ずるばかりでなく，イエスの墓を破壊し，エルサレムのキリスト教の全修道院などを破壊すると記している[37)]。

以上のように，カーイト・バーイにとって，エルサレムはキリスト教諸国に対してスルターンの威信を示すために重要な場所であったのである。それゆえ，カーイト・バーイは聖地エルサレムを彼の外交政策における切り札に利用していたといえよう。このように聖地エルサレム支配は，カーイト・バーイのみならずマムルーク朝のスルターンの外交政策においてきわめて重要な意味をもっていたといえよう。

おわりに

マムルーク朝前期のアラゴン王室古文書館所蔵のアラビア語古文書，後期のサフユーン修道院文書に依拠してマムルーク朝のエルサレム統治のあり方について検討してみた。

アラゴンを主とするキリスト教諸国との対外関係は聖地エルサレムが舞台となり，さまざまの駆け引きが行われた。

14，15 世紀を通じて巡礼者を中心する外国人のエルサレム訪問者は数多くいたが，そのときの政治情勢によって外国人巡礼者の扱われ方が絶えず変化していたことがわかる。それでも聖地訪問者はそれほど減らなかったのではないかと思われる。それは，スルターン・ナースィルがエルサレム巡礼者の保護を推し進めながら，キリスト教諸国のムスリム保護を要求する政策を行っていたからである。また，マムルーク朝政権のエルサレム巡礼者に対する保護の方針は一貫していたからである。

注

1）R. S. Humphreys, *Islamic History,* New Jersey, 1991, p. 48.
　この文書を詳細に調査し，紹介を行ったのは Aḥmad Darrāj で，以下の文献にてこの文書が辿った歴史，アラビア語の文書のおおまかな紹介がなされている。
　Aḥmad Darrāj, *Wathā'iq Dayr Ṣafyūn bil-Quds al-Sharīf,* al-Qāhira, 1968, pp. 183.

2）フランシスコ会の中東における，すなわち，パレスチナ，エジプト，シリア，キプロスにおける活動については以下の文献を参照した。
　Martiniano Roncaglia, *St. Francis of Assisi and the Middle East,* Cairo, 1957.

3）P. M. Holt, *Early Mamluk Diplomacy (1260-1290),* Leiden, 1995, p. 3.

4）al-Qalqashandī, *Ṣubḥ al-A'shā fī Sinā't al-Inshā,* vol. 14, pp. 2-78.

5）Holt, op. cit., p. 5.

6）Muḥammad 'Abd Allāh 'Inān, *Miṣr Islāmīya,* al-Qāhira, 1969, pp. 168-78.

7）Aziz Suryal Atiya, *Egypt and Aragon,* Leipzig, 1938, pp. 67-71.

8）筆者はオリジナルの文書は未見であるが，Alarcon によると，日付は 699 年ラジャブ月 5 日／1300 年 6 月 28 日となっている。Alarcon y Santon, *Los documentos Arabes diplomatico del Archivo de la corona de Aragon, Madrid and Granada,* 1940, pp. 344-46. しかし，Atya, *The Crusade in the Middle Ages,* London, 1938, pp. 510-16. によれば，1303 年 6 月 1 日となっている。
　上記 Alarcon 校訂のアラゴン王室古文書館のアラビア語古文書を利用した研究には，Muḥammad Maḥmūd al-Nashshār, *'Ilāqat Mamlakatay Qashtāla wa-Arājūn bi-sulṭanat al-Mamālīk,* al-Qāhira, 1997. がある。

9）マクリーズィーの *al-Sulūk* によると，「703 年にバルセロナのアラゴン王の使節が多くの貢物を携えて渡来した。教会の再開が求められた。それに応えてズワイラ街区のヤコブ派の教会とベニス人街区のメリク派の教会が再開された。また，答礼の使節としてスルターンの書簡を携え，イッズ・アッディーン・アルアフラム ʻIzz al-Dīn al-Afram の執事であるファフル・アッデーン Fakhr al-Dīn ʻUthmān を送り出す準備をした。vol. 1, q. 3, pp. 950-51.

10）　一つは，Ḥārat Zuwayla にあるヤコブ教会 Ya'qūb，もう一つは，メリク派の聖ニコラス教会である。

11）　Atiya, op. cit., pp. 20-25, Alarcon, op. cit., pp. 350-51.

12）　Atiya, op. cit., pp. 26-34. Alarcon, op. cit., pp. 355-56.

13）　Atiya, op. cit., pp. 22-23. Atiya はマクリーズィーの記述の混乱を指摘している。

14）　Atiya, op. cit., pp. 35-41. Alarcon, op. cit., pp. 360-62.

15）　Atiya, op. cit., pp. 42-43.

16）　Atiya, op. cit., pp. 44-52. Alarcon, op. cit., pp. 365-66.

17）　Atiya, op. cit., pp. 53-60. Alarcon, op. cit., pp. 368-69.

18）　Atiya, op. cit., pp. 61-65. Alarcon, op. cit., pp. 370-71.

19）　Rishani, op. cit., pp. 8-9.

20）　Rishani, op. cit., pp. 22-24.

21）　Rishani, op. cit., pp. 292-317.

22）　F. E. Peters, *Jerusalem : The Holy City in the Eyes of Chroniclers, Visitors, Pilgrims, and Prophets from the Days of Abraham to the Beginning of Modern Times,* Princeton, 1985, pp. 427-431. 1480年のものと思われる 巡礼者への「巡礼の導き」が27項にわたって記されている。

23）　Aḥmad Darrāj, *Wathā'iq Dayr Ṣafyūn,* pp. 70-71.

24）　Van Berchem, *Materiaux pour un Corpus Inscriptionum Arabicarum, Syrie du Sud,* T. II, Jerusalem, MIFAO, Le Caire, 1922, pp. 384-91.

25）　Van Berchem, *ibid.,* p. 386. Aḥmad Darrāj, *ibid.,* p. 74.

26）　Aḥmad Darrāj, *ibid.,* pp. 76-77.

27）　Aḥmad Darrāj, *ibid.,* pp. 75-76.

28）　Khalīl b. Shāhīn al-Ẓāhirī, *Zubdat Kashf al-Mamālīk wa-Bayān al-Ṭurq wal-Masālik,* Bāris, 1894, p. 108.

29）　Aḥmad Darrāj, op. cit., pp. 76-77.

30）　Oded Peri, *Christianity under Islam in Jerusalem : The Question of the Holy Sites in Early Ottoman Times,* Leiden, 2001, pp. 162-66.

31）　Rishani, op. cit., pp. 328-47.

32）　Ibn Iyās, *Badā'i' al-Zuhūr fī Waqā'i' al-Duhūr,* al-Qāhira, 1963, vol. 3, p. 75.

33）　*ibid.,* p. 114.

34）　Aḥmad Darrāj, *al-Mamālīk wal-Firanj fil-Qarn al-Tāsi' al-Hijrī — al-Khāmis*

'Ashara al-Mīlādī, al-Qāhira, 1961, p. 106.

35）　Rishani, op. cit., pp. 348-52. Aḥmad Darrāj, *ibid.,* pp. 107-08.

36）　Aḥmad Darrāj, *ibid.,* p. 113.

37）　Muḥammad 'Abd Allāh 'Inān, op. cit., pp. 201-02.

地図　エルサレムとその周辺

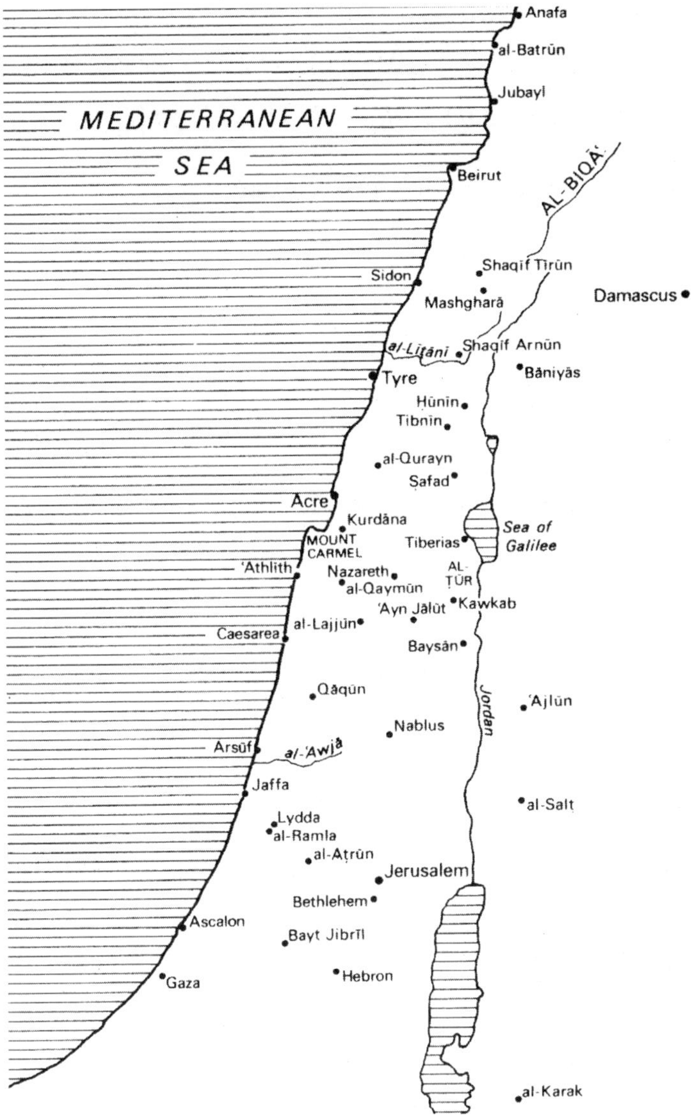

出典： P. M. Holt, *Early Mamluk Diplomacy (1260-1290)*, Leiden, 1995, p. 31.

第4章
カイロの大火とキリスト教徒
── 721年／1321年の事件 ──

はじめに

マムルーク朝時代キリスト教徒とムスリムとの間では，しばしば両者の関係が悪化し対立が起きてきた。それは，カイロやその他の都市で多くのコプト教徒たちが経済的に成功し，また書記として雇われ権力の一部を担っていることへのムスリムの不満であった。これはしだいにコプト教徒に対する暴力となって発展していった。バフリー・マムルーク朝のスルターンたちは社会秩序を維持するためにも，かつてカリフ・ウマルが発布した布告を踏襲して発布し事態の収拾を図っていた。

こうした状況のなかで，721年／1321年にカイロにおいて火事が頻発し，時にはそれが大火となってカイロに襲い掛かったのである。これまで，弱い立場にあったキリスト教徒の反抗は確かにあったが，キリスト教徒がモスクやムスリムの家々を焼き討ちするというようなことを起こしてはいなかった。

リトルは，キリスト教徒の改宗をテーマにした論文で，この火事のことに言及しているが，それはムスリムとキリスト教徒との間で一連の対立が起こり，その結果キリスト教徒がイスラームへの改宗を余儀なくされたという観点からの分析であった[1)]。しかし，確かに火事はカイロで発生していて，またこの事件に先立って起こった教会破壊事件はエジプトを広範囲に巻き込んだものであり，しかも同時多発的に発生した。そのため，キリスト教徒が，しかも修道士たちが画策して火災を起こす事件に発展してしまった。

火事はスルターンを中心とするマムルーク朝政権の中枢の人々の指揮によって懸命に消火され，原因が探られ，対処法が検討された。これまでの研究によると，教会の破壊とそれに続くキリスト教徒の報復による火事は，一連の両者の対立の流れで理解できる。すなわち，それはキリスト教徒に対する攻撃であり，見せしめの罰の布告であった。ところが，キリスト教徒がムスリムを大規模に攻撃するというこれまでになかった行動が起こったのである。

本章は，両者の対立において，なぜこの事件がこれまでの歴史に無かった教会やモスクを壊し合うということにまで発展してしまったのか，また，スルターン・ナースィルの政権がこれにどのように対処したのかを再検討する。

1．大火の発生

721年／1321年スルターン・ナースィルの治世（第3回目の在位，1310-41年）に，カイロでは，ラビー・アッサーニー月からジュマーダー・アルアーヒラ月に亘り火事が多発した。この火事については，何人かの歴史家の記録があるが，この火事が発生した時期にカイロのマムルークのアミールの高官たちとハーキム・モスクで礼拝に参加し，火事の状況を知りえた同時代の書記であり歴史家でもあるヌワイリーの記録を中心に，マクリーズィーなどの記録に依拠してこの火事を描いてみよう。

後述する教会の破壊の日から一月もたたないうちに，カイロとミスル（古カイロ）のいくつかの場所で火事が起こった。マクリーズィーは「教会の破壊よりも何倍も恐ろしいことが起こった」と記しており，およそ1ヵ月もの間，カイロとミスルで時には大火となって荒れ狂う火事が多発した[2)]。

この大火の糸口は，ラビー・アッサーニー月にカイロのダール・ルワカーラですでに起こっていた。油，蜂蜜，その他の商品が大量に焼け出された。しかし人々は，この火事は意図されたものではなく，不注意によって起こった普通の火事だと思ったようである[3)]。したがって，一連の火事は以下のものから始まる。

(1)　ジュマーダー・アルウーラー月10日土曜日（1321年6月7日）に[4]，カイロのシャッワーイーン地区のラブウ（集合住宅）[5]で発生した火事

この火事に関しては，ヌワイリーは記述をしていないが，マクリーズィーは，この火事は周辺に広がり，日曜日の遅くまで続き，多くのものが破壊された[6]，と記している。

(2)　ジュマーダー・アルウーラー月15日にダイラム人街区で発生した火事

上記の火事が消火された後，同月15日にダイラム人街区のアリーサ通りで火事が発生した。マクリーズィーは，同月25日としているが，同時代史家ヌワイリーは，15日としているので[7]，15日と思われる。ナキーブ・アシュラーフのバドル・アッディーン Badr al-Dīn Naqīb al-Ashrāf の家が燃え上がった。火は隣接したムスリムの家々に広がり，およそ100の住居からなる30を超える館に及んだ。火は勢いを増し，その場所で数日間続いた。同日，ダイラム人街区の王室財政長のカリーム・アッデーン Karīm al-Dīn Nāẓir al-Khāṣṣ の家の近くのウリーサ小路でさらに火事が発生した。風の強い夜であったため，火はあらゆる方向に進み，カリーム・アッデーンの家にも達した。カリーム・アッデーンは息子のイルム・アッディーン ʻIlm al-Dīn ʻAbd Allāh をスルターンのもとに遣わし，事態を知らせた。そこにはいくつかのスルターンの倉庫[8]があったからである。スルターンはアミールたちの一団を消火のため派遣した。建造物監督官のアークサンクル Āqsanqr はあらゆる水運び人を集めた。月曜の夜から火曜日の夜にかけて事が大きくなった。火の勢いが強まり，多くの場所へ火が広がったのでアミールたちや人々では消火が不可能であった。

風はナツメやしの実を吹き飛ばし，船が沈むほどの強さであった。人々は火事がカイロをすべて飲み込むのではないかと思った。人々はミナレットに登り，貧しい人々も善良な人々も外に出て大声で叫び，神に祈願を行った。人々は泣き叫んだ。スルターンは宮殿の最も高いところに登ったが，風の強さで立っていられないほどであった。火事は続いていた。火曜日に

スルターンからアミールたちに消火を急ぐように伝えられた。ナーイブ・スルターンがアミールたちやあらゆる水運び人を伴い出かけた。アミール・バクタムル Baktamur al-Sāqī も駆けつけた。その日は人々が見たこともない大変な，恐ろしい日であった。カイロから逃れようとした水運び人を送り返したアミールが消火のためにカイロの諸門を担当した。アミールたちの水運び人も，街の水運び人も働かない者は一人も残っていなかった。彼らは，マドラサや公衆浴場から水を運んだ。大工たちや建築士たちが家々を壊し始めた。この時豪邸も，大きな集合住宅も壊された。この火事では，24 人の千人長のアミール，数え切れないほどの 40 人長，10 人長のアミール，マムルークたちが消火に参加したが，アミールたちも消火作業を行った。水はズワイラ門からダイラム人街区まで多くの恐れおののく男たちやラクダで運ばれた。アミール・バクタムルとアミール・アルグーン Arghūn はスルターンの倉庫をカリーム・アッデーンの家からラサースィー通りにある彼の息子の家に移動することに従事した。その家に隣接した建物および対面の 16 棟が倉庫の移動のために取り壊された[9)]。

とあり，カイロの人々，アミールたちやカイロ中の水運び人が総出でようやく消火した様子が記されている。この火事に関しては，他の記録も概ね同様に記述しており，いずれもカイロの民衆が恐怖を覚える大火であったことを物語っている。

(3)　19 日水曜日の夜，ズワイラ門の外のザーヒル住宅で発生した火事

ダイラム人街区の大火が完全に消火されて直ぐに，ズワイラ門の外のザーヒル住宅で火事が発生し，120 軒が延焼した。カイサーリーヤ・アルフカラーウとして知られるカイサーリーヤも含まれた。火事とともに強い風が吹き始めた。侍従長や総督も消火にはせ参じた。その周りの家々が消火のために壊され消火した[10)]。

地図　カイロのキリスト教徒の街区と諸門

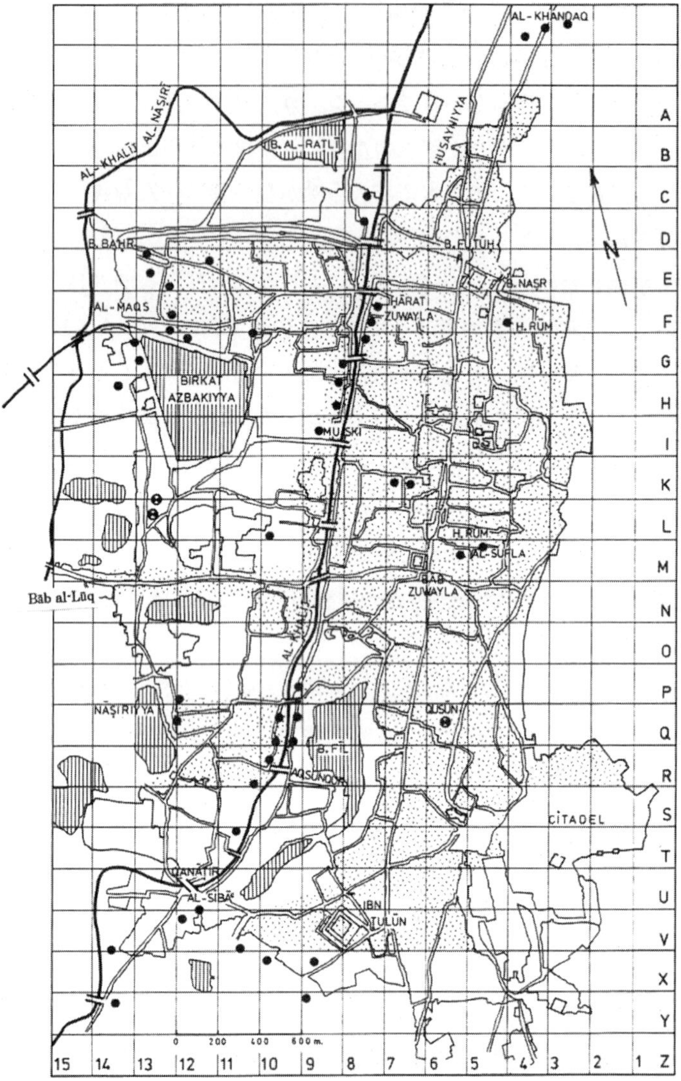

出典：Doris BEHRENS-ABOUSEIF, “Location of Non-Muslim Quarters in Medieval Cairo”, *AI* 22, 1986, p. 27.

(4)　20 日木曜日，バイナル・カスラインにあるアミール・サラール Salār の家で発生した火事

この火事は，特徴的であった。火はバーズハンジュ bādhhanj と呼ばれる屋根への昇降口から発生した。火は地上からおよそ 50 メートルの高さに達した。消火活動が続けられた。スルターンは，カイロ総督アラム・アッディーン・シンジル ʻAlam al-Dīn Sinjir al-Khāzin と侍従ルクヌ・アッデーン Rukn al-Dīn Baybars に命じて，「あらゆる店舗では水甕や容器を水で満たすこと，街区や小路も同様にすること」という布告を発布した[11)]。人々はこのことに注意をし，水を満たした水甕や容器を準備し，それを道路や店の戸口，市場，厩舎，小路，家々などに置いた[12)]。すると容器の値段が 1 ディルハムから 5 ディルハムに，水甕が 8 ディルハムに達した[13)]。このことからも人々が周到に対処したことが窺われる。

しかし，火事は収束する気配を見せなかった。ヌワイリーに拠ると，火事は一般的には昼間は起こらなかったため，人々は夜を徹して警戒し，とくにアミールたちの家を見張った。マムルーク，グラームなどはアミールたちの家の屋根で夜を明かした。彼らは太鼓を鳴らしたり，叫び合ったりして連絡を取り合った。人々は火災防止のため彼らの家々の屋上に集まることを禁じられた[14)]。

また，ヌワイリー自身が，ある金曜日にハーキム・モスクで千人長のアミールの高官の 1 人と礼拝を行ったときのことを以下のように記している。彼の習慣として，彼は配下のマムルークたち，従者たちと大集団で礼拝を行っていた。ところが，モスクに集まっていたのはいつもの 4 分の 1 であるのに気づいた。そこでヌワイリーは，彼にその理由を訊ねた。すると彼は，火事が起こるのを恐れて彼の家の警護のために彼らを残してきたことを彼に告げた[15)]。

このように，人々も政権の人々も火事の発生を防ぐ努力を怠らなかった。

(5)　ギリシア人街区といくつかの場所

木曜日の夜に，ギリシア人街区とカイロの外で火事が発生した。カイロとミスルに火事が広がるのに時間がかからなかった。カイロ総督と侍従のバイバル

スは出動を余儀なくされた[16)]。

(6)　ジュマーダー・アルウーラー月29日夜，侍従アミール・アルマースの城塞の中の家

この火事では，風が強かったため，火の勢いが強くアミール・アイタミシュの家に延焼した。「城塞の人々や，カイロの人々は動揺させられた。城塞すべてが焼き尽くされるかと思った」とあり[17)]，大火になったことがわかる。

(7)　ジュマーダー・アルアーヒラ月の始めの日曜日，城塞のカイサーリーヤでの火事

そこには，カラーファ門の近くのスルターンのマムルークの軍団の住居があった。城塞の門が夜に開けられ，城塞にいたアミールたち，スルターンのマムルークたちが消火に当たった[18)]。

(8)　同月9日月曜日，城塞のナーイブ・スルターンの館の火事

この火事では，スルターンのマムルークのアミールたちやグラームたち，水運び人などが消火に当たった[19)]。

これ以後火事の記載は史料には見当たらなくなる。ジュマーダー・アルウーラー月10日土曜日（1321年6月7日）から始まった火事は，ジュマーダー・アルアーヒラ月9日日曜日（1321年7月6日）までほぼ1カ月に亘って頻発し，ようやく収束した。

このように，カイロの各地で火事が次々と発生したのである。ここまでは，スルターンやアミールたちは消火活動に追われ，せいぜい，火事が起こりそうな場所に防火用の水を配置する命令を出し，人々がその対策を行うのが精一杯であった。

マクリーズィーは，上記の火事を含めた一連の火事を以下のようにまとめている[20)]。

カイロにおけるキリスト教徒による火事

1. スーク・シャッワーイーンのラブウ rab‘
2. ダイラム人街区のアリーサ小路
3. カリーム・アッディーンの家に隣接する16軒の家
4. ギリシア人街区にあるいくつかの場所
5. マシュハド・フセインに隣接するバハードゥルの家
6. ターリマ厩舎のいくつかの場所とアサル小路
7. アミール・シラーフの宮殿
8. バイナル・カスライン街区のサラール宮殿
9. バイスリー宮殿
10. ハーン・アルハジャル
11. ジャマルーン
12. カイサーリーヤ・アドム
13. サーリヒーヤ街区のバイバルス家
14. ズワイラ街区のイブン・アルマグリビーの家
15. ビイル・アルワターウィート地区のいくつかの場所
16. 城塞
17. 多くのモスク，礼拝所
18. それ以外のカイロとミスルにおける数え切れない場所

2．大火の原因

この大火はなぜ，発生したのであろうか。ヌワイリー，マクリーズィー，イブン・アイバク・アッダワーダーリーは，いずれもこれらの火事の原因を，後述するようにキリスト教徒が教会を破壊されたためにその報復として起こしたものだとしている[21]。

火事が頻発し，それに伴う消火活動が行われるなかで，その原因の究明が行われるようになった。人々は，モスクのミンバル，礼拝所やマドラサの壁に火がついているのを見たからである。それゆえ，人々は火事に備え，情報を収集していたが，ついに人々はこの火事が，油やタールをしみ込ませたぼろ布を巻いたナフサから出火していることを突き止めた[22]。

ジュマーダー・アルウーラー月の21日金曜日の夜（1321年6月18日），4人のメリク派のキリスト教徒が捕らえられた。彼らはバグル修道院 Dayr al-Baghl の修道士であり，教会の破壊が行われたことに対してこれらの火事を起こしたことを告白した。この件に関しては，マクリーズィーは以下のように記している[23]。

> 2人の修道士がマドラサ・クハーリーヤ al-Madrasa al-Kuhārīya から出てきたところで逮捕された。そこから出火し，彼ら2人の手に硫黄の匂いが残っていたからである。2人はカイロ総督アラム・アッディーンのもとに連行された。スルターンにもそのことが知らされた。彼ら2人の処罰が命じられた。総督アラム・アッディーンは彼ら2人を伴い城塞を下りたが，その時ザーヒル・モスクの扉の中にいた1人のキリスト教徒を人々が捕まえていた。その手には，タールやナフサを忍び込ませたぼろきれが握られていた。そのうちの一つがすでにミンバルの側に投げ込まれていた。人々の観察から，彼は煙が立ち上るまで立ちすくみ，モスクから出ようと歩き出したときに捕らえられたのである。

しかし，人々が注意深く彼を観察したが，彼がキリスト教徒であることを示すものは何も見つからなかった。人々は，彼を総督の館に連行した。すると彼はムスリムを装っていたことが判明した。彼は侍従のルクヌ・アッデーンのもとで罰せられることになった。すると彼は，キリスト教徒の一団がナフサを準備し，彼らに従う者たちで火事を起こすために集まっていたこと，彼はそれを手渡された1人であること，それをザーヒル・モスクのミンバルに置くこと，また2人の修道士にも命ぜられたことを認めた。2人の修道士も罰せられたが，彼らはバグル修道院に所属する者であること，上記のカイロの一連の火事の各場所に火をつけたのも彼ら2人であることを告白したのである。その理由として，ムスリムたちが教会を破壊したことを憂慮し，怒り，キリスト教徒の集団がこのナフサを準備するために資金を出し集まったことを，矢にナフサを浸み込ませたものを取り付け，それを射ると50メートルも飛んだこと，彼らは夜にカイロを徘徊し，機を得てそれを射ったことを告白した[24)]。

このように，一連の火事が彼らによって引き起こされたという重大なことをマクリーズィーは記している。キリスト教徒が弓矢を使って放火したことについては，ヌワーリーも，スルターンの言葉として「これは矢以外にはありえない」と記している[25)]。

イブン・アイバク・アッダワーダーリーも，「キリスト教徒が，油や硫黄を浸み込ませた布切れに火をつけ，家の屋根に投げ，木の扉の下に忍び込ませた」と記している[26)]。

以上のことから，カイロを襲った大火は，エジプトの各地で教会を破壊されたキリスト教徒が報復に起こしたものであった。

3．マムルーク朝の対応

(1)　カリーム・アッデーンの起用

スルターン・ナースィルは，キリスト教徒のことを熟知している王室財政長のカリーム・アッディーン Karīm al-Dīn al-Kabīr を呼び出した。スルターンは彼にキリスト教徒の逮捕について知らせ，その処置を命じた[27)]。

このカリーム・アッディーンは，イブン・タグリービルディーの伝記によると，エジプト生まれのコプト教徒であり，スルターン・バイバルスの時代に彼の書記となり，ムスリムに改宗している。しかし，その後もキリスト教徒社会との結びつきがみられる。カラーウーンの時代に，ワキール・アルマリク（スルターン代行），王室財政長になった。そして，スルターン・ナースィルにその能力を認められ，彼の代行（ワキール），王室財政長，王朝の管理人（ムディール）を務めるスルターンの信頼熱い側近となった人物であることがわかる[28)]。

したがって，スルターンはキリスト教徒が起こしたこの事件に対処するにあたり最も適した人物に任せたのである。

彼は，キリスト教徒の所属する大主教が，彼らのことを把握していることを知っていたため，大主教との接触を提案した。スルターンは大主教にカリーム・アッデーンのもとに出頭し，この件について彼と話し合うように命じた。彼は夜に，民衆を恐れてカイロ総督に保護されてやってきた。ダイラム人街区のカリーム・アッディーンの館に入ると，カイロ総督のもとからすでに逮捕されていた上記の3人のキリスト教徒が引き出された。彼らは大主教と総督の前で，カリーム・アッディーンに先に彼らが告白したことのすべてを語った。彼らの言葉を聴いた大主教は涙を流し，「何と愚かなキリスト教徒よ，彼らは教会を破壊した愚かなムスリムたちと同じ事をしてしまった」と言った。そして大主教はカリーム・アッディーンのもとを敬意を払って立ち去った[29)]。史料からは，両者の間でどのような話し合いが行われたのかは判然としないが，彼は大主教のことを案じていた。

民衆はそのことを察知した。彼らは彼に対して，もし，総督が大主教を捕えなかったならば彼を殺すと言って立ち上がった。翌朝，カリーム・アッディーンは城塞に出かけようとした。通りに出ると人々が彼に向かって，「ムスリムの館に火をつけたキリスト教徒を保護することが，どうしてお前に許されているのか」と叫んでいた。彼への攻撃が大きくなった。彼はスルターンに面会した。するとスルターンは捕われていたキリスト教徒のことを，彼らは愚か者で無知であると言って，事の処置を明確にした。スルターンはカイロ総督に彼らの罰を強化することを命じた。総督は彼らに厳罰を下した。彼らは，14人のバグル修道院の修道士がムスリムの家の焼き討ちに賛同していたこと，そのうちの1人はナフサの加工を行ったこと，彼らの間でカイロと古カイロとを分担し，カイロに関しては8人が，古カイロに関しては6人が担当したことを告白していた。そのため，バグル修道院が襲撃され，そこにいた者が逮捕された。人々のキリスト教徒への怒りが強まり，金曜日に，サリーバ通りで彼らのうち4人に火が付けられた。彼らはキリスト教徒を殺し，その服を奪った。事は途方もなく大きくなった[30]。

スルターンはそのことに怒った。その結果，人々に起こっていたことは静まった。土曜日に彼は城塞から広場に出ようとした，するとそこに通りを埋め尽くした大群衆を見た。彼らは叫んでいた。「神の勝利がイスラームに，ムハンマドの宗教に勝利を」と。スルターンが広場に下りたとき，カイロ総督が，家に火をつけたことで逮捕された2人のキリスト教徒を連れてきた。そこで2人の火刑が命じられた。穴が掘られ，人々が見ている前で2人は焼かれた。その時，ディーワーンの書記バクタムル・サーキーは，自らの家を目指して進んでいた。彼もまたキリスト教徒であった。人々が彼を見つけると，彼は乗物から大地に投げ出され，服を剥がれ火の中に投げ入れられた[31]。

この時はカリーム・アッディーンも攻撃されている。彼が広場から出ようとした時，そこにいた人々は彼に石やレンガを投げた。彼らは叫んでいた。「お前はどれだけキリスト教徒を保護したことか。彼らとともに力を得たことか」と。彼らは彼を罵った。彼は馬に乗り，彼らから逃れた。スルターンにそのことが知らされた。スルターンは，侍従，ナキーブ，マムルークにカリーム・アッディーンを家に届けさせている[32]。このように，キリスト教徒への攻撃に歯止めが利かなくなってしまった。

(2)　アミールたちの提案

スルターンはアミールたちにこの問題の解決のための意見を求めた。スルターンのもとに集まったアミールたちは，カラクの総督ジャマール・アッディーン Jamāl al-Dīn Āqsh，バクタムル・アルアブー・バクリー Sayf al-Dīn Baktamr al-Abū Bakrī，侍従バクタムル・アルフサーミー Sayf al-Dīn Baktamr al-Ḥusāmī などであった[33]。

まず，サイフ・アッディーン・アルアブー・バクリーに相談した。彼は性格が粗野なトルコ人で，政治に疎かったが，スルターンに言った。「必要なことは，スルターンが人々に使者を送り，彼らに次のように言うことである。あなた方はわれらが臣民である。あなた方はわれわれが罷免したこの豚を嫌っていたと言って彼らを静めることである」[34)]。だが，スルターンは彼の言葉に怒り，彼を叱り付けた。

カラクの総督は言った。「人々はこの2人の男を嫌っています。すなわち，ワキールのカリーム・アッディーンとナーズィルのカリーム・アッディーンですが。必要なことは2人を罷免することです。もし，スルターンが彼ら2人を罷免すれば，事は収まります」と。スルターンは彼の言葉も嫌った。しかし，スルターンは彼に言った。「私は民衆に剣を置き，彼らが反抗しなくなるように，彼らの血を流すことを命ずる必要がある」と[35)]。

次いで2人のアミール，侍従のサイフ・アッディーン Sayf al-Dīn Baktamur al-Ḥusāmī，巡礼長官サイフ・アッディーン Sayf al-Dīn に相談した。彼らはスルターンとともに広場に出た。スルターンはカリーム・アッディーンについて「この男は私のワキールであり，ワズィールである。わが王朝の知事である。だが，民衆は彼に反抗していた。彼に石を投げ，彼の尊厳を傷つけたのである。2人はこのことに関して私が彼に何をすべきかについて如何に思うか」と言った。2人は「民衆は前例がないような大事を起こした，彼らに対しては彼らを捕らえ，反抗を止めなければ罰を加えるべきである」と言った[36)]。

以上のアミールたちの意見を聴取したうえで，スルターンは側近のカリーム・アッディーンに反抗した者に怒りを示し，キリスト教徒に対する民衆の対立心を厳しく抑えこもうとして方策を講じた。そこで彼は侍従のウルマース Ulmās に「アミールの中から4人を連れて行きなさい。広場の門から出てズワイラ門に至るまでは民衆を剣で威圧すること。ズワイラ門からナスル門に至るまでは民衆に剣を振り下ろすように」と命じた。また，彼はカイロ総督には「ルーク門とバフル門に行きなさい。逮捕するまで1人も逃すな。捕らえた者を城塞につれて来い。私の部下であるカリーム・アッディーンを罵る者たちを連行できなかった時は，私は彼らに代わってお前を吊るすぞ」と言った。彼とともに数人のスルターンのマムルークを任命した。アミールたちは知らせが広がるまで躊躇ったが出発した。だが，人々はすでに警戒していて誰も外に出ている者はいなかった。史料によれば前例のないことであったが，その言葉がカイロに広まると，市場における諸々の価格が上がった。アミールたちは進んだが，ナスル門に到着するまで途中 1 人も見出さなかった[37]。

カイロ総督は，ルーク門，ブーラーク地区，バフル門から多くの盗賊，船乗り，浮浪者を逮捕した。恐怖が強まった。多くの人々がナイル川を渡り対岸のギザに移った。スルターンは広場から城塞に登ったが，1 人も見出さなかった。城塞に落ち着くと，総督に直ぐに来るように使いを出した。陽が沈む前に捕らえたおよそ 200 人を連れてきた。彼らのうちから一団を取り分け，縛り首を命じた。また一団には打腰を命じ，また一団には手首の切断を命じた。ジュマーダー・アルウーラー月 23 日の日曜日の朝になると，ズワイラ門から馬の市場に至るまでに一団が縛り付けられた[38]。

さて，この捕縛者の処分であるが，スルターンはこの日，裁判官たちを城塞に呼んだ。彼らにこの件についてファトワーを求めた。石を投げたことが確定された者を非難するファトワーが出された。そのため，彼らの中から 4 人の手が切断された。アミールたちはそのことで怒っているスルターンの怒りを静めることができなかったが，カリーム・アッディーンは許しを請うた。それが受け入れられ，彼らにギザでの掘削が命じられた。手を切られた者の中で 2 人が死んだ。木に縛り付けられていた者たちは降ろされ解放された[39]。

スルターンが窓から立ち上がったとき，イブン・トゥールーン・モスクの方から，城塞，バハーウ・アッディーン街区のルクヌ・アッディーン・アフマディーの家，塹壕，バフル門の外から，火事だという声が上がった[40]。

この日 23 日に，ザーヒル・モスクで 3 人のキリスト教徒が逮捕された。彼らは白いターバンを巻き，ムスリムの服を着ていた。彼らはモスクに侵入し，火をつけようとしていた。油をしみ込ませた芯や硫黄などの火をつける道具が発見された[41]。

24 日月曜日に，スルターンはダール・アルアドルに出廷し，この事に関して裁判官たちに意見を求めた[42]。

27 日木曜日に，スルターンは，この件に関して，キリスト教徒たちに対する布告の決定をした旨をアミールの高官たちに伝えた。ジズヤを倍額にしたこと，カイロとミスルでは，キリスト教徒は青い服とターバン，ズンナールを腰に帯びること，公衆浴場に入る時は鎖を首に付けること，スルターン庁には出仕しないこと，アミールの役所，徴税や駅逓の役職にも就かないことを命ずることであった。そのように布告された[43]。

スルターンの戒めの罰が発布された。カイロとミスルのミンバルで読み上げられ，執行官に通達された。この戒めの罰は，上エジプトの諸都市のミンバルでも読み上げられた。その内容は，ウマルの盟約を踏襲したものである[44]。

> だが，この戒めの罰は示されたが，執行されなかった。キリスト教徒には増税は求められなかった。数日間禁止条項が行われただけであった。何人かのキリスト教徒の書記はイスラームに改宗し，元の職に留まった。キリスト教徒の役人は元の職に留まった。カリーム・アッディーンは言った。彼らがもし，この年の終わり前に解雇されれば，混乱が起きるし，不利益が生ずるから，この年の残りは継続し，会計の提出がなされた後に解雇することが提案され，スルターンはこれを了承した[45]。

とあり，結局スルターンはキリスト教徒に対して，最終的にはこれまでに無いような厳しい処置を行わなかった。

スルターンが何時ものように広場に出かけて行くと，およそ2万人の人々を見た。彼らは服を青く染め，白い十字架を持ち出していた。彼らはスルターンを見つけると，一斉に「イスラーム以外に宗教は無し！　神の勝利がムハンマドの宗教に！　マリク・ナースィル，イスラームのスルターン，異教徒へのわれらが勝利，キリスト教徒に勝利無し！」と叫んだ。そこでスルターンは，キリスト教徒は青いターバンを付け，誰一人として馬とラバに乗らないようにという布告を出した。人々は，「神があなたに勝利を！」と叫んだ。ユダヤ教徒はこの度は沈黙した。キリスト教徒が家を出る時，人々から逃れるためユダヤ教徒から黄色いターバンを借りそれを着用した[46]，とあり，ムスリムのキリスト教徒への感情が敵対に発展してしまった。

しかし，スルターンは，すでに，キリスト教徒を任用することへのムスリムの反発はあったにもかかわらず，カリーム・アッディーンを信頼篤き側近としての揺ぎ無き立場を保持した。また，スルターンは民衆のキリスト教徒への反発を抑え込もうと努力した。

それではなぜ，火事の直接的原因になったと思われる教会の破壊を抑え込まなかったのであろうか。以下に，この火事を引き起こす原因となった事件について述べる。

4．721年／1321年の教会の破壊

カイロの大火の原因として，火事に先立ち，教会の破壊が起こったことは，すでに記した。この教会破壊事件は，同時多発的にエジプトの各地で起こった。

(1)　破壊された教会

マクルーズィーによれば，この時間に60の教会が破壊されたとある[47]。その主なものについて，彼は以下のようにまとめている[48]。

1. 城塞のタタールの廃墟の教会
2. ビルカ・ナーシィリーヤにあるズフリー教会
3. ハムラー教会
4. 女子教会として知られる7つの水場の隣の教会
5. アブー・アルムヌヤー教会
6. カイロのファッハーディーン教会
7. ギリシア人街区の教会
8. ベニス人教会
9. ズワイラ街区の教会
10. 軍旗庫の教会

11. ハンダクの教会
12. アレクサンドリア港の4つの教会
13. ダマンフール荒地の2つの教会
14. ガルビーヤの4つの教会
15. シャルキーヤの3つの教会
16. バフナサーウィーヤの6つの教会
17. スユート，マンファルート，肥沃ムヌヤにおける8教会
18. クース，ウスワーンにおける11教会
19. アトフィーヒーヤにおける教会
20. ミスルのバラ市場，マッサーサ，ミスルのシャムウ宮殿における8教会

ズフリー教会とハムラー教会，ミスルのいくつかの教会が破壊されたのはラビー・アッサーニー月9日金曜日（1321年5月8日）のことであった[49]。また同日カイロで破壊された教会は，ギリシア人街区の教会，ベニス人の教会，ズワイラ街区の2つの教会であった[50]。

カイロやミスルで教会の破壊が起こってから3日後の11日，日曜日に，「アレクサンドリア総督のバドル・アッディーンから知らせが届いた。ラビー・アッサーニー2月の9日金曜日，金曜礼拝の後に，興奮した人々がモスクを出ると，叫び声が起こった。「教会が破壊されたと。直ちにマムルークたちが出かけてみると，瓦礫の山と化したいくつかの教会を見つけた。その数は4つであった」とあり[51]，やはり9日金曜日に起こっていた。さらに，ブハイラ総督からの知らせで，ダマンフールの2つの教会が破壊されたことが報告されている。さらに，知らせが届いたのは16日金曜日であったが，上エジプトのクースでも，同日6つの教会が破壊されたことが報告された[52]。

すなわち，この日，アレクサンドリア，下エジプト，カイロ，ミスル，上エジプトの多くの教会が同時多発的に破壊されたのである。

その理由は，史料にははっきりとは記されていないが，史料を読む限りでは，

一連の事件は弾みで起こってしまったように記されている。ただ，同一日，すなわちラビー・アッサーニー2月9日金曜日に下エジプトから上エジプトに及ぶ広範囲の各地で起こっているのは，偶然ではないようにも思える。

(2)　教会破壊の原因

教会破壊の直接的な原因は，マクリーズィーによると，692年（1293年）にキリスト教徒の事件が起こったこと，この事件が起こってから，カイロのいくつかの教会が閉鎖されていたこと[53)]，703年（1304年）に，ズワイラ街区のヤコブ派の教会，カイロのベニス人の教会を開くことが決定された。それから，教会破壊事件が起きたとある[54)]。

692年の事件については，リトルが，コプト教徒の改宗に関する論文で紹介しているので[55)]，詳細は避けるが，キリスト教徒の書記とムスリムの民衆の間で大きな対立が起きてしまった。スルターンはカイロとミスルに布告を発布し，アミールは，キリスト教徒やユダヤ教徒の書記を雇わないこと，アミールたちは配下の全キリスト教徒の書記に改宗を命ずること，拒否する者は打首にすること，改宗したものは雇われることを通達した[56)]。

しかし，民衆はキリスト教徒の家々を破壊した。スルターンは，カイロ総督を通じて「キリスト教徒の家を破壊した者は絞首刑にする」という布告を発布した。そのため，ムアッラカ教会の破壊を最後に破壊が行われなくなった。ところが，キリスト教徒の書記が，生きたまま火刑にされることが起こった[57)]。

以上のことから，キリスト教徒は，書記としてムスリムの民衆よりも力を得て，華々しく振舞ったために，ムスリム民衆の反発を受けて対立が大きくなり，教会の破壊や閉鎖がすでに起こっていた。そのようなムスリム民衆のエネルギーを，スルターンを頂点とする政権が力で抑えていたのである。そのエネルギーが721年に起こった教会破壊事件となって現れてしまったのである。

(3)　教会破壊事件に対するスルターンの対応

このようなキリスト教徒に対する敵対行為である教会破壊事件が起こってし

まい，事態が悪化することを恐れたスルターン・ナースィルは，民衆に対して強い怒りを示した。スルターンは事件に関係した者の逮捕を命じた。逮捕者は投獄された[58)]。しかし，スルターンは彼らに対する処罰を自らの判断で下したわけではなかった。破壊を行った者にどのように対処すべきかについて，スルターンは裁判官たちに法的判断を求めた。すると彼らは，イマームの見解に従って処罰すべきであるという判断を下した[59)]。

その結果，逮捕者は鞭打ちの刑，鼻の切断，死刑，腰の切断，火刑などに処せられることになった[60)]。スルターンは，この事件に関しては厳罰をもって対処したのである。ここには，キリスト教徒とムスリムとの対立というものが介在するまでもなく，スルターンは賢明に事件を起こしたムスリムの民衆を処罰している。

聖カテリーナ修道院には，この事件の前後にスルターン・ナースィルが発布した布告が残されている。そこには，これまでのマムルーク朝のズィンミーに対する政策を転換した記述は見当たらず，従来の政策が踏襲されている[61)]。とりわけ，710年（1310年）に発布された布告にはナースィルのズィンミーに対する政策が現れている。以下に紹介してみよう。

文書33：ナースィルの布告　385 × 13cm.　紙

慈悲深く慈愛あまねきアッラーの御名において……
このわれわれの布告は，あらゆる権限のある
Muḥammad b. Qalāwūn
から発せられる。それは執行される
崇高なる閣下によって。

この高貴なる布告に従え

偉大なるアミールたち，戦士たち，
援助者たち，司令官たち，選ばれし者たち，知事たち，総督たち，
あらゆる行政官たち，
シャルキーヤ，アイラ，クルズム，トゥールの海岸地域における行政官た

ち，海岸地域およびファーラーンのイクター保有者たち，
イスラームの栄光者たち，高貴なるアミールたち，諸王とスルターンの補佐たちよ。
アッラーが彼らの成功と運勢を長らえることを。
われわれは彼らに以下のことを知らしめる。
シナイ山に住む修道士たちは政権に従ってきた。彼らは上記シナイ山でこの繁栄した政権のために祈りを捧げ，ヒジャーズから帰還するメッカ巡礼者たち，シナイ山を訪れるムスリムたちに奉仕してきた。

さて，Ṣadrīyūnとして知られる人々が彼ら（修道士たち）に対して何かを主張し，彼らのことについて政府に意見を寄せた。彼らが忠実でなく，彼らの目的は良好な関係を打ち壊すものであると。

それゆえ，政府からこの事に関する調査を行う者を派遣し，彼ら（修道士たち）について何度か知らせることを求めた。すると調査人は，彼ら（Ṣadrīyūn）の意見は正しくなく，修道士たちは彼らの事柄において彼らや彼らの状態を支持し，彼らの繁栄に注意を払っていることを記した先の諸王の布告を所持している旨の報告書を作成した。われわれもすでに，修道士たちを保護するわれわれの十分な勧告を命じてきた。彼らのナツメやし園，ぶどう園，農園，財産，穀物，所有物，果樹園，果樹，土地，彼らに属するものにおいて彼らを害するものを禁じる。

そして彼らを襲撃することをさせません。彼らの手元にある諸王の布告の言葉に従って。アッラーのお恵みが彼らにありますように。その言葉が最後の時まで効力をもちますように。彼らはこの言葉からいかなる変化もこうむらないでしょう。彼らの農夫たち，採集者たちは，彼らがナツメやし畑に行く時には妨げられないでしょう。誰かが彼らから盗みを行ったり，掠め取ったりした時にはいつでも，彼らに対して誠実にさせ，返還させるべきである。シャルキーヤ，アイラ，クルズム，トゥールの海岸地域の知事と総督，海岸地域とファーラーンのムクターからなるあらゆる管轄者は，このわれわれの布告に従うこと。

直ちに命令を行うこと。Ṣadrīyūn と Ramākūn および遊牧民のいかなる者からの害を彼ら（修道士たち）に及ばしてはならない。
彼ら（修道士たち）に再びこのこと（布告）を必要とさせないように。
710年ラビー・アッサーニー月13日（1310年9月9日）に記す。

この布告は，スルターン・ナースィルが，聖カテリーナ修道院の修道士たちの要求に応じて，修道士たちの立場を認め，それを明確にするために，政府の所管の関係者に発布したものである。サドリーユーン Ṣadrīyūn と呼ばれる国家権力の側の者が，修道士たちは国家に対して非友好的な活動をしているという報告をした。しかし，調査をしてみるとそうではないことが判明した。それゆえ，ナースィルは修道士たちの権利や活動を保護する命令を発したのである。しかも布告には，ナースィルの力強い命令が表現されており，ズィンミーに対する明確な見解が示されているといえよう。

おわりに

721年／1321年に，カイロで多発した火事は，およそ1ヵ月にも亘り，カイロ市民を恐怖に陥れた。スルターン・ナースィルの政権は，この火事の原因を究明し，それに適切に対処した。この事件は，これまで起きてきたキリスト教徒とムスリムとの対立の頂点に達するものとなった。教会破壊事件は，はずみで起こってしまったようにも思えるが，事件に発展するエネルギーが見えないところで蓄積していた。また史料にはそのような記述は見当たらないが，周到な準備があったようにも思える。この事件は，教会やモスクを壊し合ったという点で，これまでの歴史に無かった両者の対立のエネルギーが激しく現れるものになってしまった。

スルターンは，冷静に公正を貫き通し，これまでのマムルーク朝のズィンミー政策を保持した。

注

1）Little, “Coptic Conversion to Islam under the Baḥrī Mamlūks, 692-755/1239-1354”, *Bulletin of the School of Oriental and African Studies* 39, 1976, pp. 552-69.
2）al-Maqrīzī, *al-Mawā‘iẓ wal-I‘tibār fī Dhikr al-Khiṭaṭ wal-Āthār,* vol, 4-2, London, 2003, p. 1070.
Little. pp. 564-65.
3）al-Nuwayrī, *Nihāyat al-Arab fī Funūn al-Adab,* vol. 33, Cairo, 1997, p. 15.
4）マクリーズィーおよびイブン・タグリービルディーはジュマーダー・アルウーラー月15日としている。*Khiṭaṭ,* p. 1070.
Ibn Taghrībirdī, *al-Nujūm al-Zāhira fī Mulūk Miṣr wal-Qāhira,* vol. 9, Cairo, 1963, p. 63.
5）この集合住宅は，マンスルール病院のワクフ物件になっていた。al-Maqrīzī, *Kitāb al-Sulūk li-Ma‘rifat Duwal al-Mulūk,* vol. 2-1, p. 220.
6）*al-Sulūk,* vol. 2-1, p. 220. *al-Khiṭaṭ,* p. 1070.
7）*Nihāyat al-Arab,* vol. 33, p. 16.
8）スルターンの倉庫は8棟あった。飲物庫，穀物庫，武器庫，乗物庫，布地庫，調理用具庫，楽器庫である。この倉庫は，布地庫をさすようである。
9）*al-Khiṭaṭ,* vol. 4-2, pp. 1070-71., *al-Sulūk,* vol. 2-1, p. 221., *al-Nujūm al-Zāhira,* pp. 64-66.　*al-Nujūm* では，17軒の家が壊されたと記されている。
10）*al-Khiṭaṭ,* vol. 4-2, p. 1071., *al-Sulūk,* vol. 2-1, p. 222.
11）*al-Khiṭaṭ,* vol. 4-2, p. 1071., *al-Sulūk,* vol. 2-1, p. 222.
12）*al-Khiṭaṭ,* vol. 4-2, p. 1071.
13）*al-Khiṭaṭ,* vol. 4-2, p. 1071., *al-Sulūk,* vol. 2-1, p. 222.
14）*Nihāyat al-Arab,* vol. 33, p. 17.
15）*Ibid.,* vol. 33, p. 17.
16）*al-Khiṭaṭ,* vol. 4-2, p. 1071., *al-Sulūk,* vol. 2-1, p. 222.
17）*al-Khiṭaṭ,* vol. 4-2, p. 1076.
18）*Nihāyat al-Arab,* vol. 33, p. 26.
19）*Ibid.,* vol. 33, p. 26.
20）*al-Khiṭaṭ,* vol. 4-2, p. 1076.
21）*Nihāyat al-Arab,* vol. 33, pp. 15-26., *al-Khiṭaṭ,* vol. 4-2, pp. 1070-76., *al-Sulūk,* vol. 2-1, pp. 220-228., Ibn Aybak al-Dawādārī, *Kanz al-Durar wa-Jāmi’ al-Ghurar,* IX : *al-Durr al-Fākhir fī Sīrat al-Malik al-Nāṣir,* Cairo, 1960, p. 306.
22）*al-Khiṭaṭ,* vol. 4-2, p. 1071.
23）*al-Sulūk,* vol. 2-1, p. 223.　バグル修道院は，ムカッタムの丘の頂上にあった。
24）*al-Sulūk,* vol. 2-1, p. 223., *Nihāyat al-Arab,* vol. 33, p. 18.

25）*Nihāyat al-Arab,* vol. 33, p. 17.
26）*al-Durr al-Fākhir,* p. 306.
27）*al-Khiṭaṭ,* vol. 4-2, p. 1072., *al-Sulūk,* vol. 2-1, pp. 223-24.
28）Ibn Taghrībirdī, *al-Manhal al-Ṣāfī wal-Mustawfī ba'da al-Wāfī,* vol. 7, Cairo, pp. 345-50.
29）*al-Khiṭaṭ,* vol. 4-2, p. 1072., *al-Sulūk,* vol. 2-1, p. 224.
30）*al-Khiṭaṭ,* vol. 4-2, pp. 1072-73., *al-Sulūk,* vol. 2-1, p. 224.
31）*al-Khiṭaṭ,* vol. 4-2, p. 1072.
32）*al-Khiṭaṭ,* vol 4-2, p. 1072., *al-Sulūk,* vol. 2-1, p. 224.
33）*Nihāyat al-Arab,* vol. 33, pp. 19-20, *al-Khiṭaṭ,* vol. 4-2, p. 1072.
34）*Nihāyat al-Arab,* vol. 33, p. 19.
35）*Ibid.,* vol. 33, p. 19.
36）*Ibid.,* vol. 33, p. 20.
37）*al-Khiṭaṭ,* vol. 4-2, pp. 1073-74.
38）*al-Khiṭaṭ,* vol. 4-2, p. 1074., *al-Sulūk,* vol. 2-1, p. 225.
39）*Nihāyat al-Arab,* vol. 33, pp. 21-22., *al-Khiṭaṭ,* vol. 4-2, p. 1074.
40）*al-Khiṭaṭ,* vol. 4-2, p. 1074.
41）*Nihāyat al-Arab,* vol. 33, p. 21. *al-Khiṭaṭ,* vol. 4-2, p. 1074.
42）*Nihāyat al-Arab,* vol. 33, p. 21.
43）*Ibid.,* vol. 33, p. 23.
44）*Ibid.,* vol. 33, p. 23.
45）*Ibid.,* vol. 33, p. 25. Little, pp. 562-63.
46）*al-Khiṭaṭ,* vol. 4-2, p. 1075.
47）*al-Sulūk,* vol. 2-1, p. 219., Little, pp. 562-63.
48）*al-Khiṭaṭ,* vol. 4-2, p. 1076.
49）*al-Khiṭaṭ,* vol. 4-2, p. 1066., *al-Sulūk,* vol. 2-1, p. 216.
50）*al-Khiṭaṭ,* vol. 4-2, p. 1067., *al-Sulūk,* vol. 2-1, p. 217.
51）*al-Khiṭaṭ,* vol. 4-2, p. 1069., *al-Sulūk,* vol. 2-1, pp. 218-19.
52）*al-Khiṭaṭ,* vol. 4-2, p. 1069., *al-Sulūk,* vol. 2-1, p. 219.
53）*al-Khiṭaṭ,* vol. 4-2, p. 1014.
54）*Ibid.,* vol. 4-2, pp. 1018-19.
55）Little, pp. 553-54.
56）*al-Khiṭaṭ,* vol. 4-2, p. 1015.
57）*Ibid.,* vol. 4-2, p. 1015.
58）*Nihāyat al-Arab,* vol. 33, p. 15.
59）*Ibid.,* vol. 33, p. 15.

60）　*Ibid.*, vol. 33, p. 15.

61）　聖カテリーナ修道院文書 33，34 番。スルターン・ナースィルの布告，日付はそれぞれ 710 年ラビー・アッサーニー月 13 日（1310 年 9 月 9 日），740 年ジュマーダー・アルウーラー月 20 日（1339 年 11 月 23 日）。

第3部

聖カテリーナ修道院と遊牧民

第 1 章
聖カテリーナ修道院文書からみた遊牧民

はじめに

すでに述べてきたように聖カテリーナ修道院文書からは，ズィンミーに対するイスラームの寛容の精神をみることができる。すなわち，修道院と修道士の保護，それらに対する敵対行為の禁止，エジプトやシリアにおいて設定されたワクフやその他の不動産に対する保護およびそれらへの免税，修道士を脅かす者に対する懲罰などを中央政権は約束しているのである。

以上の観点から聖カテリーナ修道院文書を分析する際にもう一つ念頭に置かなければならないのは遊牧民の問題である。修道院の近くには数多くの遊牧民の部族が住んでいた。彼らは相対する二つの形で修道院と関係をもった。すなわち遊牧民は，一方では修道院の警護 ghafra や食料の運搬に協力して金品の報酬を受け取り，他方では修道院や修道士を襲撃していたのである。それゆえ，多くの文書が修道院と遊牧民との関係を取り扱っている。それらの文書の中からここでは，文書 186，187 の修道院と遊牧民との間で取り結ばれた協約文書の分析を試みる。これらの文書に注目したのは，それらがシナイ半島南部という局地を舞台にしてではあるが，そこでの遊牧民の様子を生き生きと描き出しているからである。

これらの文書はそれぞれ，縦 63 センチメートル・横 35 センチメートル，縦 32 センチメートル・横 22.5 センチメートル，そして，53 行，43 行からなっており，作成日付はそれぞれ，イスラーム暦 822 年ムハッラム月 4 日（1419 年 1 月 31 日），イスラーム暦 866 年（1461-62 年）である。前者は遊牧民のシャイフの手によって書かれているが，後者は明らかに修道士の一人によって書かれたものと思われる。

さて，アラブ部族は，7世紀以来，征服と民族移動の波に乗ってアラビア半島から各地に移住していったのであるが，彼らの中には都市に住みつき軍人や商人になる者もあれば，農村に定住して地主や農民になる者もあった。一方，エジプトやシリアに移住した後でも完全に定着せず，半農半牧の生活を続けていた者は，ウルバーン ‘urbān と呼ばれた[1)]。聖カテリーナ修道院文書には多数のウルバーンが登場するが，彼らはトゥール Ṭūr からアイラ Ayla にかけてのシナイ半島南部に生活空間を作っていたと思われる。彼らの中には Banī Wāṣil 族のように交易に従事したり，Awlād Sa‘īd 族や al-‘Ulayqāt 族のように穀物を運搬したり，修道院の農地の耕作を手伝う者もいた。

また，ウルバーンは武力と機動力をもっていたため，彼らの中には，契約によって見回り役 ghifāra，ghafra を務める者もいたが，彼らはガフィール ghafīr と呼ばれていた[2)]。例えば，後に紹介される文書から，al-Ṣawāliḥa 族，al-‘Awārima 族，al‘Ulayqāt 族，Awlād Sa‘īd 族が修道院の見回り役を務め，保護料として，毎年それぞれエジプト銀貨80枚，4着分の服地を受け取っていたことがわかる。このことは，ウルバーンの敵対行為が過激になり，ついには修道院が完全に閉鎖されたところから，ウルバーンは和約の申し立てを強いられたのであるが，その際，修道院側と協議が行われ，決められた値段でウルバーンの諸義務が請け負われた，ということを示している。そして，かかる協約が結ばれたのも，ウルバーンがこの地域での修道院の重要性を認めていたからである。しかしながら，敵対行為の後，協議に応じ，平然と日常性に戻る遊牧民のこうした行動パターンを，われわれは容易には理解し難い。おそらく，そこにあるのは，単に修道院と遊牧民との関係だけでなく，国家権力の介入が明らかであるところから[3)]，以上三者の重層的な絡まり合いの中での修道院と遊牧民との共存である。本章は，文書から見出される遊牧民のあり方を，修道院とマムルーク政権との係わりから分析し，マムルーク朝政権の遊牧民政策を探る。

1．史　料（1）

文書186：協約文書　63 × 35cm.　羊皮紙

822年ムハッラム月4日（1419年1月31日）

この協議の文書はal-ʻĀyid族シャイフṢiyāmの兄弟のシャイフʻĪsāによって書かれた。そして，彼の甥で，上記のシャイフṢiyāmの子シャイフʻAbd alʻAzīzの子，シャイフKhāṭirが伯父の代理として同席した。またウルバーン[4]のal-Ṣawāliḥa族，al-ʻUlayqāt族，al-Nuqayʻāt族，Awlād Saʻīd族，Awlād Muḥsin族，Awlād Raḥmī族，al-Ruṭaylāt族，——[5] al-Qarārisha族，al-Barāghisha族，al-ʻAwārima族，Awlād Sayf族のシャイフ（shaykh alʻarab）[6]が同席した。上記のウルバーンは，シナイ山Ṭūr Sīnāの修道院[7]の見回り役ghifāraを務めるものである。また，修道士たちal-ruhbān，——司祭（シャイフ）（aqlūm）Barthaniyus，——のキリスト教徒も同席した。彼らの名は，Jābir b. Mufarrij，Awlād Muḥsin族のMuḥammad b. ʻUmar，Muḥmmad b. Ḥusayn，Maḥmūd b. Ṣabāḥ，Sālim al-Shawm，al-Barāghisha族の——Muḥammad b. Shihāb ad-Dīn，Salāma b. Ghanīm，Mashʻal b. Suwaylam，al-Rudaynāt族のSālim b. Maḥmūd Fayyāḍ b. Ḥamīd，Salāma b. Ẓarīf，Aḥmad b. Ḥamīd，Ḥamad b. Ḥammūd，Awlād Saʻīd族のMusallam Abū Ghārāt，Saʻīd b. ʻAlī，Mutī' b. Ḥamad，ʻUmar b Bishāra，al-Qarārisha族の——Malīḥ b. Jundī，Mūsā b. Furuḥāt，Sālim b. Waddī，Awlād Sayf族のḤamdān al-Jubaylī，Furayḥ b. ʻAbd Allah al-Jubaylī，—— Awlād Murʻī族の代表の代理（代表者不在のため）Muḥsin b. ʻAṭīyaである。

上記のウルバーンは，強制することなしに，しかも彼らから非難されることなく修道士たちと合意し，合意を得ることによって以下のことを決定した。

・古い慣行ʻādaおよび先の協議に従って修道院を開く。

・修道院への訪問者を妨げてはならない。

・カイロやガザGhazzaを行き来するキャラバンを妨げてはならない。彼らは，それらのキャラバンを保護する義務がある。

・修道院と修道士の悪口を止めなければならない。

・上記の修道院の決まりのもとで，昔から行われていた慣行に戻らなければならない。

・修道士の用務を妨げてはならない。また，どんなことでも，彼らに問題を起こしてはならない。もし，ウルバーンの中で修道士に対して問題を起こした者は，シャイフにラクダ1頭を払わなければならない[8)]。彼がラクダを所有していない場合は，彼の部族の中から彼の代わりに一人の男が選ばれ，彼からラクダ1頭が取られる。もし，彼もラクダを所有していない場合は，彼の部族からラクダが取られる。

・問題を起こす見回り役 ghafīr，賄賂や自分の気に入りの人に対してだけ仕事をする見回り役は，「神に不信を抱く者 khāyn dīn Allāh」になり，見回り役から外され，シャイフにラクダ1頭を払わなければならない。

・自分が問題を起こしたためにシャイフにラクダを取られた者が，修道士のもとに行き，その代価を強要したならば，シャイフにラクダを2頭払わなければならない。

・修道士への義務を自分たちで負えない部族がいたときは，複数の部族がそれを負わなければならない。

・司祭に敵対したり，彼を修道院の門から拉致したり，殴ったり，邪魔をしたりした者は，シャイフに名前を書かれ，ラクダを1頭取られる。

・大主教 al-ra'īs al-usquf[9)]，門番 al-bawwāb，修道士を不幸や混乱に落とし入れた者は，彼のラクダあるいは彼の部族からラクダを1頭シャイフに払わなければならない。

・修道院に石を投げたり，建物のロープを切ったり，小便をかけたり，門に火を付けたりした者は，シャイフにラクダを1頭払わなければならない。

・（荷物を修道院に運び，報酬として）（小麦）1カダフ[10)]と塩をもらうときに，兄

弟の分や友人の分を請求してはならない。また，「私は昨日来た」と言ってはならないし，翌日の分も請求してはならない。自分の分だけ食料を受け取り，元の場所に戻らなければならない。

・アラブ[11)]は修道士からお金，小麦，敷物，毛布，その他のものを借りてはならない。

・修道士が葡萄園に向かって歩いているときや，所用で出掛けているときに邪魔をしてはならない。また，彼らの住まいやすべての持ち物に近づいてはならない。その決まりを破った者からは，シャイフがラクダを1頭取り上げる。

・葡萄園の塀に登り中に入った者，あるいは，修道士の許可なくその中に入った者はシャイフにラクダ1頭を払わなければならない。修道院の葡萄園にはアラブの葡萄園のようにガフィールはいない。

・修道士がナツメやしを摘もうとするとき，ウルバーンは修道士の許可なく彼らの後を追ってはならない。また，ウルバーンが，「私はあなた方を警護する」と言って葡萄園やそれ以外の所へ修道士と一緒に行くことを強要してはならない。それをした者はシャイフにラクダを1頭払わなければならない。

・許可なく修道士の所に物を預けてはならい。

・修道士がウルバーンとともに行くことを望むとき以外は，修道院からカイロやトゥールに一緒に行ってはならない。

・農民の見ている前でウルバーンが問題を起こしたときは，彼がそれを否定しても農民の証言が正しいとされる。

・アラブが夫人を連れて山（シナイ山）を訪れるときは，（小麦）半カダフと塩以外は与えられない。彼らは食物やパンを修道院に求めてはならない。問題を起こした者に関して，もし彼が以前に問題を起こしていたならば，シャイフは彼から前回と今回の合計2倍の罰金 jarīma を取れる。

・ウルバーンの中で問題を起こしカイロで捕らえられ，投獄され，獄死した者がいたとしても，そのことで修道士には罪はなく，原因は追求されない。

・もし修道長 ra'īs al-ruhbān が修道院に来たならば，ウルバーンの誰も彼を邪魔してはならず，彼に物をねだってはならない。敵意を示した者はシャイフにラクダ1頭を払わなければならない。

・ウルバーンの中で悪事を行ったり，夜に葡萄園あるいはそれ以外の所で盗みを行い，逃亡した者で，彼に対して証言がないときには，彼はコーランの上に5本指をついて宣誓し，さらに彼の部族が彼を支持しなければならない。

・ウルバーンで修道院に小麦あるいは小麦粉あるいはそれ以外の物を運ぶ者は，修道院の門のところまでしか入ってはならない。もしそこで物が紛失したら，シャイフにラクダ1頭を払わなければならない。

・Awlād Saʻīd の中で不正を行った者が償いをしていないときは，Farīʻ 族が責任を取らなければならない。同様に，Farīʻ 族の中で修道士のことで不正を行った者が償いをしていないときは，自分たちで責任を取らなければならない。

・修道士が小麦，大麦，干魚を運ぶ際には，修道士の代表者は自分が望む者をアラブの中から選び行動を共にするが，彼らの荷物が修道院あるいはシナイ山に到着するまで誰も邪魔してはならない。

・al-Sawāliḥa 族，al-ʻAwārima 族の保護料として修道士は毎年の終わりに，エジプト銀貨80枚，ナブルス産の服2着の代わりに4着分の地方産の服地を払わなければならない。同様に，al-ʻUlayqāt 族の保護料として銀貨80枚，4着分の上等な服地を，また，Awlād Saʻīd 族の保護料として銀貨80枚，4着分の服地を払わなければならない。

それらは毎年1年ごとに彼ら――つまり，ウルバーン〔訳者〕――の間で分けられる。そして，彼らは修道院の警護と修道士の保護を自分たちに課し，修道士に悪事を働いたり邪魔をする者を威圧しなければならない。

・修道士に彼らの馬やラクダの餌を要求してはならない。修道士は，身分の高いものであれ低いものであれ集まっているウルバーン1人に対して，（小麦）1カダフと塩以外を与える義務はない。

こうした同意が行われたことにより，彼らはこの協議と以前の協議に反対してはならない。そして，この協議で謳われたものは彼らの権利と義務になった。

それから，この協議に修道院のロバの見回り役 ghafra ḥamīr al-dayr が出席した。彼らは Ḥasab an-Nabī b. Aḥmad と彼の友人 Ḥamad b. Sa'īd である。彼らは穏健で従順なシャイフ 'Abd al'Azīz の子で，上記のシャイフKhāṭir の出席のもとに強制なしに選ばれたのである。われわれが証言によって名をあげたこの2人は同意し，そして，古い慣習に従い，見回り役 ghifāra とその代償としての食料配給を修道士から承認された。それは，1人につき銀貨2枚[12]，小麦粉4分の1カダフと麩4分の1カダフ，上等の油1ラトル[13]のみである。そして，その見回り役 ghafra とは修道院のロバの管理のみであり，道行きのロバ ḥamīr al-kirā は含まれない。また，彼らは修道士と一緒にトゥールから葡萄園に行ってはならないし，彼らが望むとき以外は彼らの後を追ってはならない。――それから，彼らは自らに，もし問題や間違いを起こしたときには見回り役の職を辞めるという条件を付けた。彼らの保証人は――である。そして証人は――である。822年，ムハッラム月4日金曜日（1419年1月31日）。

2．史　料（2）

文書187：協約文書[14] 32 × 22.5cm.　紙

866A. H. (1461-62A. D.)

（866年，修道院長 Mārkis の時代，塩に関する Banī Wāṣil 族についての協議）

866年，シナイ山の修道院長 Mārkis の時代のことであるが，その時ウルバーンの不正のために，修道院は閉じられていた。その後，修道院長 Mārkis と修道士たちの間で意見が一致し，彼らは三つのウルバーンの部族 al-Ṣāliḥī，al-'Ārimī，al-Sa'īdī と al-'Ulayqāt 族のもとに出向き，修道院のために協議した。かくて，修道士たちは昔から行われている古い慣行に従って修道院を再開すべく帰還した。そして，修道院長並びに修道士たちは，すぐに大きなキャラバンを頼んだ。キャラバンは上記のウルバーンの集団に導かれ，修道院に向かった。キャラバンが無事に修道院に到着すると，修道士たちが最初に修道院に入り，アラブ[15)]が続いて入った。すると，彼らは，修道院には塩が全くなく，その他のものも何もないことを発見した。そこで，アラブは修道士たちに，どうして修道院には塩がないのかと尋ねた。すると，修道士たちは次のように答えた。アラブのBanī Wāṣil族は，塩と干魚をもってくる義務があった。だが，彼らはその値段をつり上げ，ついには塩をもって来なくなってしまったのだ，と。

ともかく，塩なしでは修道院は耐えられなくなったため，修道院長Mārkisは，修道士の一人をカイロの修道士たちのもとに送り，修道院に塩がないことを知らせた。

カイロの修道士たちはその知らせを聞くと，すぐに支度をしてウルバーンのいる所に出かけて行った。というのは，ちょうどその時は春の始めで，ベルシーム（bersīm，クローバー）の季節であり，すべてのウルバーンがベルシームを求めて集まっていたからである。そして，カイロからウルバーンのもとに出かけて行った修道士は，修道院長代理Dāniyal，司祭のZūsimās，修道士Akākiyūs，Qustandī，Quzmā，Jarbī，司祭Harāsīmūs，修道士Arsāniyūs，Yuwākīm，'Abd Allāh，al-Yāsである。

修道士たちは，ウルバーンの所に着くと，すぐに彼らと挨拶を取り交わし，次のように言った。「われらが警護の者ghafīrたちよ，われらはウルバーンのもとで協議を行い，修道院を再開した。そこで，キャラバンが修道院に到着すると，すぐに修道士とウルバーンが修道院に入ったが，塩がないことがわかった。そのため，修道院長はカイロに手紙を送り，われらをあなた方のもとに派遣し，そこで起こったことをあなた方に知らせようとした」。

すると，そこに集まっていたウルバーンが言った。「修道士の皆さん，ようこそ。あなた方がわれわれのもとに来る前に，知らせがわれわれのもとに届いた。われわれは昔から，アラブのBanī Wāṣil族が，塩と干魚を運ぶ義務があることを知っている。もしBanī Wāṣil族の中でそのことに従わない者がいるならば，われわれは彼らに反対する」。そして，そのことはコーランの開扉の章にかけて決定された。

上記の決定の際に集まっていたアラブの名は，Banī Sulaymān 族の Nāhiḍ b. Mūsā と ʻĪsā b. Sharbak，ベドウィン[16)]の Nabīq b. Ziyāda ʻUlayqī，ベドウィンの al-ʻAwārima 族の Awlād ʻAlī の Mufarrij b. ʻAwād b. Salma，ベドウィンの Awlād Saʻīd 族の ʻUmar b. ʻAbd Allāh，Awlād Saʻīd 族の Qatīfa Arīq b. Sulṭān，al-Ḥuraysī 族の Muḥammad b. Saʻīd，ベドウィンの Aḥmad b. Ghadanfir b. ʻUmar ʻAlīqī，ベドウィンの al-ʻAwārima 族の Aḥmad b. Ḥāmid b. Maḥfūḍ，Sālim b. Saʻīd b. Ḥamād ʻAlīqī，ベドウィンの Ḥasan b. Muḥassan，ベドウィンの al-ʻĀrimī 族の Kulayb b. Awlād b. Muslim，al-ʻĀrimī 族の ʻUbayd b. ʻAlī b. Shāhīn，al-ʻĀrimī 族の Muslim b. Ṣaqr b. Ramaḍān，Awlād Raḥma 族の Badr b. Naṣr b. Ḥamād，ベドウィンの Aḥmad b. Hamīd ʻUlayqī，Khalīl b. Salīm，Khālid b. Ṣaqr，Muḥammad b. ʻAbd Allah Barghishī，Banī Sulaymān 族の ʻAbd Allāh，ベドウィンの Shatwī b. Hurmās，そして，それ以外の多数のウルバーンである。上記の者は一堂に会し，Banī Waṣil 族は塩と干魚を運ぶ義務があるが，それ以外には何もないこと，そして，彼らは塩と魚を運ぶと，すぐにそれを修道院に入れ，昼食を食べ，代金を受け取り，自分たちの所へ戻らなければならないことを確認した。かくて，集まっていたウルバーンは，コーランの開扉の章を3回読んで Banī Wāṣil 族のことについて決定を下した。

そこで，ウルバーンはわれらに言った。「修道士の皆さん，どうか無事にお帰り下さい。修道院長 Mārkis 宛に，その問題については心配しないように，そして，このことは以後あなた方の問題ではなくなり，通行人に便宜を与え，貧者に食物や着物を与えていた修道院のためにも，われわれこそがその責任を負うことになりましたと手紙をお書き下さい。われわれは，あなた方がお帰りになった後で，ファキーフ（法官）立ち会いのもとで，Banī Wāṣil 族にわれわれと修道士との間で起こったことについて書き送ります。もし彼らが従わなかったならば，われわれはどうすれば従わせるかを知っています。われわれは，al-Ṭūr と Wādī Fārān にいる修道院の警護の者，つまり，ベドウィンの al-ʻĀrimī 族のManṣūr b. Sulaymān，al-ʻUlayqī 族の ʻĀrim b. Mubālak に，この問題に関しての手紙を送ります。その後，あなた方はBanī Wāṣil族の間で何が起こるかを知るでしょう。われわれはまた，スルターンal-Ẓāhir・（フシュカダム）から布告が来て，Wādī Fārān全部が修道院に属すること，そして，そこのナツメやし，畑も全て修道院に属すること，さらに，DahabとDahabの街，al-Maqāfisからal-Shurūmまでのすべてが修道院に属することも知っています。それゆえ，修道士がどこへ行っても，ウルバーンの誰もが彼を支配できないことを知っています。良い知らせ以外があなた方のもとに届かないことを望みます。

そして以上は，Banī Wāṣil族は塩と干魚を修道院に運ぶ義務があるが，それ以外は何もない，ということについてわれわれがわれわれの長老から慣行として聞き確認していることでもある。もし，彼らがこのことに従わなかったならば，それはわれわれの責任であり，あなた方はこの問題については心配しないで下さい。われわれはBanī Wāṣil族が，われわれの手紙に従わないとは思いません」。

〔また，われわれはBanī Wāṣil族がal-Ṭūrに住んでいることを知っている。そして，ウルバーンたち，al-Ṣāliḥi族，Awlād Sa‘īd族，al-‘Ulayqāt，Ḥaḍra族，al-Nufay‘āt族，al-Tarābīn族，Tamīm族，Tibba族は全て，穀物，豆，巡礼長官（al-amīr hajj al-sharīf）の刈り入れ穀物の運搬の義務がある。だが，お前たちは塩と干魚をもって行き，修道院に奉仕しなさい。お前たちには，穀物を運ぶ義務もなければ，巡礼長官の刈り入れ穀物を運ぶ義務もないのだから，修道院に仕え，塩と干魚を運ぶことをよく覚えておかなければならない。すべてのことは，昔からあった権利によるものである。〕[17]

3．南シナイの遊牧民

アラブ遊牧民は普通砂漠で暮らしていることもあり，これまで遊牧民の系譜を記す史料などにより，その存在が知られてきた[18]。したがって，その実態

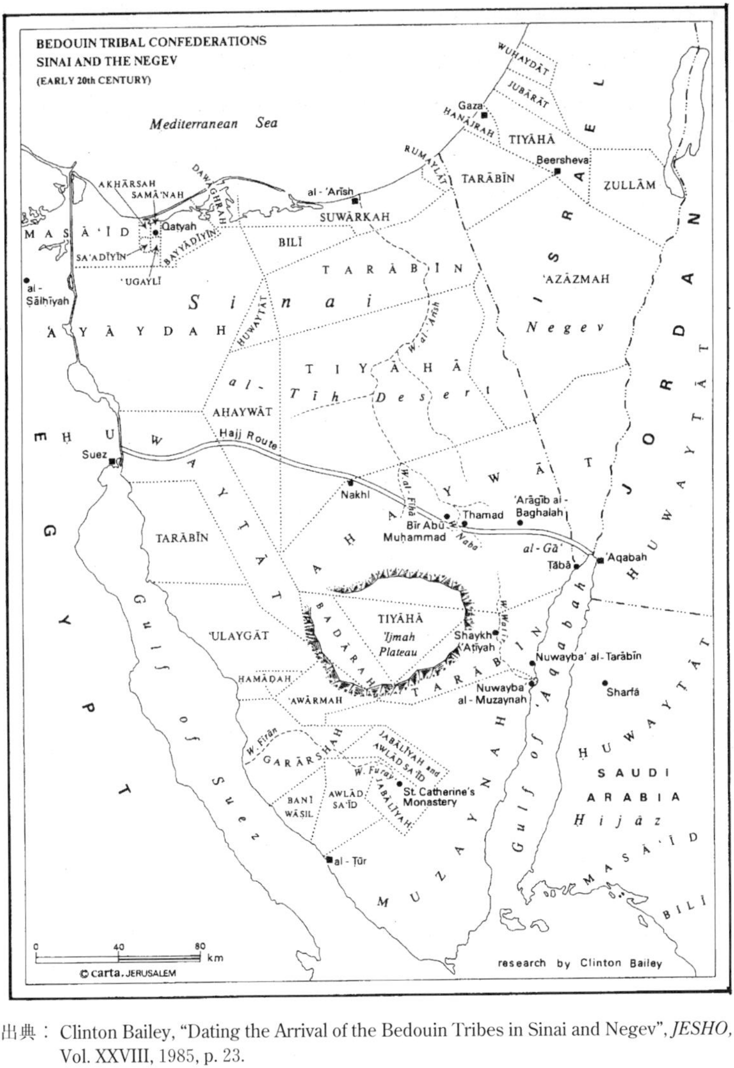

出典： Clinton Bailey, "Dating the Arrival of the Bedouin Tribes in Sinai and Negev", *JESHO,* Vol. XXVIII, 1985, p. 23.

を記す史料はきわめてわずかであった。聖カテリーナ修道院文書の中には，史料（1）（2）で訳出したように，シナイ半島という局地ではあるが，そこに根拠をもつアラブ遊牧民の実態が描かれているものが含まれている。

史料(1)(2)からは，遊牧民の定住社会との係わり合いの実態が見えてくる。聖カテリーナ修道院は，シナイ半島の南部に多くの農地などの不動産を保持していたことから，食料その他の物資の運搬に伴う労働力を必要とし，シナイ半島南部における定住社会の一つの大きな拠点であった。

シナイ半島南部の遊牧民に関しては，修道院所蔵の写本があり，そこにも修道院との間で結ばれた協約の写しが集約されていて，多くの情報を得ることができる。Clinton Bailey はこれらの写本に依拠し[19]，シナイ半島の遊牧民がシナイ半島に定着した年代を探る研究を行い，比較的新しい時代の遊牧民の展開を添付する地図に反映させた。

ベイリイに依れば，14・15世紀のエジプトの歴史家カルカシャンディーとマクリーズィーの記述に依拠すると，南シナイの遊牧民は，‘Ayādah, ‘Ulaygāt, Awlād Sa‘īd, Muzaynah, Ṣawāliḥa の5部族であり，その大部分は13世紀以降に到着したと結論づけることができるとしている。また，Banī Wāṣil 族とḤamādhah 族に関しては彼らに先行して到来していること，Jabālīyah 族は6世紀にヨーロッパからシナイ半島に送られたと結論づけている[20]。

また，‘Awārmah, Awlād Sa‘īd, Garārshah 族は Ṣawāliḥah 族と連帯しているとしている。この文書には多くの部族が登場するが，文書からは，同時代にこれらの遊牧民がどのように勢力範囲を取り決めていたのかは確定できない。

注

1)　佐藤次高『中世イスラーム国家とアラブ社会―イクター制の研究―』山川出版社，1986年，272頁。

2)　*Ibid.*，272頁。なお，ghafīr はエジプト方言であり，フスハーでは khafīr である。ガフィールは一般的には，農村内の警護を請負い，一定地域に保護権（ヒマーヤ）を行使し，その報酬として保護料を受け取る村抱えの警護人である。

3)　文書187の文書でもスルターン・ザーヒルの布告に触れているが，その他にも，修道院の権利を認め，また，ウルバーンが修道院の権利を犯すことを禁止する布告が中央政権から多数発布されている。

4)　‘urbān と ‘arab の違いについて一言付け加えるならば，両方とも遊牧民という意味で使われているが，‘urbān は遊牧民や遊牧部族についての集合名詞として使われているのに対して，'arab は遊牧民の個々の人間からなる遊牧民集団をさす言葉として使われているようである。

5）　——は文書が汚れていたり，欠損していたり，不鮮明で判読不可能な箇所を示す。以下同じ。

6）　shaykh al-'arab を以下シャイフと訳すが，それぞれの部族の長のことである。

7）　聖カテリーナ修道院をさす。

8）　おそらく，それぞれの部族のシャイフが，問題を起こした部族内の者に対して，責任を負ったものと思われる。

9）　修道院の修道士たちの序列は，大主教 ra'īs al-usquf，主教 al-usquf，司祭 aqlūm，修道士 rāhib，ruhbān である。

10）　1カダフは 0.94 リットル。

11）　注(1)を参照のこと。

12）　原文では niṣf feḍḍa（半銀貨）4枚となっている。

13）　1ラトルは 300 グラム。

14）　Q. A. Qāsim, *Ahl al-Dhimma fī Miṣr al-'Uṣūr al-Wusṭā,* al-Qāhira, 1979, pp. 201-204. A. Qāsim 氏はこの著作で，聖カテリーナ修道院文書を駆使してズィンミーの実態を体系的に捉えているが，筆者は，解説ですでに述べたように，別な視点からこの文書の分析を行う。

15）　史料翻訳(1)の注(1)を参照のこと。

16）　ベドウィンと付け加えられているアラブは，おそらく，遊牧を生業とする者であり，それ以外のアラブは，遊牧のかたわら，商業や運送などに携わっていた者たちであろうと考えられる。

17）　この部分は文書の裏側に書かれている。

18）　al-Qalqashandī, *Nihāyat al-Arab fī Ma'rifat Ansāb al-'Arab,* Cairo, 1958.
Al-Maqrīzī, *Al-Bayān wal-I'rāb 'Ammā Arḍ Miṣr min al-A'rāb,* Cairo, 1961.

19）　聖カテリーナ修道院所蔵写本，622，687，688，690，691，866番。

20）　Clinton Bailey, "Dating the Arrival of the Bedouin Tribes in Sinai and Negev", *JESHO,* Vol. XXVIII, 1985, pp. 20-49.

なお，ベイリーの論文に対して，F. H. Stewart は，ベイリー氏の研究は確かに研究の端緒となるものだけれども，まだ手付かずの写本についても利用されるべきであるという指摘をしている。F. H. Stewart, "Note on the Arraival of the Bedouin Tribes in Sinai", *JESHO,* Vol. XXXIV, pp. 97-106.

第2章
遊牧民とファトワー

1．史料解説

最近ファトワー fatwā を使用したイスラーム史研究がなされるようになってきた[1)]。ファトワーとは，イスラーム法の解釈・適用に関し，資格を認められた法学の権威者が文書で提出する法判断のことである。しかしファトワーには，イスラーム社会で暮らすさまざまな人々の間で生じた，その解決のために法的権威者による法判断を必要とするさまざまな事件や問題が記されており，今後もイスラーム史研究の史料として利用され続けるものと思われる。

史料を紹介するにあたり，最初に E. Tyan と J. Schacht の研究に基づきファトワーおよびそれを下すムフティーとは何かを簡単に定義しておく[2)]。

ファトワーとは，すでに述べたようにイスラーム法の権威者の法解釈をめぐる法判断のことであるが，ファトワーを与える行為をフトヤー futyā あるいはイフター iftā' といい，ファトワーを与える者を muftī，ファトワーを求める者をムスタフティー mustaftī という。歴史的には，ファトワーに関する制度はローマ時代の制度である解答権（ius respondendi）の制度に相当すると思われる。この制度は，ローマの法学が最盛期に達した頃に段階的に発達して制度化されたものである。それは日常起こるさまざまな法律問題の解決のために当事者が法学者に助言を求めた際，法学者はそれに対する解答を与えることができ，その解答が審判人に提出される慣習があった。しかし，元首の権力が法学者の解答に介入し，元首の権威付けによって解答権が特権的性質を帯びるようになり，やがて有力な法学者にこの特権が与えられるようになった。そして，この元首の権威に基づく解答権制度はしだいに効力をもち制度として確立したのである[3)]。この制度がやがてイスラームの法制度の中に取り入れられたものと推測される。

イスラーム社会においてイスラーム法の知識に乏しい一般民衆にとっては，日常生活の中で生じる司法上の問題に関して，イスラーム法の専門家が絶えず必要であった。さらに裁判官であるカーディーも，疑わしきときにはムフティーに意見を求めた。

ムフティーの職務は本質的には私的なものであり，ムフティーの権威は彼の学者としての名声に基づいていた。したがって，彼の法判断であるファトワーは単なる意見であり，公的な制裁すなわち執行力をもたなかった。しかし，人々に権威的な法判断を与えるために，法学派が樹立された後のある時期からフトヤーが政治権力と結びつくようになる。すると，国家は公的なムフティーを任命するようになった。そして公的なポストで宗教職 arbāb al-wazā'if al-dīnīya に就く者のランキングが行われた。その頂点に立つ者はシャイフ・アルイスラーム shaykh al-Islām と呼ばれる。マムルーク朝時代には，これらのムフティーはスルターンや地方総督によるマザーリム法廷に出席し，民衆の訴えの処理にあたっていた。カルカシャンディーによれば，これらのムフティーはムフティー・ダール・アルアドル muftī dār al-‘adl と呼ばれ，スルターンや 4 人の大カーディーとともに民衆の訴えを処理していた。4 人のムフティーはスルターンによって任命された[4)]。

さて，聖カテリーナ修道院文書の中にはファトワーと題される文書が 14 点含まれている。これらのファトワーはすべて非イスラーム教徒であるズィンミーに与えられたものである。これらのうちあるものは特定の法学派のムフティーのファトワーのみを記しているが，エジプトにおける 4 法学派のムフティーのそれぞれのファトワーを 1 つの文書に集めて記しているものもある。4 法学派のものが揃っているものは稀であり，また，ファトワーの実態を伝える重要な文書と思われるので，ここにそのうちの 1 文書の訳出紹介を試みる。

この文書は，227 番の番号が付けられたものであり，縦 63cm，横 44cm で，作成日付は明記されていない。著者は，この文書の実物を調査する機会に恵まれず，マイクロフィルムでの収集であったため，文書の材質の古さなどを判断する手段を全く持ち合わせてはいないが，その内容から判断してオスマン朝時代のある時期のものではないかと推測される。

また，この文書は五つの部分からなる。翻訳にあたり，原文を〔1〕から〔5〕までに分類した。〔1〕はルクア ruqʻa と呼ばれ，ファトワーを求める者であるムスタフティーがムフティーに提出した質問文である。ただし，これは勿論推測でしかないが，質問当事者の直筆ではなく，ファトワーを書き記す際に，誰かの手によって新たに書き直されたものと思われる。〔2〕から〔5〕までがファトワーと呼ばれるもので，4法学派の4人のムフティーがそれぞれ直筆で記したものである。また，〔1〕に記されているところの，当該修道士がシナイ半島の裁判官に訴えた際にこの裁判官によって作成されたはずの文書は，残念ながら見当たらないことを付け加えておく。

2．史　料――文書227，ファトワー

〔1〕　讃えあれ唯一の神，神のお恵みが最後の預言者に

イスラームのウラマーの方々よ（神が彼らの存在によって人間に喜びを与えますように），あなた方は，ムハンマドの教友とその従者の時代から，アムル・ブン・アルアースの時代から，マムルーク朝およびそれ以外の者たち以前から，モーセ縁のシナイ山の聖カテリーナ修道院に住んでいる貧しい修道士のズィンミーの集団についてどのようにお考えでしょうか。

前述の修道院には修道士たちが住んでいるが，修道院の内部にはムスリムのためのモスクがあり，彼らはそこを訪れ礼拝をしている。モスクは絨毯やローソクを入れたランプで飾られている。この修道院の修道士たちは，各地のさまざまな人々からサダカ（喜捨）を集め，ムスリムやキリスト教徒の貧窮者たち，修道院の訪問者，旅人，近隣の者，往来する者，メッカ巡礼で立ち寄る者などに食料を与えている。また，悲しむ者はこの修道院で安全を確保し，恐れる者

はここに避難所を求め，空腹を抱えた者はここで空腹を癒し，衣服のない者はそれを与えられている。その公共奉仕は時代を越えて行われている。この修道院の人々は，毎日二百人以上のムスリムやそれ以外の人々に食料を与えてもおり，修道院は公的にも私的にも有用であり，さまざまな人々がここに生活を依存している。

だが，現在のエルサレムの総主教（batrak）が，この修道院の経営のあり方に反対したのである。彼はドゥシヌス Dusinus と呼ばれるが，イスタンブルに向かい，前述のキリスト教徒に対し，彼らがサダカから得ていたものを禁じた。そして全キリスト教徒にサダカ（金）とハイラート khayrāt（物）を修道院の住人に与えないように強要した。現在，この修道院にはワクフもなく，農作物もなく，サダカ以外には収入がない。もし，この供給が禁じられたなら，修道院の機能は停止し，修道院に荒廃を強いることになり，修道士は生活が不可能となりそこから出て行くことになるであろう。そうなれば，修道院の周りも荒廃し，住人がいなくなり，そのために恐ろしい恐怖が広がり，遊牧民の挑発を招き，暴徒が溢れ，海への道は遮断され，ガフィール（警護人）を務めるために住んでいたアラブは散り散りになり，大きな損害となる。――（判読不可能）――大地は切り離され，特に製粉機の破壊は大きな困難を招く。それゆえ，エルサレムの総主教は前述の行為を許されますか。それともハラームですか，強く禁じられますか。もし彼が彼の主張を続けたら何を強いますか。彼に強い制裁を加えられますか。

前述の修道士は，彼らのことをシナイ半島のイスラームのハーキム（裁判官）にすでに届け出た。するとハーキムは，彼らが正しいということに同意し，――文書に記し（訳者）――署名捺印した。そして，その文書をシャイフ・マシャーイフに提出した。彼はシャリーアの保護者で，ハナフィー派の担当者であり，エジプトのカーディーであり，宗教の力で知識を守っている。

前述の総主教はこれらの指示に背いても許されますか。シャリーアとイスラームのハーキムに背いたら何を強要しますか。われわれにファトワーをください。その代わり神が預言者たちの主のためにあなた方を天国に導きますように。

またわれわれは，イスラームの最も偉大なウラマーが正しい制度の支配をわれわれに説明してくれることを，また正しい生き方を説明してくれることを求めます。なぜならば，彼らは預言者の相続人だからである。神が彼らにサルサビール（天国の泉）の水を与えますように。

〔2〕　讃えあれ，アッラー，万の主，神のお恵みがムハンマドに……

はい，前述のズィンミ ーはその場所に住むことで，彼ら自身にも，またムスリムにとっても利益があるので，ハーキムは彼らに今まで通りにあること，またズィンミーやそれ以外の人々のサダカを彼らに分け与える慣行をかつて許していた。それゆえ，彼らはそこに留まっている。

ズィンミーやそれ以外の人々に対して，今まで続いていたサダカの慣行に反対してはならない。このエルサレムの総主教が慣行として続いているサダカを否定することを禁じる。彼はそのことを強く非難される。なぜならば，もし彼がそうすれば，ズィンミーとムスリムにとって損害となってしまう。総主教にそのことを禁じたハーキムを讃えよ。ズィンミーを彼らの慣行通りにさせよ。彼らへの妨害をやめよ。その時，ハーキムの力で人々から損害が取り除かれる。ムハンマドが言っているように，一回の公正は千年の祈りよりも良い。

シャーフィイー派のアブド・アルファキール・ムハンマド ‘Abd al-Faqīr Muḥammad が記す。

〔3〕　讃えあれ，アッラー……

トゥールにある修道院の住民に続いているもの，つまり古くから彼らの間で続いているサダカを断ち切る原因となったエルサレムの総主教は禁じられる。なぜならば，それは修道士，貧しい通行人，トゥールの住人，とくに旅行者にとってダメージとなるからである。また，ムスリムとズィンミーの貧しい者も，慣行として続いているこのサダカで生活しているからである。

前述の総主教はそれを断ち切ることの原因となることを望んだ。それゆえ，彼はそれを禁じられ，とくに軍人やトゥールなどに住む者の証言に基づき，シャリーアの裁判官がそのことを確信した後に，さらにカイロのカーディー・アスカル[5)]がその情報を得た後に，同様にスルターンのワキールの確信の後に彼の権利は禁じられ取り除かれた。ワキールの存在で不信仰の火が消された。

エルサレムの総主教を禁じ，彼の権利侵害を禁じ，こうした悪巧みとそれが人々の間に広がることを禁じたハーキムを讃えよ。彼はそのことで偉大なる報酬を受けるであろう。同様に総主教を禁じることに協力した者にも。神は最も良く知り給う。

ハナフィー派のアブド・アルハイイ・アルラスラーニー ‘Abd al-Ḥayyi al-Raslānī が記す。

〔4〕　讃えあれ，アッラー……

前述の修道院に修道士が住むことにより，そこに立ち寄るすべての者が公共の利益に与るので，ズィンミーあるいはそれ以外の何人に対しても攻撃することを禁止する。ハーキムは彼らを攻撃する者をすべて力で禁止した。同時に，前述のエルサレムの総主教が彼らを攻撃することを禁止した。そして，彼らにサダカやそれ以外のものから与えられるものを否定することを禁じた。しかし，彼はすでにハーキムに背いたので，彼にそのことを禁じ，彼を鞭打ちにするか投獄するかはともかく，彼に適当な処罰を科し，それ以外はハーキムの決める通りとする。総主教を禁じ，彼が求めたものに立ち向かった法の保護者に偉大なる報酬を。神は最も良く知り給う。

ハンバル派のアフマド・アルマクディシー Aḥmad al-Maqdisī が記す。

〔5〕　讃えあれ，アッラー……

はい，前述の総主教にトゥールの修道院に住む修道士が得ていたサダカを禁じる原因となることを禁じる。そして，そのことで強い非難を強いる。もし，そのことがハーキムに持ち込まれたならば，ハーキムは事の度合いに応じて鞭打ちか投獄などを行うであろう。なぜならば，彼は前述のサダカを禁ずることで，ズィンミーとイスラームの民を混乱に陥れる原因となったからである。神がわれわれと彼らのために，法の保護者に倍の報酬を。そして，修道士に対する敵対行為を禁止することで修道士を助けた者に報酬を。修道士に報酬を。神は最も良く知り給う。

マーリク派のアリー・アルラッカーニー ʻAlī al-Laqqānī が記す。

以上が文書の内容である。最初に，この件に関してファトワーが下されるまでの経緯を整理してみよう。聖カテリーナ修道院はシナイ山の麓にあり，聖地であるためさまざまな人々が立ち寄り，食料を得たり，宿泊をしたりしていた。また，メッカ巡礼の際にも数多くのムスリムの巡礼者が，道中立ち寄り便宜を受けていた。これらの費用は訴えによればサダカで賄われていた。しかし，エルサレムの総主教がキリスト教徒のサダカがムスリムのために使われることを認めず，これを禁止しようと画策した。それゆえ，修道院側がこのことをシナイ半島の裁判官に訴え，この裁判官から修道院側が正しいという裁決が下る。しかし，総主教がこの裁決に従わなかったために，彼らはムフティーにファトワーを求めたものと思われる。

このことから，次に記すような問題点が湧き上がってくる。この時代の東方正教会は，コンスタンティノープル，アンティオキア，エルサレム，アレクサンドリアの4つの総主教座に分かれていたが，聖カテリーナ修道院の管轄は時代によって変更はあるものの，おそらく当時はエルサレム総主教の管轄であったものと思われる。したがって，このエルサレムの総主教が，管轄区内の聖カテリーナ修道院の経営のあり方に反対したのは，理由はともかく一応納得が行く。しかし，ではなぜ修道院側はこの総主教の命令に反対し，しかもイスラームの司法制度の中で問題を解決しようとしたのであろうか。

この文書からわかることは，聖カテリーナ修道院は，前章でも触れたように修道院，国家権力，遊牧民との重層的な関係の中で機能し続けてきたということである。政権にとってもシナイ半島の遊牧民を抑える上で修道院が有効に機能しており，そのことを認めてきたのである。したがって，修道院はサダカの慣行の承認をファトワーという手段を使って政権に求め，修道院の保護をはたらきかけていたことがわかる。

注

1)　Samir M. Seikaly, "Land tenure in 17th century Palestine : The evidence from the al-Fatāwā al-Khairiyya", Tarif khalidi ed., *Land tenure and social transformation in the Middle East,* Beirut, 1984, pp. 397-408.

佐藤次高「ヌサイリー教徒の反乱—ジャバラ 1318 年 2 月—」「東洋学報』第 71 巻 1・2 号，1989，115-39 頁。

Uriel Heyd, "Some aspects of the Ottoman Fetva", *Bulletin of the School of Oriental and African Studies* 32, 1969, pp. 35-56.

2)　E. Tyan, *Histoire de l'organisation judiciaire en pays d'Islam,* Leiden, 1960, pp. 219-30.

J. Schacht, *An introduction to Islamic Law,* Oxford, 1964.

The Encyclopaedia of Islam, q. v. Fatwa.

3)　船田享二『ローマ法』第一巻，岩波書店，1971 年，306-10 頁。

船田享二『ローマ法入門』有斐閣，1953 年，24-30 頁。

4)　E. Tyan, *ibid.,* pp. 219-30.

5)　オスマン朝以前のマムルーク朝時代には，カーディー・アルクダーとカーディー・アスカルは異なった司法行政を司っていた。前者は民衆を対象とし，後者は軍人同士および軍人と民衆との間で発生した訴訟を担当した。しかし，オスマン朝がエジプトを征服すると，両者が一体化し，カーディー・アスカルが両者を兼ねることになった。

Galal H. El-Nahal, *The Judicial Administration of Ottoman Egypt in the Seventeenth Century,* Minneapolis & Chicago, 1979. p. 84.

第3章
スルターン・カーイト・バーイの布告とカサーマ

はじめに

聖カテリーナ修道院文書の中にマルスーム（布告）と分類された文書が多数存在する[1)]。それは主にマムルーク朝のスルターンたちが必要に応じて発布した布告である。このマルスームの中にスルターン・カーイト・バーイ（在位1468-96年）が発布した6文書と，スルターン・ガウリー（在位1501-16年）が発布した2文書にカサーマ qasāma というイスラーム法の用語が記されている[2)]。文脈からして，この用語がこれらの布告の対象者にある種の規制を与えるものであることは明らかである。

それでは，カサーマとは一般的には何を意味するのであろうか。カサーマとは一般的には動詞 aqsama の派生語であり，宣誓という意味である。しかし，アラビア語では，単なる宣誓という意味を表現する場合には yamīn または ḥalfという言葉を使用する。したがって，カサーマが意味する宣誓には特別な意味が含まれていることになる。

カサーマは，イスラーム以前から存在する免責宣誓という意味で使われていたのである。とくに殺人が起きた場合，殺人の被害者の親族によって，あるいは殺人が行われた場所の住民たちによってある人間が有罪であると断言する宣誓のことである。また反対に，殺人者と推定された個人の無罪を断言する宣誓を意味した。この宣誓は50人による50回の宣誓が必要とされた。そして，起訴の手続きを行う際に，被害者の親族の構成員は，有罪であると推定された者に対する報復に使用するために武器を手にしていた[3)]。

しかし，イスラームの法学派はこのイスラーム以前の慣習を適用する際に，同様の手続きを踏むことはなかった。この制度は，イスラームの刑法が実質的に機能したときでさえ，それほど適用されなかったといわれている。それでは，マムルーク朝時代の史料の中ではどのように現れてくるのであろうか。そして，カサーマはどのような用法で使われていたのであろうか。本章では，スルターン・カーイト・バーイの布告の中からカサーマが適用されている2文書を紹介し，マムルーク朝時代のカサーマの意味をできるだけ明らかにしてみたい。

また，これらの文書からはマムルーク朝の遊牧民政策の一端を知ることができるのではないだろうか。政権は，遊牧民が修道院と係りをもつ際に，シャルキーヤの遊牧民の長や遊牧民から選ばれているガフィール（修道院の警護人）などに遊牧民が必要以上のことをしないようにはたらき掛けている。

1．スルターン・カーイト・バーイの布告

スルターン・カーイト・バーイは，1468年から1496年までおよそ28年間の長きに亘ってマムルーク朝を統治した。彼の治世はすでにマムルーク朝の末期であり，疫病が流行し，多くの人口が失われ，マムルーク兵士の3分の1が死亡したといわれる。また飢饉や物価騰貴，国家財政の逼迫による混乱した時代であった。それにもかかわらず，カーイト・バーイはこうした国情を鑑み適正な政治を行い，混乱した王朝の収拾に最善を尽くした。カーイト・バーイはエジプトやシリアに数多くの建築物を残したが，とくに敬虔なムスリムとして多くの宗教建築物の修復・復興を行い，経済の復興を図ろうとした。

さて，カーイト・バーイが発布した布告は，聖カテリーナ修道院文書の中に22文書保存されているが，歴代スルターンの発布した布告のうち最もその数が多い。それらの中でカサーマが記されている布告は全部で6文書ある。ここではそのうち2文書を訳出して紹介し，検討を加えてみよう。

文書79：207.5 × 16.5cm　紙

支配者の名のもとに

この布告は以下の２名で構成される武将会議の関係者に対して起草される。すなわち，Shams al-Dīn Muḥammad b. ‘Assāf とシャルキーヤ地方のマシャーイフ・ウルバーン（遊牧民の長）・シャイフ Sharf al-Dīn Mnsā b. Sabī‘ である。神がこの布告にもりこまれたものを信頼することで２人を賛えますように。

慈悲深く自愛あまねきアッラーの御名において……

われらが支配者の崇高な命令を記す

カーイト・バーイ（花押）

アッスルターン・アルアシュラフ・アルサイフィー

神が彼を高め，名誉を与え，地の果てにまで彼の名を轟かせますように。この布告は以下の２名で構成される武将会議の関係者に対して起草される。すなわち，Shams al-Dīn Mḥammad b. ‘Assāf とシャルキーヤ地方のマシャーイフ・ウルバーン（遊牧民の長）・シャイフ Sharf al-Dīn Mūsā b. Sabī‘ である。神が彼ら２人を高めますように。われらは以下のことを知っている。シナイ半島のトゥールの修道院（聖カテリーナ修道院）の修道士の集団が以下の如く訴えてきた。すなわち，彼らはもたざる者であり，彼らは修道院に住み，彼らの中には盲目および身体障害者も含まれる。彼らの生きるすべはキリスト教徒のサダカ以外にはない。ところが遊牧民のアウラード・アリーの部族民が彼らに力を及ぼし，危害を加えた。それゆえ，われらの布告は，上記の遊牧民の修道士と修道院に対する妨害，混乱，事件の発生，新たなる不正，施設の破壊の禁止を伝えるものである。また，遊牧民たちが修道院に入らない，修道院の庭で妨害行為をしない，修道士たちを混乱させないという高貴な宣誓（カサーマ・シャリーファ）が記される。上記の修道士たちに危害を加えている遊牧民とは，Ḥasan b. Faḍl, Rizq b. Ḥusayn および彼らの仲間どもである。それゆえ，彼らは上記の要求と，彼らの権利の及ぶところで起ったことを提出した。そして，そうしたことが禁じられ，彼らを害していた原因が即座に止めさせられた。また，そうしたことを許さない，揺ぎない，打ち消されることのない決定的な命令が出された。

さらに ‘Abd al-Qūdir b. ‘Ullayq が（彼らにそのことを）従わしめ，Aḥmad b. ‘Umrān が慣習に従い継承した。スルターンの布告は最大の効力をもって保証される。神の御意志にかけて。

神が望みたもうならば

874 年ラビー・アッサーニー月 13 日に記す。

スルターンの布告に従って，　　　　　　　　　　唯一の神の御加護で

神はわれらにとって十分である。

文書 60 ： 261 × 17cm.　紙

[ギリシア語による記述]

（偉大なる君主カーイト・バーイ……）

慈悲深く自愛あまねきアッラーの御名において

この書類が偉大なるカーイト・バーイのもとに届いた。

高貴で，偉大なるアミール，類稀なる戦士，宗教の証明者，イスラームの誉れ，人類の輝き，アミールたちの名誉，戦士たちの誇り，諸王とスルターンたちの支え

神が彼を永続させ，幸運を彼にお与え賜いますように。

直訴が，司教アザロと彼が率いるキリスト教徒の集団およびシナイ山の修道院長（聖カテリーナ修道院）Maqārī の名で城塞の窓口に届けられた。その中で，彼らは以下のように訴えている。彼らは人里離れたシナイ山の修道院に住む修道士たちであり，彼らの修道院の付近には人家もなく，隣人もいない。食糧が彼らのもとに届けられ，彼らおよび巡礼の際に立ち寄るイスラーム教徒たちに供された。彼らはイスラーム教徒たちに宿泊設備と食糧を提供し，施しをしていた。ところが，遊牧民の集団が上記の直訴人たちのもとに現れ，彼らを妨害し，彼らの能力を超えたものを要求した。また，上記の修道院の側には活動しているモスクがあり，そこにはムアッズィンが居り，上記の直訴人たちを守り，

遊牧民たちが彼らを妨害するのを禁じている。また，上記の直訴人たちはこの直訴以前にもすでに直訴を届け出ており，上記の遊牧民たちを訴えていた。それゆえ，われらの布告もすでに発布されている。その中では，遊牧民たちは上記の修道院に立ち入らない，修道士たちを妨害しないという高貴な宣誓（カサーマ・シャリーファ）が記されている。

だが，遊牧民との事柄が困難になり，‘Abd al-Qādir b. ‘Ullayq と呼ばれる男が異議を申し出たので，彼を上記のモスクの管理者に任命する布告が発布された。そのことは文書の中に遊牧民たちが修道士たちを妨害し，彼らの能力を超えるものを要求し，上記の直訴人たちに危害を加えていたことを示すことを目的としていた。前述のモスクには管理者を必要とするイスラーム教徒の集団はいなかった。だが，そのモスクには神の御導きによりムアッズィンが居り，礼拝を呼びかけている。そして，上記の直訴人たちは，前述のモスクとムアッズィンの燃料，食料，衣服に依存するムアッズィンのもとにいる召使いを許している。ムアッズィンが死亡した場合，あるいは空位のときにはいつでも他の者を任命してきた。

この布告は修道院のガフィール（警護人）‘Abd al-Qādir b. ‘Ullayq の要求に応じて，遊牧民の集団およびその仲間たちが上記の修道院に立ち入るのを防ぐため，いかなる譲歩も怠慢もない，不注意もない，猶予もない絶対的な命令として発布される。だが同時に，彼らの事柄においてはその権利に基づき彼らの支援を認めるものである。また，この布告は最高の強さで委員会によって保証される。そのことを知りたまえ。
神がお望みならば。
876年シャーバーン月23日（1472年2月5日）に記す。

高貴な布告に従って

唯一の神を賛えよ。預言者ムハンマドに神の御加護を。
神はわれらにとって十分である。

以上が布告の内容である。では，この二つの布告はなぜ発布されたのであろうか。内容からわかることは，この二つの布告が発布される前に，修道士たちによって直訴[4)]が提出されていることである。その直訴というのは，聖カテリーナ修道院周辺を拠点とする遊牧民の集団が，同修道院の修道士たちに危害を加えたり，施設を破壊したり，強引に金品を要求したりしたため，修道院側が国家権力に対して，そうした危害を回避する措置をとってくれるように求めたものである。そして，その直訴に応えてこの布告が発布されたのである。

最初の布告は，当該地域を統治する地方行政官であるアミールのシャムス・アッディーン・ムハンマドと，もう一方の当事者，すなわちシナイ半島からシャルキーヤ地方にかけての地域における遊牧民の長シャルフ・アッディーン・ムーサーに対して発布された。両者に対して遊牧民の諸集団の修道院および修道士たちへの妨害行為を止めさせるように命令したものである。また，修道院のガフィール（修道院が雇った遊牧民出身の警護人）のアブド・アルカーディルにそのことを徹底させたものと思われる。

だが，最初の布告が発布されてからおよそ2年後に，同様の内容の直訴が再び同修道院からスルターン・カーイト・バーイに提出された。直訴はスルターンが直訴人たちの置かれている状況を十分に把握するように訴えている。すなわち，彼らは神の御加護で食糧を得ており，その食糧は彼ら自身を賄うとともに，メッカ巡礼の際に立ち寄るイスラーム教徒の巡礼者たちにも振る舞われている。また，修道院の敷地の中にはファーティマ朝以来モスクが建てられており，ムアッズィン（礼拝呼びかけ人）およびその使用人が常駐している。修道院はこのモスクの存在を許すばかりか，彼らに給料を支給し，食糧や衣服を与えている。それにもかかわらず，遊牧民が修道院に現れ食糧などを過度に強要したことを訴えている。

この直訴は受理された後に，スルターン臨席の直訴を審議する委員会に提出された。その委員会の構成メンバーはスルターン，4法学派のそれぞれの大カーディー，高官のアミールたち，官庁の高官によって構成されていた[5)]。そこでスルターンの裁決が下され，その後文書庁の長官に渡され，そこで長官による布告作成のための指示を仰いだ後，担当の書記が布告を作成したものと想像される。このことについては次節で論じてみたい。ここで注目しておきたいことは，両文書に見られるように，遊牧民たちが，修道士たちに対するあらゆる妨害行為を行わないというカサーマが明記されていることである。おそらく，このカサーマはその宣誓内容を確かなものとするために，国家権力の権威のもとに行われたものと思われる。

2．カサーマと文書庁

ここでは先に紹介した史料の検討を行い，マムルーク朝時代の布告に記されたカサーマとはどのようなものであったのかをできるだけ明らかにしてみたい。

さて，先に紹介したスルターン・カーイト・バーイの布告は何処で作成されたのであろうか。通常スルターンの布告は文書庁（ディーワーン・アルインシャー）で作成される。カルカシャンディーによる官庁の役人の範例書によれば，文書庁の役人は書記と書記以外の職員に大別される。書記の職務は7種に分類される[6)]。

第1の書記は，彼自身のもつ能力で作成する文書として書かれるものを作成する書記である。この書記は，書記としての特徴を完全に満たし，記述能力を備え，書記として必要な技術を修得し，正則アラビア語と修辞において優れ，文書の形式に幅広く通じているため，文書庁の長官に所属する。また，その能力においては，けなされたものでも称賛することができ，賛えられているものでも評価を下げることができ，文章の流れを好きな方へ向けることができ，表現において冗長であることも，簡潔にまとめることもできる。

この書記は，文書庁の書記の中で最も優れ，最高のランクに位置づけられる。というのは，彼自身がオリジナルの文書を作成し，文書の内容の決定も任され，為政者の代弁者であるからである。また，いかなる話をしても称賛に価し，人に好印象を与え，彼の修辞で王の偉大さが増し，彼の力でその王の偉大さを他の王よりも増大することができる。彼は，条約を起草し，大事件の記述，ミンバルの上で読み上げられる重要な事柄の起草を行う。

第2の書記は諸王の文書を起草する書記である。第1の書記のように文書を作成する能力が必要であった。王に代わって文書を起草したが，その王と宗教も法学派も同じでなければならなかったが，それは反対している王の文書に対して，自らの考えの正当性，所属する法学派の勝利，その正当性の証明をするためであった。

第3の書記は王朝の人々すなわち，高官および総督，さらに王朝の顔であるナーイブ，カーディー，書記，ムシャーリフ[7]，徴税官の諸文書を起草する書記である。また，イーマーンやカサーマを記述する。彼らは秘密を厳守できる人でなければならず，汚れのない手（盗みをしていない）であること，俗事に惑わされない必要がある。なぜならば，彼は王朝内で起こる多くのことを知り得るし，例えば，総督がその職に就く前からそのことを知り得ているし，免職されることも事前に知り得るからである。

第4の書記は，王朝の命令（マンシュール）を起草する。その文書は格調高く，複数の記述をしなければならない。この職は第3の書記の職に付属し，その一部のようなものである。この書記は職務上秘密を保持しなければならない。文法や文章に誤りがないようにしなければならない。また，書体においても修辞においても十分な能力を発揮しなければならない。この職務は広範にわたり，文書庁では最大の業務である。また，一人では独立することができず，部下の支援が必要である。王朝の命令の起草，会議の出席者に渡されるものの準備，職員のファイルの作成をしなければならない。

第5の書記は，美しい書体で記述されて保存されなければならないもので，起草者が起草したものを清書する。例えば，条約，誓約などを鮮明に複写する書記である。王の代わりに記述するものは，その時代に並ぶ者がいないほどの書き手でなければならない。

第6の書記は，文書庁において記述されたものを吟味する書記である。記憶力に優れ，絶対に誤りのないようにしなければならない。王の代わりに記載されたものは，文字も，字句も，意味も，文法においても完璧でなければならず，誰にも弱点を指摘されないようにしなければならない。文書庁の長官は，庁内で書かれた全ての文書類を，職員を動員して吟味する義務が課せられているからである。

第7の書記は，文書庁に関係のある記録簿や覚書（カード）を書き記す書記である。その第1の職務は，文書の内容で重要な事柄のカードを作成することである。もしある事柄が尋ねられたとき，もとのファイルから探すよりはカードから取り出した方が簡単だからである。到着した文書は彼のもとに引き渡され，用が済んだら要点だけをカードに記して保存した。このカードによる情報は，紙の頭に印が付けられ仕分けされた。これらの情報には，文書の書き手すなわち，総督，ムシャーリフ，徴税官などの名を記す欄，いつ返答されたか，その返答の内容を記す欄があった。そしてその年度が済んだら，次年度には新しいカードが作成されなければならなかった。第2は，記録簿の作成である。第3は大事件の記録簿の作成である。第4は，発布されたおよび到着した文書の索引の作成である。第5は，同様にその他の文書類の索引の作成である。第6は，ギリシア語やフランス語などのアラビア語以外の言語で記されたもので文書庁に届いたものの翻訳の索引の作成である。

以上文書庁の書記の職務を記述したが，重要なことは，彼らがマカーティバートmakātibāt[8]と総称される王朝が発布するあらゆる文書類の作成を行うことであろう。また，マカーティバートには，マンシュールmanshūr[9]，タウキーウtawqī‘[10]，タクリードtaqlīd[11]，リサーラrisāla[12]，キターブkitāb[13]，ムルタファートmulṭafāt[14]といった種目別の呼称があるが，取り分け重要なものはマルスームmarsūm[15]あるいはマルスーム・スルターニーと呼ばれるものである。そこには，スルターンの名とその称号が記され発布された。さらに，文書庁から発布されるマカーティバートにはスルターンを特徴づけるものが記された。例えばカラム qalam（写体）と呼ばれた特別な文字が記される場合もあった。前節で紹介したカーイト・バーイと大きな太字で記されたものがそれである。スルターンの中には自ら筆を取る者もいた。

さて，上記のカルカシャンディーの範例書によれば，前節で紹介したスルターン・カーイト・バーイの布告は，おそらくカサーマやイーマーンを記述するところの第3の書記によって作成されたものと思われる。ここでいうカサーマやイーマーンがいかなる内容のものであるのかについては，カルカシャンディーはこれ以上の記述をしていないので残念ながらはっきりしない。しかし，ここでいうカサーマはおそらく単なる宣誓ではなく，ある事柄における両当事者の一方が他方にある行為の宣誓を求める場合などにおける宣誓を意味するのではないだろうか。そして，その内容が文書庁の第3の書記によって作成され，当事者に発布され，当事者がそれを宣誓したのであろう。

ところで，カサーマはマムルーク朝時代の年代記の中にも僅かではあるが見出される。イブン・イヤースの年代記に記されたものをまとめてみよう。

876年ラジャブ月（1471年）スルターン・カーイト・バーイはムフタシブのユシュビク・アルジャマーリーを通じてカイロにおいて以下のような布告を発布した。すなわち，婦人は ʻaṣābat muqauzaʻa（贅沢なヘアーバンド）と絹のサラークーシュ(？)を着用してはならない。ヘアーバンドの幅は3分の1腕尺であること。そして，婦人の生地を販売する者に対して以上のことを記したカサーマが義務づけられた。スルターンはユシュビクにこの布告を徹底させた。そのため，ムフタシブの使者は市場を歩き回り，上述のものを着用した婦人を見つけると彼女を捕らえ打擲し，頭から下ろし首に巻かせた。そして，婦人たちは外出する際にはそれを着用しなくなった[16)]。

886年シャーバーン月（1481年），カイロ総督ユシュビクはハディージャという名の婦人を逮捕した。彼女は独唱会を開くほど有名な歌手の一人であった。彼女は有名になると王朝の高官たちのお気に入りとなった。また，容姿端麗で歌唱力も優れていたので，多くの人々を魅了し，高官たちの心を乱した。それゆえ，彼女は杖打ち50回を宣告された。その上，歌を歌うことおよび公衆の面前に立つことを禁止するカサーマが彼女に義務づけられた。その後このことが許され，彼女は一度だけステージに立ったが間もなく病没した[17)]。

889年シャッワール月（1484年），スルターン・カーイト・バーイはワクフ監督官ムハンマド・ブン・アルアズマを城砦の中庭で打擲した。彼のことに関しては，カサーマが4部作成されそれぞれ4法学派の裁判官に送られた[18)]。

891年ラビー・アッサーニー月（1486年），スルターン・カーイト・バーイは秘書のイブン・ムズヒルに裁判官の資格を有するナーイブ nā'ib，およびナキーブ naqīb たちの長を集結させることを命じた。そして，彼らに訴訟当事者から一人あたり半銀貨2枚以上を要求してはならないというカサーマを義務づけた。このことは短い間実行され，しばらくすると元に戻った[19)]。

893年ズー・アルカーダ月（1488年），スルターン・カーイト・バーイはハナフィー派の代理裁判官シハーブ・アッディーンを打擲した。そして，再び雇用されることもなければ，公証人となることも禁ずるカサーマが彼に義務づけられた[20)]。

以上により，マムルーク朝時代のカサーマがどのように適用されたのかをある程度推測することができる。すなわちこれらのカサーマは，カーイト・バーイの布告においてもイブン・イヤースの年代記においても，国家権力によって仲介された宣誓であると理解することができる。したがって，これらのカサーマには強制力が伴っていたことが明らかである。聖カテリーナ修道院文書で同様のカサーマが繰り返し求められ続けているのは，おそらく，シナイ半島は人間が生活するのには厳しい場所にあるため，国家権力がそれを執行するのが難しいという条件のもとにあるということと，その対象が遊牧民という流動的で，しかも国家権力がその支配下に組み込むことが非常に困難な存在であることのためであろう。最後に次節にてカサーマとは何か，そしてそれはいかなる意味をもつのかを検討する。

3．カサーマとは

さて，第1節ではスルターン・カーイト・バーイの布告の中からカサーマの記された2文書を紹介し，続く第2節では文書庁における文書作成のあり方を明らかにし，おぼろげながら行政機構の中で政治権力を背景にしたカサーマが誰の手によってどのように作成されるのかを明らかにした。

それゆえここでは，これらの材料をもとに，これまで何度か論じられてきたカサーマについての定義を再検討しながらマムルーク朝時代のカサーマが社会的にどのような意味をもっていたのかを明らかにしてみたい。

最初に，同時代の定義から始めてみよう。マムルーク朝時代にさまざまな分野で活躍し，数多くの著作を書き残した学者であるスユーティー al-Asyūṭī は，その著書『契約の本質及び裁判官，封印官，公証人の手引き』でカサーマを取り扱っているが，そこに記されているものは本章の「はじめに」で述べたところの殺人に関する宣誓であり，さまざまな場合を想定してその適用のあり方を記している。そこには殺人の宣誓以外のものは記されてはいない[21)]。したがって，聖カテリーナ修道院文書やマムルーク朝時代の年代記に記されたカサーマは，本来の用法とは全く別の使われ方をしているか，あるいは本来のものから派生し，発展したものと考えられるであろう。

次に現代の研究におけるカサーマはどのように定義されているのであろうか。B. Moritz は，聖カテリーナ修道院文書の中のスルターンたちが発布した布告の一部を訳出紹介した著作の中でスルターン・カーイト・バーイの布告を紹介しているが，そこでは次のように定義している。カサーマとは本来は免責宣誓のことであるが，中世においては，イブン・イヤースが何度も記しているように，単純な命令に退化している，と[22)]。

これを受けて D. S. Richards は，この言葉を含む文脈は単なる王朝の命令を意味しているのではなく，むしろ政治権力を背景にして，将来の行動に関して同意することを意味しているのではないかと指摘している[23)]。

アラビア語学者 Dozy は，その出典を詳にしていないが，ある者が総督ないしは裁判官の前で自分が馴染んだ悪習，例えば飲酒による酩酊などを止めるであろうということを宣言する行為であると定義する[24)]。

H. Ernst は Moritz の定義を継承して，指図，指令と定義している[25)]。

では，以上の諸定義をすでに紹介した史料をもとに検討してみよう。本章で紹介した聖カテリーナ修道院文書およびイブン・イヤースの年代記の記述に現れるマムルーク朝時代のカサーマは本来の意味，すなわち免責宣誓を意味していないことが明らかである。聖カテリーナ修道院文書におけるカサーマは，明らかに国家権力を背景にした行政機構の中で行われるものである。そして利害関係が対立する両者のうちの一方が，国家権力を仲介にして自分の権利を相手に認めさせるため，そのことを記したカサーマが求められた。また，イブン・イヤースの年代記に現れているカサーマは，国家権力の命令であるが，単なる命令ではなく，その命令を受け入れそれを行うことを宣誓することが義務づけられている。

それでは，これらのカサーマと普通の宣誓とはいかなる関係をもつのであろうか。宣誓とは本来，ある個人と神との間で交わされる誓いのことであり，法的には強制力をもたない。だが，権力を背景に行われるある行為を遂行するための宣誓は，例えば，離婚や奴隷解放といった条件付きの契約をする場合などがあてはまるが，法的に強制力をもつ。したがって，文書の中に現れるカサーマは普通の意味の宣誓の発展したものと考えることができよう。

すなわち，カサーマとは元々は殺人に関する免責宣誓であったが，マムルーク朝時代においては，モリッツが定義するような単純な命令という意味だけでは不十分であり，D.S.リチャードが定義するように，政治権力の背景のもとに将来の行動に関して同意することという意味が付け加えられているといえよう。

だが，カサーマはイブン・イヤースの年代記で明らかなように刑法や商法などというすでに存在する法律の枠組みでは対応できない個々の問題を，当事者に宣誓を義務づけることによって処理した非常に柔軟な措置ではなかったかと考えられる。

それでは，カサーマが適用されるということは社会的にいかなる意味をもつのであろうか。カサーマにはその言葉が本来もつ宣誓という意味も当然含まれている。その宣誓というのは人間と人間との間で行われるものでは決してなく，すでに述べたように人間と神との間の宣誓の意味も含まれている。また，カサーマは国家権力を背景にした宣誓という意味も強く含んでいるわけである。すなわち，国家権力が宣誓を義務づけるわけである。したがってそこには強い義務感が生ずることになる。

また，ドズィーが定義しているように，誰かが総督や裁判官の前で，ある行為を行う，あるいはある行為を行わないということを宣言することというような意味も含んでいることであろう。したがって，カサーマが適用されると，国家権力による強制力ばかりか,社会的な制裁をも伴うものであったといえよう。だからこそ，カーイト・バーイの布告に見られるように，単なる行政的な命令ではなく，カサーマが適用されたのである。

注

1） A. S. Atiya, *The Arabic Manuscripts of Mount Sinai : a hand-list of the Arabic manuscripts and scrolls etc.,* Baltimore, 1955.

2） アレクサンドリア大学所蔵のマイクロフィルム参照。H. Ernst, *Die mamlukischen Sultansurkunden des Sinai-Klosters,* Wiesbaden, 1960.

3） "ḲASAM", *EI.* New edition, vol. IV, pp. 689-90.

カサーマについては，J. Schacht, *An introduction to Islamic Law,* Oxford, 1964. N. J. Coulson, *A History of Islamic Law,* Edinburgh, 1964. を参照。

4） 直訴に関しては以下の文献を参照。Nielsen, *Secular Justice in an Islamic State : Maẓālim under the Baḥrī Mamlūks, 662/1264-789/1387,* Leiden, 1985.

S. M. Stern, "Three Petitions of the Fatimid Period", *Oriens* XV, 1962, pp. 172-209.

S. M. Stern, "Petitions of the Ayyūbid Period", *Bulletin of the School of Oriental and African Studies,* XXVII, 1964, pp. 1-32.

S. M. Stern, "Two Ayyūbid Decrees from Sinai", *Oriental Studies* III, 1965. pp. 9-38, pp. 207-16.

S. M. Stern, "Petitions from the Mamlūk Period (Note on the Mamlūk Documents from Sinai)", *BSOAS,* XXIX, 1966, pp. 233-76.

D. S. Richards, "A Fatimid Petition and 'small decree' from Sinai", *Israel Oriental Studies* III, 1973.

拙稿「マムルーク朝時代のマザーリム制度に関する覚書」『イスラーム世界』33・34，日本イスラーム協会，1990年。

5） A. M. Majid, *Nuẓm Dawlat Salāṭīn al-Mamālīk wa-Rusūm fī Miṣr,* Cairo, 1979, vol. 1, pp. 110-11.

6） al-Qalqashandī, *Ṣubḥ al-A'shā fī Ṣinā't al-Inshā',* Cairo, vol. I, pp. 130-35.

7）　各徴税区において，徴税に関する詳細な情報を把握することを任務とする。

8）　書かれたものという意味で文書のことを言う。

9）　広める，公にするという意味の単語の派生語で文書を意味する。マムルーク朝時代は，イクター授与文書のことをいう。

10）　記録する，登録する，署名をするという意味からの派生語。直訴の端や裏に記されたカリフやスルターン，ワズィール，文書庁長官や書記たちのサインのことである。

11）　権威を与える，委任するという意味からの派生語。

12）　手紙，論考という意味からの派生語。王やスルターンの口述の命令を書き記したもの。

13）　書くこと，記録することという意味からの派生語。

14）　通常，アミールたちへの報酬や報償を記したもの。

15）　記録すること，命令することという意味からの派生語。マムルーク朝時代のディーワーンについては次の文献を参照。M. Majid, op. cit., pp. 49-90.

16）　Ibn Iyās, *Badā'i' al-Zuhūr fī Waqā'i' al-Duhūr,* al-Qāhira, vol. III, p. 67.

17）　*Ibid.,* pp. 185-86.

18）　*Ibid.,* p. 212.

19）　*Ibid.,* p. 228.

20）　*Ibid.,* p. 258.

21）　al-Asyūṭī, *Jawāhir al-'Uqūd wa-Mu'īn al-Quḍāt wal-Mawqqi'īn wal-Shuhūd,* Cairo, vol. II, pp. 280-307, 1955.

22）　B. Moritz, *Beiträge zur Geshichite des Sinaiklosters,* Abhandlungen d. kgl. Preuss. Akad. d. Wiss., 1918, p. 44, note 17.

23）　D. S. Richards, op. cit., p. 146. D. S. Richards, "The Qasāma in Mamlūk Society : Some Documents from Ḥaram Collection in Jerusalem", *Annal Islamologiques,* XXV.

24）　Dozy, *Supplement aux Dictionaires Arabes,* Leiden, 1881.

25）　H. Ernst, op. cit., p. 165.

第4部

マムルーク朝のワクフ政策と
ズィンミーのワクフ

第1章 ズィンミーのワクフ

はじめに

B.ルイスは，中東イスラーム史研究者の古典的困難の一つは，あらゆる文書史料を利用できるヨーロッパ中世史研究者に比べて，文書史料の乏しさにあると指摘している[1)]。しかしながら，最近では1974年，1976年のハラム文書の発見などにより[2)]，初期イスラーム時代とオスマン朝時代の間の文書史料に依拠した実証的歴史研究がなされるようになってきた[3)]。

本章はそうした学界事情に鑑み，聖カテリーナ修道院文書に依拠し，これまでほとんど取り上げられることがなかったズィンミーのワクフの一端を明らかにすることを目的とする。ここでズィンミーのワクフを取り上げるのは，最近筆者が一貫して抱き続けている問題関心の一つであるシャリーアがズィンミーに実際にはどのように適用されていたのかということを明らかにするうえで有効なテーマの一つであると考えるからである。また文書史料に依拠する理由は，文献史料，例えば法律の施行解説書などでは，シャリーアはムスリムの日常生活をいかに規定すべきかとか，法令はスルターンの名においていかに発布されるべきかというようなことは理解できるが，シャリーアが日常生活において実際にどのように機能していたかを知ることは困難であると考えるからである。

さて，本章で使用する聖カテリーナ修道院文書は当該ワクフ物件に関するきわめて興味深い記述を含んでいる。というのは，売買契約文書をはじめとしてワクフ文書等の不動産の所有に関する文書は，そのほとんどが当該不動産の所有権の移動を，所有者が代わる度に新たに文書が作成されるのではなく，最初の文書の余白や裏や紙を継ぎ足して一つの文書として残されており，数十年に亘る当該不動産の推移が記されているからである。そして，最終的に何らかの形で修道院の財産になったものが修道院に保存されたのである。したがって，最初は売買契約に出されていた不動産がある時期修道院のワクフ物件になったものもあれば，修道院のワクフ物件であったものがワクフが取り消されて売買の憂き目に晒されたものも存在するのである。そうした不動産の移動はズィンミーからムスリムへ，あるいはムスリムからズィンミーへと移動する場合もあるが，ズィンミーからズィンミーへ移動する例の方が多い。

本章は，そうした文書の中からズィンミーのワクフの性格を比較的良く表しているものを選び，以下論述する。

1．事例1：ワクフ文書

この事例は文書の表が主となるワクフ文書で，鮮明で読み易いものである。裏側には証言やカーディーによる登録書，ワクフの取消とそれに伴う売買契約が記されているが，不鮮明で読み難い個所がある。

文書259：104 × 30.5cm.　羊皮紙　**表**[4)]

慈悲深く慈愛あまねきアッラーの御名において……

たたえあれ唯一の神，神のお恵みと平和がわれらが主ムハマンドとその一族および教友たちにあらんことを。

これは，ギリシア正教徒でカイロの下ギリシア人街区 Ḥārat al-Rūm al-Suflā[5)] に住み居酒屋[6)] を営んでいるスライマーン・ブン・ビシャーラ al-Mu‘allim Sulaymān b. Bishāra b. Fahd のワクフである。そこは以下に詳細を述べるところの場所である。彼の所有権を示す文書に従い，その証明のために，証人が上記の場所に立ち会い，――― [7)]

この場所は，カイロの上記の下ギリシア人街区で，―――その隣には小路（zuqāq）があり，それは al-Mistāḥ（脱穀場）として知られている。

———（場所および物件の説明，略）———

・上記のワーキフ wāqif は，生きている間は自分自身のためにこのワクフを設定した。それは賃貸され，彼はそこからの収益の権利を取得し，その収益金を所有したが，彼はそれを自由に使用できるものとする。———

・彼の死後は，彼の子供たちの中でまだ生きている者に，その後は彼の孫に，さらに彼の親類に（相続されるものとする）。

———彼らの間で男も女も一人ひとり平等に分けられるものとする[8)]。

・もし彼らのすべてが死に誰も相続する者がいない時，あるいは，ワーキフが死に誰も相続する者がいない時には，このワクフの収益は，シナイ山の修道院（聖カテリーナ修道院）に住みついているギリシア正教徒の貧困者に移るものとする。

・もし上記の修道院に住みついている貧困者に収益を与えることが困難になった時には，エルサレムに住むギリシア正教徒の貧困者，およびエルサレムにやって来る者に与えられるものとする。

・もし，それも困難な時には，ムスリムの貧困者に与えられる[9)]。その際，このワクフの管理人は，その対象者を自由に選ぶことができるものとする。

・もし，また分配が困難になった時には，———

・———その状態は，神が地球を相続している限りいつまでも続く。

・また，このワクフにおける上記のワーキフは，その経営を本人が生きている間は自分自身で行い，彼の死後は相続人が，その後は彼の子供たちの相続人が行うものとする。

・もし，このワクフがムスリムの貧困者に移った時には，その経営と管理はエジプトのハナフィー派のハーキム ḥākim に委ねられるものとする。

・上記のワーキフは所有権と処分権を放棄し，その経営と管理を彼に委ねるものとする。796年サファル月4日（1393年12月9日）夜。神はわれわれにとって十分である。

上記のワーキフに証言する。私ことMuḥammad b. Muḥammad b. Muḥammad

が記す。

上記のワーキフに証言する。私こと Abū: Bakr b. ‘Abd Allāh b. ――が記す。

文書 259 ：裏

Isjāl（登録書），このワクフの処分権に関して上記のワーキフの代理人（ワキール）‘Umar b. ‘Abd al-Raḥmān（彼は al-mjlis al-shar‘ī al-sharīf のムタサッリフ[10)]である）にそのことが許された後に，上記のワクフ物件は確証された。796 年ラビー・アッサーニー月 3 日（1394 年 3 月 6 日），ハナフィー派カーディー Abū al-‘Abbās Aḥmad b. Zayn al-Dīn Abū Bakr b. Shams al-Dīn ―― al-‘Ibādī が発布する。

宣誓証書　827 年ラビー・アッサーニー月 23 日（1424 年 3 月 25 日），先のハナフィー派大カーディー‘Abd al-Raḥmān b. Shams al-Dīn Abū ‘Abd Allāh Muḥamrnad al-Ṭarābulusī に拠る。

証言　私こと Mikha’īl b. Sulaymān b. Mikhā’īl は以下のとおり証言する。このワクフは有効であること。当該ワクフ物件に関してはいかなる要求もないこと。ワーキフは以下のことをこのワクフの条件として設定したこと。彼は生きている間はこのワクフの収益を修道院に住むギリシア正教徒の貧者に与えること。彼はこのワクフの管理人として，自分の代わりに修道院のワクフの管理人を任命したこと。

証明　850 年ムハッラム月 8 日（1446 年 4 月 6 日），ハナフィー派大カーディー Sharaf al-Dīn Abū Zakarīya Yaḥyā b.――は以下のことを証明する。当該物件の修理が必要になったがこのワクフの収益では修理を十分に行うことができない。それゆえ，この物件は売却されたこと。購入者は al-Sayfī Arghūn b. ‘Abd Allāh al-Alā‘ī al-Sharīfī であること。売却人は修道院の司祭 Tūmā b. Jirjis b. Tūmā および Jirmān b. Badr b. Mājid b.―― および助祭（al-shammāsh）Mikhā’īl b. Niqūlā b. Naṣr であること。

イスティブダール（Istibdāl，ワクフの交換）の記述においては Muḥammad ‘Alī al-Sabūnī が証言する。

地図　下ギリシア人街区

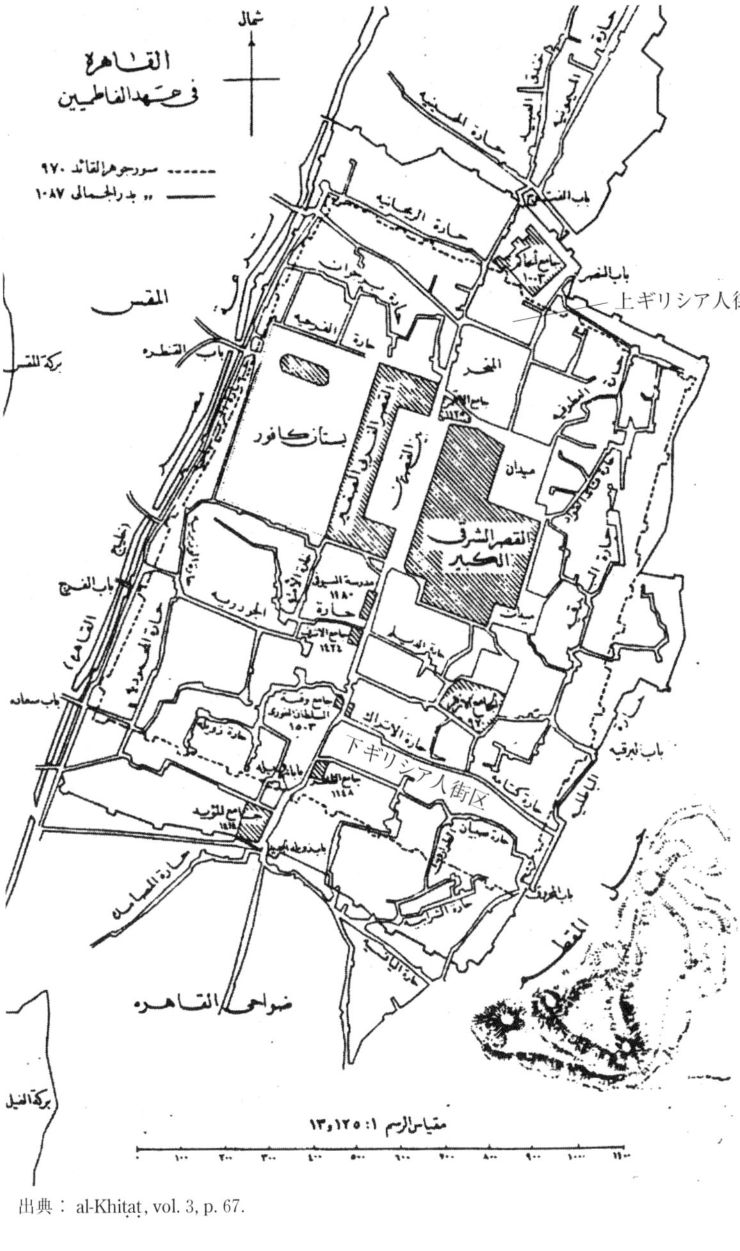

出典： al-Khiṭaṭ, vol. 3, p. 67.

2．事例2：ワクフの証明

文書282：44 × 32.5cm.　紙

メリク派のキリスト教徒 Ghanīm b. Ilyās al-Shawbakī はトゥールにおいて以下のことを証言する。彼はトゥールにある建物の一群をワクフに設定し，その建物に付随する諸権利，その特徴，その付属物，それに関するあらゆるものとともに登録した。この建物の境界は，以下のとおりである。南は上記の Ghanīm が所有する家に接し，東は門のある通りに接し，北は Sālim b. al-Samīn として知られる者の家に接し，西はキリスト教徒の Sālim Abū ʻUwayna の家に接している。この境界はイスラーム法に基づき855年に定められたものである。

このワクフは，聖カテリーナ修道院が受益者としてイスラーム法に基づいて設定された[11)]。売却，譲渡，担保設定はできず，いかなる方法でも移転ができないものである。いかなる理由によっても，最初に設定された条件に異なるいかなる目的のためにも使用されない。聞いたあとで，それを勝手に作りかえたりしたら，その罪は全部作りかえた者が負わされることになるぞ。まことにアッラーはすべてを聞き，あらゆることを知り給う。もしそのことに公平であった者には，アッラーはその行いをよく思い，称賛を与えるであろう。

このワクフを証明する証書が881年ラビー・アッサーニー月11日（1476年8月3日）に発効した。神は最も良く知り給う。

上記の内容を証言した。

Khalf b. Makhlūf b. al-Qassīs al-Naṣrānī

上記の内容を証言した。

ʻĀmrā b. ʻImrān b. Bashīr ʻurifa bi-Ibn al-Ḥaddād al-Naṣrānī

上記の内容を証言した。

Rizq b. Masrūr b. Fahd al-Naṣrānī

3．事例3：ファトワー

文書232[12)]：41 × 30cm.

あなた方は以下のことについてどうお考えですか。ナツメやし畑があり，それは修道士からなるズィンミー集団の所有 milk であった。だが，両者の交換 istibdāl が必要になった。というのは，ズィンミー所有の畑はナツメやしの生産が多く，場所も良かったからである。それゆえ，もし交換のための方法が決まったら管理者はハーキムの許可が必要ですか，それとも必要ないですか。また，もし所有の畑をシャリーアに基づき交換したら，ワクフの方はミルクにミルクの方はワクフになりますか。そのとき，文書がなくても誰も反対してはいけないですか。文書が条件を満たし，この件に関して問題なく取り計らうワリー・アルアムル walī al-amr は賛えられますか。このことに関するハナフィー派のハーキムの決定は法的な効力をもちますか。このことに何も反対できませんか。この決定はイジュティハードの問題として同意されますか。

神を讃えよ………

はい，修道士所有の畑はナツメやしの収穫が多く場所も良く，ワクフの畑との交換が決定され，文書もそのように作成されたので，畑の交換の管理者はハーキムの許可が必要である。もし，その交換がシャリーアに基づき行われたら，ワクフの畑は修道士のミルクとなり，ミルクの畑はモスクのワクフとなる。文書の作成を伴うこのようなハナフィー派の決定は正しく………

神は最も良く知りたもう。ハナフィー派の Aḥmad al-Murshidī が記す。

神を賛えよ………

はい，ハナフィー派がそのマズハブに基づきファトワーを与えたようにしなさい。神は最も良く知りたもう。マーリク派の Aḥmad al-Arādī が記す。

神を讃えよ………

答えは同様である。神は最も良く知り給う。ハンバル派の'Alī al-Ḥalabīが記す。

4．ズィンミーのワクフ制度

以上三つの事例はズィンミーのワクフに関するものである。イスラーム史におけるワクフ制度の研究は，内外を問わずイスラームの都市研究と呼応してめざましい発展を遂げつつある[13)]。ここでズィンミーのワクフ制度を取り上げるのはすでに述べたように，ズィンミーのワクフも全くシャリーアの枠組みの中で取り扱われていたということを述べんがためである。

さて，ワクフ制度とは，ある物件の所有者がそこから得られる収益を宗教的，慈善的目的にあてるためその所有権を放棄し，宗教的な寄進財源とすることと定義される。また，建前の上では寄進財の所有権は神に帰するとされ，「最後の審判の日」まで何人もワクフ設定者の定めた収益の用途などに関する寄進の条件を変更することができないとされた。

かくして，イスラーム世界においては，ワクフ施設として知られる寄進の対象となった側の施設，例えばモスク，マドラサ，ビマーリスターン，孤児院などと，その寄進財源となったワクフ物件，すなわち何らかの収益を産む物件，例えばバザール，キャラバンサライ，フンドゥク，ハンマームなどがワンセットにして建設されたのである。上記のワクフ物件によるワクフは，一般的にワクフ・ハイリーと呼ばれている[14)]。慈善ワクフと呼ばれるもので，寄進の対象が公共性のあるものであり，規模も大きい。

一方，民衆の私財として所有されていた物件，例えば店舗，賃貸家屋，土地などもワクフ化される傾向にあった。この民衆の私財のワクフは，種々の雑多な慈善行為に使われる場合もあるが，不動産が子孫への相続の度に細分化されるのを防ぐため，あるいは税金から逃れるためにワクフ化される傾向にあった。これは一般的に，ワクフ・アハリーと呼ばれている。すなわり，家族ワクフと呼ばれるもので，一般的に子孫に財産を残す目的で設定された。以上がイスラームにおけるワクフ制度の概略である。

さて，この事例におけるワクフはズィンミーのワクフである。法学者イブン・カイイム・アルジャウジーヤ Ibn Qyyim al-Jawzīya によると，ズィンミーのワクフは，公共の利益および貧困者に対して設定されなければならないものであった。そのワクフ物件を受け継ぐワクフ設定者の子供，孫，親戚はワクフの条件として，もとの宗教に留まる必要はなかった。つまり，キリスト教徒やユダヤ教徒がイスラームに改宗してもワクフの収益を得る権利を失うものではないということである。さらに，教会，修道院，神殿の利益のためのワクフは許されない。というのは，それは信仰——イスラームへの——のない者を助けるとみなされるからである[15)]。

以上がズィンミーのワクフ制度の建前である。これをもとに実際に行われていたズィンミーのワクフを上記の事例で検討してみよう。

事例1のワクフ物件は，カイロのハーラの中にある賃貸家屋である。その場所は，ズワイラ門の近くにある下ギリシア人街区であった。この文書は，ワクフ設定者，ワクフ物件，その対象となるワクフ施設，ワクフの管理人，ワクフ設定のための条件，証人による証言などシャリーアに基づき通常のワクフ文書の体裁をとっている。

事例1は最初，ワーキフの一族のために設定されたワクフで，これはムスリムのワクフ制度のワクフ・アハリーに相当するものである。だが，一族の中で受益者がいなくなったときは，その受益者は聖カテリーナ修道院に住むギリシア正教徒の貧困者に移るとあり，ズィンミーのワクフは公共の利益および貧困者に対して設定されなければならないという理念を満たしている。実際に文書の紙背の内容から判断すると，ある時期からワクフの対象が修道院に移ったものと思われる。したがってある時期からはワクフ・ハイリーとなったのである。また，ワクフの管理の条件として，その収益がムスリムの貧困者に分け与えられるときには，このワクフのワーキフは所有権と処分権を放棄し，その経営と管理をハナフィー派のハーキムに委ねるものとするとされている。ハーキムはイスラーム法を運用する裁判官で，カーディーとの違いは定かではないが，湯川氏や佐藤氏[16)]が指摘されているようにハーキムを下級裁判官，カーディーを上級裁判官と明確に区別するものではないらしい。いずれにしても，ハナフィー派のハーキムがズィンミーのワクフに携わるのは，おそらく彼らが4法学派の中では柔軟でズィンミーに対して一番寛容な解釈をしていたからであろうか。実際にこの文書の紙背に見られるように，登録書も宣誓証書もハナフィー派のカーディーに拠り作成されている。また，本書では取り上げなかったその他のワクフ文書，売買契約文書等の多くにハナフィー派のカーディーが携わっている。

さて，当該不動産はワクフ設定から54年後にはワクフ取消の運命に晒されることになった。すなわち，当該物件は老朽化し十分な収益を生まなくなり修理の費用さえまかなえない状態に陥ったのである。それゆえ，売却が行われることになった。通常のワクフ文書では，当該ワクフ物件の売却，譲渡贈与の禁止についての規定があり，売却はイスラーム法に従えば本来許されない。ところがここでは売却が行われている。その際取られる法的手続きは文書の最後に記されているイスティブダール Istibdāl である。詳細は次章で検討する。これはハナフィー派およびハンバル派の様式のもとで，カーディーの許可が必要であるが，当該ワクフ物件が利益を生まなくなったときにワクフ物件を売却することを許すこと，および交換財を購入するために売却金を使用することを許すことを意味する。すなわち，イスティブダールとはワクフの取消，および他の不動産との交換を意味する。ハナフィー派法学者タラーブルシー al-Ṭarābulusī (d. 905 H) は交換財として買われた財産に交換財と同様にワクフの状態を失わせることを許している。換言すれば，イスティブダールは単にワクフの取消の手段としても利用されていたのである[17)]。

このことに関しては事例3に見られるようにファトワー[18)]でも確かめることができる。このファトワーは残念ながら日付が記されていないが，参考のために訳出紹介した。このファトワーにおける質問(qiṣṣa)[19)]はワクフ地とミルク地のイスティブダール（交換）であり，それを執り行ったハナフィー派のハーキムの決定が法的効力をもつかどうかを問うたものであったが，それに対する各法学派のムフティーの見解はいずれもハナフィー派の決定を支持するものであった。

また，イスティブダールは通常のワクフ制度からみれば異例のことではあったが，収益をもたらさなくなったワクフ物件の処分方法としては有効な手段であったのであろう。ハナフィー派カーディー・タラーブルスィーはそうした物件にワクフの状態を失わせることを許してはいるが，それがムスリムのワクフに及び，ワクフ財産が広い地域で失われてしまうことを警告もしている[20]。いずれにしても，イスティブダールがイジュティハードの問題として取り扱われていることなどからして[21]，こうした法解釈の柔軟さがハナフィー派とズィンミーとの結びつきに至ったものであろう。

事例2はワクフの証明書であるが，メリク派のキリスト教徒であるガニームが，彼がトゥールに所有する建物からなる物件を聖カテリーナ修道院を受益者としてワクフに設定したことがわかる。前述したように，イスラーム法の理論では修道院を受益者としてワクフを設定することは認められないのであるが，実際には聖カテリーナ修道院を受益者とするワクフが設定されていることがわかる。

いずれにしても，建前の上では許されていない教会や修道院のワクフが相当存在していたようである。中央政権から発布された布告によると，修道院長は修道院のワクフの管理者であり，エジプトやシリアにおいて設定された多くのワクフ財産の管理を務めていたのである。そして，中央政権からその保護を受けると同時に関係不動産をワクフ化していったのである[22]。

おわりに

以上ズィンミーのワクフ制度に触れてみたが，文書で見る限り法的な手続きにおいてはズィンミーもムスリムとほとんど同じようにシャリーアの適用を受けていたといえる。しかしながら，その適用に関してはイスティブダールに見られるように主にハナフィー派による柔軟な適用であったといえよう。なおイスティブダールを取り扱った文書は聖カテリーナ修道院文書の他に，カイロのワクフ省にも保存されており[23)]，詳細は次章で論じる。また建前からいえば，ワクフに対してはたとえ国家権力といえども介入は許されてはいないのであるが，実際には国家権力の介入を示す事例は史料の中に見受けられる。例えば，マクリーズィーによると，イスラーム暦755年に教会と修道院のワクフが没収され，アミールたちのイクターとして分配された。それは全土で2万5千フェッダーンに及んだとある[24)]。さらにマムルーク朝スルターンたちが修道院やシナイ半島の地方政権に与えた布告によれば，マムルーク朝政権は一貫してズィンミーに対してもシャリーアによる支配を望んでいたことが窺える[25)]。

注

1）B. Lewis, "The Ottoman Archives as a Source for the History of the Arab Lands", *Journal of the Royal Asiatic Society,* 1951, p. 139.

2）D. P., Little, *A Catalogue of the Islamic documents from al-Ḥaram ash-Sharīf in Jerusalem,* Beirut, 1984. ハラム文書は多くの法文書を含んでおり，エルサレムの都市内の8世紀後半の社会経済生活をリアルに描き出しているのはもちろんのことであるが，シャリーアが実際にどのように適用されていたのかを知るうえで，きわめて多くの情報を提供してくれる。著者は今後この文書をも利用しシャリーアのズィンミーへの適用のあり方を明らかにしていくことを予定している。

3）L. Northrup and A. Abu l-Hajj, "A Collection of Medieval Arabic Documents in the Islamic Museum at the Ḥaram al-Sharīf", *Arabica* Vol. 25, 1979, pp. 282-91.

D. Little, "The Significance of the Haram Documents for the Study of Medieval Islamic History", *Der Islam,* Vol. 57, 1980, pp. 189-217.

D. S. Richards, "Arabic Documents from the Karaite Community in Cairo", *Journal of the Economic and Social History of the Orient,* Vol. 15, 1972, pp. 105-62.

M. M. Amīn, *Al-Awqāf wal-Ḥayā al-Ijtimā'īya fī Miṣr, 648-923h/1250-1517m, Dirāsa Ta'rīkhīya Wathā'iqīya,* Cairo, 1980.

D. Little, "Two Fourteenth-Century Court Records from Jerusalem concerning the Deposition of Slaves by Minors", *Arabica,* Vol. 29, 1982, pp. 16-49.

D. S. Richards, "Documents from Sinai concerning mainly Cairene Property", *Journal of the Economic and Social History of the Orient,* Vol. XXVIII, 1985, pp. 225-93.

H. Lutfi, "A study of six fourteenth century Iqrārs from al-Quds relating to Muslim

Women", *Journal of the Economic and Social History of the Orient,* Vol. XXVI, Part III, 1983, pp. 246-94.

H. Lutfi, *al-Quds al-Mamlūkīya — A History of Mamlūk Jerusalem based on the Ḥaram Documents,* Berlin, 1985.

D. P. Little, "Six fourteenth century purchase deeds for slaves from al-Ḥaram ash-Sharīf", *Zeitshrift der Deutschen Morgenländishen Gesellschaft,* Vol. 131, 1981, pp. 297-337. 以上筆者が参照した代表的なものを挙げたがより詳細な目録は，菊池忠純著『中世イスラーム時代アラビア語文書資料—研究文献目録 1』アラブ語センター，1988 年，128-34 頁，を参照のこと。

4)　文書番号は全てマイクロフィルム収録の際，A. S. Atiya 氏が付記したものである。A. S. Atiya, *The Arabic Manuscripts of Mount Sinai etc.,* Baltimore, 1955.

5)　ギリシア人街区は，添付の地図のように 2 つに分かれる。ハーキム・モスクに隣接する上ギリシア人街区 Ḥārat al-Rūm al-'ulyā と下ギリシア人街区 Ḥārat al-Rūm al-suflā である。前者はアルジャワーニーヤ（al-Jawānīya）として知られているとある。al-Maqrīzī, *al-Khiṭaṭ*, Būlāq, 1854, Vol. II, p. 8.

カイロにおけるズィンミーの居住区についていえば，その始まりからいくつかの居住区があった。ギリシア人街区 Ḥārat al-Rūm のルームという言葉はいくつかの意味に解釈できるが，ここではファーティマ朝軍を構成するギリシア人傭兵をさす。その他民族を反映した居住区に分けられたが，ズワイラ街区（ズワイラ門には隣接していない）はユダヤ教徒の街区であった。マムルーク朝時代，ギリシア人街区とズワイラ街区には教会があったが，コプトの大主教はズワイラ街区の教会に住んでいた。

Doris BEHRENS-ABOUSEIF, "Location of Non-Muslim Quarters in Medieval Cairo", *AI,* 22, 1968, pp. 122-24.

6)　カイロの Khalīj（運河）の西のナイルの岸辺は，マムルーク朝時代はまだ未開発で果樹園などがあった。しかし，キリスト教徒が住み，居酒屋を営んでいたことで知られている。また，キリスト教徒の居住区であるギリシア人街区，ズワイラ街区，ダイラム人街区も同様であった。Doris BEHRENS-ABOUSEIF, *ibid.,* pp. 125-26.

7)　——は判読不可能な個所を示す。以下同じ。

8)　ムスリムの相続法とは違い，ズィンミーの相続法は男女平等であったことを示す。

9)　ワクフの条件として，ギリシア正教徒（この場合はメリク派）の間で分配が難しくなったとき，もう一つのキリスト教の教派であるヤコブ派の貧困者に分配されず，ムスリムの貧困者に分配されるのは，メリク派はメリク派のみで，ヤコブ派はヤコブ派のみでワクフを設定したからである。Q. A. Qāsim, *Ahl al-Dhimma fī*

Miṣr al-'Uṣūr al-Wusṭā, Cairo, 1979, p. 140.

10)　ムタサッリフは実際に処分を執行する行政官。

11)　聖カテリーナ修道院が受益者となっているいることを示す独立したワクフ文書がある。オスマン朝時代のものなので，参考として以下に添付する。

文書409：205 × 31cm.　紙

ハーキム・ユーシフ・ブン・ハムザの署名と捺印。

慈悲深く慈愛あまねきアッラーの御名において....

これは，サーリフ・モスク Jāmi' al-Ṣāliḥ に設定されたシャリーア法廷 al-maḥkama al-shar'īya においてそれを委任されたハナフィー派のハーキム al-ḥākim の手によって作成されたワクフ文書である。その内容はギリシア正教の大主教 Jirjis b. al-Niqūlā の息子の大主教 Mawākim のために証言された。

彼はカイロのギリシア人街区にある建物群をワクフに設定した。ギリシア人街区はズワイラ門 Bāb Zuwayla の側にあり，奥まった高い所にはラウヌ・シャウシャウ Laun Sha'sha' 通りがあり，その入り口には共同井戸がある。

………（以下物件の説明のため略）………

その建物群の半分が上述した日付で上記のワーキフの所有であることが証明された。それゆえ，この日この法廷によってワクフとして成立した。

・このワクフはシナイ山の修道院（聖カテリーナ修道院）の中にある教会の繁栄のために設定されるものとする。

・その収益はローソクや油やその他の代金として使用されるものとする。

・もし，その分配が難しくなった時には，ミスル・アルカディームにあるギリシア正教の女子修道院のために使われるものとする。

・もし，それも難しくなった時には，エルサレムに住むギリシア正教徒の貧困人に与えられるものとする。

・もし，それも難しくなった時には，場所は限定せず，ギリシア正教徒の貧困人に与えられるものとする。

・このワクフの管理の条件は，本人が生きている間はワーキフ本人が行い，彼の死後は上記のシナイ山の修道院の管理下に入るものとする。その後は，上記の女子修道院の管理下に入り，その後は，エルサレムのギリシア正教徒の連合によって管理されるものとする。

・なお，このワクフの条件としてこの物件を増築，改築，破壊したり，他の不動産との交換をしてはならないものとする。

Jamāl al-Dīn Ibrāhīm が証言する。

この事例はオスマン朝時代のエジプトのズィンミーのワクフであるが，文書の内容からみる限りではマムルーク朝時代のズィンミーのワクフ制度を踏襲しており，この制度の連続性をみてとることができる。また，この時代になるとエジプトにおけるズィンミーのワクフ行政がハナフィー派のハーキムに委任されていることを示しているのではないだろうか。確かに，オスマン朝とハナフィー派の関係も考慮に入れる必要があるのはいうまでもないことであるが，マムルーク朝時代からズィンミーとハナフィー派との関係が連続しているとも考えることができる。さらにいえば，最初の事例との時間差は百年以上もあるが，文書の作成等のワクフ行政がシャリーア法廷に移行していることから，この間にズィンミーのワクフ行政に対する国家権力の介入が一段と強まったということであろうか。

12）　修道院に保存されているファトワーの大部分がワクフに関係したものである。

13）　M. M. Amin, op. cit.,

H. Lutfi, op. cit.,

M. M. Amin, "Un acte de fondation de Waqf par une chrétienne", *Journal of the Economic and Social History of the Orient,* Vol. XVIII, Part 1, 1975, pp. 43-52.

L. E. Fernandes, "Three Sufi foundations in a 15th century waqfiyya", *Annales Islamologiques,* Vol. XVII, 1981, pp. 141-56.

林佳世子「メフメト2世のワクフ文書群の成立」*AJAMES* No. 3-2, 1981年，74-109頁。

14）　林佳世子「イスラーム都市における「イスラーム」」『創文』291，1988年，18-22頁。

15）　Ibn Qayyim al-Jawzīya, *Aḥkām Ahl al-Dhimma,* Beirut, 1983, pp. 299-308.

16）　湯川武「中世上エジプトのウラマー共同体」『日本オリエント学会創立二十五周年記念　オリエント学論集』刀水書房，1979年，673頁。 佐藤次高『中世イスラーム国家とアラブ社会―イクター制の研究―』山川出版社，1986年，422頁。

17）　D. S. Richards, op. cit., pp. 226-27.

18）　事例3のファトワーで4法学派のうちシャーフィイー派のムフティーによるファトワーを筆者が翻訳紹介しなかったのは，難解な表現で翻訳に手間取ったからである。だがおおむねはハナフィー派の決定を支持するものである。

19）　ファトワーの一般的な形式については，以下の書を参照のこと。

E. Tyan, *Histoire de l'organization judiciare en pays d'Islam,* Leiden, 1960.

20）　al-Sakhāwī, *al-Daw' al-Lāmi' li-Ahl al-Qarn al-Tāsi',* Cairo, 1353-5H. Vol. X, p. 296.

21）　事例3参照。

22）　文書番号17，31，45，46，49，52，55，56.

23）　'Abd al-Laṭīf Ibrāhīm, "Wathīqat Istibdāl", *Majallat Kullīyat al-Ādāb Jāmi'at al-Qāhira,* Vol. 25, Part 2, 1963, pp. 1-38.

24）　al-Maqrīzī, *Kitāb al-Sulūk li-Ma'rifa Duwal al-Mulūk,* al-Qāhira, 1958, Vol. II, Part III, p. 921.

25）文書番号49，スルターン・アルムアッイド・シャイフの布告，85-86行，97-100行。al-Asuyūṭī, *Ḥusun al-Muḥāḍara fī Akhbār Miṣr wal-Qāhira,* al-Qāhira, 1968, Vol. II, pp. 211-12.

第2章 ワクフの解消

はじめに

一般的にワクフは三つの基本的な支配を受けると言われる。すなわち，取り消せない，売却できない，永続することである[1)]。だが，建物などの普通の不動産は，長い年月を経ると老朽化し，最終的には消滅する運命にある。とすると，消滅を待つばかりのワクフ物件や，ワクフ設定文書に記されているワクフとしての機能を果たせなくなってしまったワクフ物件はどのように処理されるのであろうかという素朴な疑問が湧く。本章は現存する多くがマムルーク朝後期の日付の記されたイスティブダール文書 Istibdāl を取り上げ，この問題を明らかにすることを目的とする。

さて，本章が依拠する文書は，現在聖カテリーナ修道院に保存されており[2)]，イスティブダールと分類されたものの一つである。また，イスティブダール文書は聖カテリーナ修道院だけでなく，国立公文書館 dār al-wathā'q al-qawmīya において，シャリーア法廷文書として整理されているし[3)]，カイロのワクフ省にも保存されている[4)]。これらの一部を比較してみると，聖カテリーナ修道院文書の関係者の一部がギリシア正教徒であるという事実を除けば，その叙述形式，その叙述内容においても，時系列的にみれば差異は認められるものの，同時期のものにおいてはほとんど違いがないことがわかる。したがってイスティブダールはハナフィー派という特定の法学派の，特定のカーディーたちによって行われていたことが良くわかるのである。

では，イスティブダール[5)]という言葉の意味であるが，一般的には交換という意味で使われる。だが，イスティブダールはハナフィー派のワクフ解消の手段として機能したのである。

ところで，ワクフの解消はバフリー・マムルーク朝期にもすでに行われていた。とくにスルターンやアミールたちによるワクフの変更や解消を数多く見出すことができる。Escovitz によれば[6)]，バフリー期の末には成功には至らなかったが，ついには王朝内のすべてのワクフ地の解消が試みられようとしたのである。マムルーク朝時代には相当数の不動産がワクフ財産になっていたという説もあるが，彼らは没収という手段よりは，法的に可能な手段でこれらワクフ財の取得を好んだ。その際，彼らはカーディーに強く働きかけて彼を抱き込み巧妙な手口でそれを実行した。その際使われた手段はワクフの効力の否定や強引な購入によるものであった。そうして獲得された財の一部はスルターンのワクフに組み込まれた[7)]。マクリーズィーによれば，やがては大カーディーとなる有能なカーディーたちの注意深い監督のもとで作成されたワクフ文書でさえも，すなわち，法的に微に至るまで細心の注意を払って設定されたワクフでさえも，アミールの貪欲と大カーディーとの共謀の前には太刀打ちできなかったのである。そして，ついにはイスラーム暦780年にはワクフに関してウラマーとマムルークが一大対決をすることになったのである。後にスルターンとなる大アミール・バルクークが，明らかにエジプト，シリアのすべてのワクフ地の取消と，どのようにしてエジプト・シリアのハラージュ地の売却が国庫 bayt al-māl に許されているかを討議するためにカーディーや法学者たちを招集した。そして，エジプト・シリアのワクフ地とミルク地について記された書類が読み上げられたが，その総額は毎年膨大な額であった。その時，バルクークは，「これがムスリムの軍隊を弱めているものである」と発言している。すなわち，イクターを基盤とするムスリムの軍隊にとっては，広大なワクフ地の存在は大きな障害になっていたのであろう。すると，Sirāj al-Dīn al-Bulqīnī は，「モスク，マドラサなどのワクフはウラマーやフカハーやイマームなどのためにあり，これに触れてはならない。しかし，不正な手段で国庫から購入したその他のワクフは解消できる」と言った。しかし，この会議は結局は決裂し，すべてのワクフ地を解消する試みは達せられなかったが，その一部は解消されイクターとなった[8)]。

以上は権力者が権力に任せてワクフの解消を行っていた例である。だが，カーディーたちがいつも権力者たちと共謀していたわけではなかった。スルターン・ナースィルは，あるワクフ地の取得を望み，そのワクフ地と他の非ワクフ地とのイスティブダールを望んだ。そして，ハナフィー派大カーディー・イブン・ハリーリーにこの移動を認可することを求めた。スルターンは，ハナフィー派がイスティブダールを認めると言われていたことを知っていたからである。だが，イブン・ハリーリーは，「これを許す方法はない。わが法学派はイスティブダールを許さない」と言って，これを拒絶したのである[9)]。

けれども，ある時期からは，イスティブダールはワクフを解消する手段としても利用されるようになったのである。

1．タラーブルシーのイスティブダール論

ハナフィー派のイスティブダール論はどのようなものであったのだろうか。それは15世紀のハナフィー派の法学者タラーブルシー al-Ṭarabulusī の，*al-As'āf fī Aḥkām al-Awqāf*『ワクフ行政の手引き』と題する書[10)]の中に見出すことができる。この書の執筆年代は正確には不明であるが，著者の生存年から判断して15世紀後半，すなわち，後に紹介するイスティブダール文書とほぼ同時代に執筆されたものと思われる。

さて，この書の第3章は「無効のワクフおよびワクフの解消に関する章」と題されており，その中に「ワクフのイスティブダールの条件に関する節」という一節がある。以下その内容を要約してみよう。

もしワーキフが自分の土地をワクフにしたときには，それを売り，その値段で別の土地を買う権利がある。その際，その土地は最初の土地の条件でワクフとなる。アブー・ユースフはこのワクフとこの条件をイスティフサーンとして許した。また，ハッサーフ al-Khaṣṣāf，とヒラール Hilāl もこれに従った。だ

が，サマティー al-Samatī は，このワクフは正しいが，ワーキフが付けたこの条件は無効である（すなわち，売ることができないということ）と言った。だが，アブー・ユースフの考えは正しい。なぜならば，この条件はワクフを無効にしないからである。すなわち，ワクフはある土地から他の土地への移動を許すのである。例えば，誰かがワクフ地を占有し，水を大量に与え過ぎて農業に適さなくなってしまった際に，その価値を補償し，その値段で別の土地を買えば，その土地は最初の条件でワクフとなる。同様に，もしワクフ地が災害で収穫が少なく，農業に適さなくなった場合，あるいはできても収穫が好ましくない場合は，このワクフは他の土地とイスティブダールした方が良い。

もしワクフ設定時にワーキフが，私は土地を売りその値段で他の土地を買ったとだけ言い，それ以上のことを言わなかったならば，ワクフはキヤースでは無効になる。なぜならば，それは入れ替えを記していないからである。しかし，イスティフサーンでは許される。なぜならば，その土地はワクフに設定されているので，その土地の値段で入れ替えが行われる場合は，その値段で新たな土地を購入するだけで，もとのワクフと同じ条件になるので，ワクフを新しく設定し直す必要はない。このことは，ワクフ設定時にイスティブダールが条件づけられていた場合である。もしイスティブダールが条件づけられていなかった場合は，カーディーのみがイスティブダールを支配する。もしそのことで繁栄するならば，3人のカーディー（1人の天国のカーディーと2人の地獄のカーディー）のうちの最初のカーディー（すなわち天国のカーディー）の見解を特定しなければならない。なぜなら彼は，タフシールができる知識をもちそれを実践しているからである。また，現在ムスリムのワクフの解消が流行しているが，それが行われないようにしなければならないからである。

もし土地をワクフに設定し，それを別な土地とイスティブダールする条件を付けた場合は，それを建物とイスティブダールすることはできない。その逆も同じである。農村の土地を条件づけた場合は，それ以外の土地とイスティブダールすることはできない。農村の土地は収穫物により異なるので条件が必要である。交換者がウシュル地かハラージュ地かを買う場合は，どちらでも許される。

もしワクフが無条件でイスティブダールの条件が記載されていなかったら，それを売却することも，イスティブダールすることも許されない。

もしワクフ文書で，初めに売却，贈与，所有の禁止が記され，最後にそれを売却しその値段でイスティブダールする権利が誰かにあると記されている場合は，売却が許されイスティブダールされたものはワクフとなる。なぜならば，最初の条件は最後の条件によって覆るからである。反対に，最初に誰かに売却とイスティブダールの権利があるとし，最後に売却，贈与の禁止が記されている場合は，売却は許されない。なぜならば，最初の条件が覆るからである。

2．イスティブダール文書の形式

イスティブダール文書によれば，その叙述には一定の形式があることがわかる。まず文書は，それ自体まとまった記録がいくつか集まって成り立っている。それらはおおむね以下のような分類が可能であろう。

(1) ワーキフ（ワクフ設定者），ワクフの管理人，ワクフの受益者のいずれかがイスティブダールを望む旨を記した嘆願書 qiṣṣa[11] を大カーディー qāḍī al-quḍāt に提出し，彼の代理のカーディーからその許可を求めるのである。提出された嘆願書の文面は文書の表の冒頭に左右のマージンを多めに取り，少し小さい文字で書かれるのが普通である。

(2) 嘆願書が大カーディーに提出されると，彼はそれを配下のカーディー[12] に振り分ける。その際，大カーディーは嘆願書の右の余白に，「（配下のカーディー）何某がシャリーアに基づき執行する」[13] と自ら記すのが普通である。

(3) 嘆願書が担当を委任されたカーディーのもとに渡されると，シャリーアに基づき注意深く吟味するのであるが，イスティブダール文書を書く前に，彼は必ず当該ワクフ文書に遡らなければならなかった。その際，次の 3 点を明らかにしなければならなかった。

① 提出された嘆願書の中でイスティブダールを求める物件が，ワーキフがそれをワクフに設定したという記述とともに当該ワクフ文書の中に記載されていること。

② 当該ワクフ文書の中のワーキフの諸条件の中に，イスティブダールの条件が記載されていること。

③ 当該ワクフ文書の中に記された法手続きがシャリーアに基づくものであること[14)]。

(4) 専門調査官 al-muhandisīn による当該物件の調査報告書 maḥḍar al-kashf の作成

普通は文書の表の嘆願書のすぐ後に，嘆願書の検討を委任されたカーディーの要求によって行われた調査報告書が記される。調査官は，不動産およびその破損状況，土地，農地に詳しい専門家である。彼らが，対象となる不動産の調査の後に，カーディーのもとで報告証言を行ってから，カーディーによるイスティブダールの許可が行われる。

(5) faṣl al-jarayān：このイスティブダールが執行されるまで，このワクフ物件がワクフ設定者のワクフであり，その管理人の管理のもとにあることの証明書。

(6) faṣl al-i'dhār：このイスティブダール文書の記述の内容すべてに反対する者，疑いを抱く者がいないことの証明書。

(7) kitāb al-istibdāl：冒頭の右上に担当カーディーが li-yusajjila とサインする。そして，嘆願書の要求が担当カーディーにより法的に認められた旨が記される。また，売却という手段による所有権の移動や価格が報告される。

(8) 許可証書 idhn ḥukmī：カーディーによる裁決。イスティブダールを許可するこの文面は通常文書の紙背の冒頭から始まる。その際，担当カーディーの自署で，Adhan-tu fī dhālika 'alā al-wajihi al-shar'ī（私はシャリーアに基づき認可する）という一文で始まる。

(9) 登録証書 isjāl：担当カーディーによる(7)の確証。

⑽　移転証書 faṣl inṭiqāl：売却に伴う所有権の移転を記したもの。

以上が通常イスティブダールと分類される文書の一般的な形式である。

3．イスティブダール文書

文書 272[15]：243cm.× 32cm.　紙（**表**）

調査報告書 maḥḍar kashf

慈悲深く慈愛あまねきアッラーの御名において……

讃えあれ唯一の神，神のお恵みと平和がわれらが主ムハンマドとその一族および従者たちにあらんことを。

冒頭に添付した嘆願書が［現在は散逸している］ハナフィー派大カーディーのムヒッブ・アッディーン Muḥibb al-Dīn[16]に提出された。その内容は，以下のとおりである。ワクフの受益者アフマド・アルグーン・シャーウィー Aḥmad Arghūn Shāwī は，大地にキスをし以下のことを述べる。上記のワクフは回廊 riwāq と，その下の馬小屋を含んでいる。だが，それは崩れ落ちる恐れがある。けれども，上記のワクフには援助がない。それゆえ，上記の場所のイスティブダールを望むが，その際，不動産ないしは不動産の一部を買い，もとのワクフと同じ条件でワクフにすることを条件づけるものとする。担当を委任されるカーディーから寛大なる許可を，また物件調査 kashf とイスティブダールはシャリーアに基づいて行われるべきことを求めた。

ハナフィー派カーディーのカマール・アッディーンが担当を委任されて，調査官から詳しい報告を得た。それによると，このワクフ物件はカイロのバーティリーヤ地区[17] al-Bāṭilīya にあり，al-Sitt Samra' 通りの近くにある。しかし，その記述がすでにあるように，この物件は老朽化した状態にあった。

このワクフ物件は故 Shihāb al-Dīn Aḥmad b. al-Nāṣir Muḥammad b. al-Jamāl ‘Abd Allāh al-Arghūn Shāwī のワクフで，al-Sharafī Yūnus b. al-Ruknī ‘Umar b. Jarbughā[18]の管理下にあった。十分な調査が行われた。……（以下物件の記述，省略）……

修理の費用はザーヒル金貨，アシュラフ金貨で70ディーナールと見積もられた。また，このワクフには修理のための資金も収入もないこと，イスティブダールにおける収益はそれを行う者にあることが報告された。さらに，物件の4つの境界が報告された。すなわち，南は小さな通りに面しており，その通りには玄関などが見受けられる。北はキリスト教徒の ʻIrfan と呼ばれる者の建物に面しており，東は上記の ʻIrfān の建物に続く小路に面しており，西は Fakhr al-Daula の建物に面している。その4つの境界すべてに至るまでが，その権利の及ぶところである。

873年シャーバーン月22日（1469年3月7日）に証言された。

調査官（al-muhandis）ʻUmrān Aḥmad による証言。

faṣl al-qīma

（この項目の）最後に署名した者は，このワクフ物件の価値について以下の証言を行う。現在のこの物件の価値はザーヒル金貨，アシュラフ金貨で110ディーナールである。上記のワクフ物件の収益はイスティブダールの条件として受益者にあるものとする。すなわち，上記の価格でイスティブダールを望み，不動産の購入にお金を使い，それをワーキフの条件に従ってワクフ化する者にあるものとする。

ʻUmrān Aḥmad が証言する。

faṣl al-maʻrifa

（この項目の）最後に署名した者は，上記ワクフの場所の知識について以下の証言を行う。このワクフは上記の故 al-Shihāb Aḥmad al-Nāṣir Muḥammad b. al-Jamāl ʻAbd Allāh al-Arghūn Shāwī のワクフで，Yūnus ʻUmar b. Arghūn Jarbughā の管理下にあること。

上記の説明が法的に有効であること。上記のワクフは収益を生まなくなったこと。

Aḥmad Aḥmad Ḥusayn

kitāb istibdāl

慈悲深く慈愛あまねきアッラーの御名において…

これはイスティブダール文書である。その内容はハナフィー派カーディーのカマール・アッデーン・ムハンマドが，上記ワクフの管理人 Yūnus b. ʻUmar に許可を与えるものである。Nāṣir Muḥammad が自分の資金で自分自身のために Yūnus b. Muḥammad から購入するものである。その場所は上記調査報告書に記された如く，バーティリーヤ地区にある。また，ハーキム（裁判官）により確認された評価額の記されたワクフの状況証明書 faṣl al-jarayān の示す如く Nāṣir Muḥammad のワクフであり，Yūnus の管理下にある。そして，Nāṣir Muḥammad が支払った総額はザーヒル金貨，アシュラフ金貨で 120 ディーナールであったが，その中でハーキム（裁判官）の評価額は 110 ディーナールであり，残りの 10 ディーナールは利益である。交換財の購入者（mustabdil）Nāṣir Muḥammad は上記交換財の受領を認めた。それはこのイスティブダールに従って，Nāṣir Muḥammad の許可された所有となった。そして，カーディーの命令が発布され，上記交換者の間でイスティブダールが行われた。873 年シャーバーン月 22 日（1469 年 3 月 7 日）。

Muḥammad b. al-Ḥasan al-Jaʻfarī が記す。

faṣl iʻdhār

売却人，購入人による上記イスティブダール文書 kitāb istibdāl の内容に依存がないことの証言。

Aḥmad Shāwī がかくの如く証言する。

〔紙背〕Idhn ḥukmī

カーディー・カマール・アッディーンが上記の証言を確証する。すなわち，調査報告書，評価書 faṣl al-qīma など，すべてがシャリーアに基づき真実であることを証明する。また，上記 kitāb istibdāl の内容に許可を与えるものとする。すなわち，評価書に記された総額でイスティブダールを望む者にその権利がある。

873年シャーバーン月22日（1469年3月7日）

許可を与えたハーキムに証言する。ムハンマド・ブン・アルババハル

isjāl

カーディー・カマール・アッディーンが発布する。kitāb istibdālに対する権威づけ。

移転証書

Qijmās b. ʻAbd Allāh al-Isḥāqīが上記物件を，売却人al-Nāṣir Muḥammadから，価格110ディーナール（アシュラフ金貨，ザーヒル金貨）で購入した。873年シャーバーン月22日（1469年3月7日）に証明された。

Mūsā Muḥmmad al-Sahāwī Sulaymānが証明する。

ワクフの記録

バーティリーヤ地区のシットゥ・サマラー通りにあり，すでに境界を記した場所はal-Nāṣir al-Mālikī al-Maḥdhūmī al-Sayfī Qijmāsのワクフの一つとなった。その収益は，874年ムハッラム月15日（1469年7月25日）付の彼のワクフ文書に記載されている目的のために使われるものとする。登録書はハナフィー派カーディーNūr al-Dīn al-Ṣūfīによって874年サファル月25日（1469年9月4日）に発給された。

上記のワクフの決定に証言する。ʻAlī Mūsā Muḥammad。上記のワクフ文書に証言する。Mūsā Muḥammad al-Sahawī Sulaymān

4．ワクフの解消

以上，ハナフィー派カーディー・タラーブルシーのイスティブダール論，イスティブダール文書を紹介した。ここではイスティブダールが実際にはどのよ

うに機能していたのかを検討してみよう。

一般的にワクフ物件が売却できないということの効果は，ワクフに設定された物件が，いかなる売却，譲渡，抵当，寄贈，相続，差し押え，贈与の対象とはなり得ないということである。けれども，すでに紹介したようにタラーブルシーのイスティブダール論，すなわち，ハナフィー派の理論によれば，売却できないという原則には一つの例外があった。それは，ワクフ財は等価財と交換しても良いというものである。あるいは，ある条件のもとに売却しても良いというものである。その条件とは，売却金を他の財に再投資することを義務づけることである[19)]。もし交換や売却の権利が，ワクフ文書でワーキフによってもともと保持されていたならば，あるいはそのような保持がない場合でも，もしその物件が老朽化し朽ち落ちたり，利潤を生まなくなった場合，ワクフの目的が満たされなくなるが，そのような場合，売却は交換に付随的とみなされ，カーディーが交換と売却の権威を与えることができるというものである。獲得された新しい財は，直接的な交換によってであろうとも，売却金の再投資によってであろうとも，本来のワクフと同じ条件を受けるワクフとなる。それゆえ，売却できないという規則に関するこの例外は，イスティブダールが行われるようになってからは見せ掛けだけになったのである[20)]。

以上のハナフィー派の理論を参考にしながらこの文書を検討してみよう。まずこの文書の大きな流れは，嘆願書の内容の検討から始まる調査報告書から，当該裁判官による認可およびその登録書に至るまでの一連のイスティブダールに伴う事項を記述しているのはもちろんのことであるが，見逃してはならないのは当該物件の所有関係の移動が記されているということである。すなわち，法律行為とそれに付随する経済行為が一緒に記されているということである。今後の理解を助けるためにそれを図式化してみよう。

Sihāb al-Dīn Aḥmad のワクフ

A

Yūnus b. al-Ruknī ʻUmar が管理人

120 ディーナール

↓

B　　al-Nāṣir Muḥammad

110 ディーナール

↓

C　　Qijmās al-Isḥāqī

↓　　ワクフ化

カイロのバーティリーヤ地区にある老朽化したAのワクフ物件の管理人は，Bに120ディーナールでこの物件を売却した。Bはそれを C に転売し，購入者Cはこの物件をワクフに設定したわけである。だがこの文書は，聖カテリーナ修道院文書に良く見られるパターンと同じく，一つの不動産の推移を記してもいる。すなわち，BからCへの転売，Cがそれをさらにワクフ化したことは，このイスティブダールにとっては直接関係のないことと思われる。というのは，聖カテリーナ修道院文書では良く見られるのであるが，例えばある物件がある時に，売買契約などに伴い所有権を移転する場合は，それまで有効であった所有関係を示す文書に，新たな所有関係を示す文書を作成して継ぎ足す場合もあれば，別に新たに文書を作成し，今まであった文書にはそれを要約した記録のみを記す場合もあった。そうした所有権の移転を記した文書や要約した記録の中に，物件購入者がその物件を，イスティブダールとは全く関係なくワクフに設定する例はしばしば見受けられるからである[21)]。

さて，AからBに売却されたとき，Aの物件はワクフを解消され，この物件は普通の物件として所有権が生まれBの所有物となっていることがわかる。Bはさらにこれを C に売却している。けれども，ハナフィー派の理論に従えばAはBにワクフ物件を売却した際の売却益120ディーナールで，別な建物を購入してワクフとして設定し，最初のワクフを継続させなければならないわけである。それでは，Aはこの120ディーナールで実際に別な建物を購入し，ワクフに設定したのであろうか。もちろん聖カテリーナ修道院文書の中にはそれに相当するワクフ文書は残っていないし，その他の現存するワクフ文書の中からもそれを見出すことは不可能であろう。したがって，ここからは著者の考えになるが，著者は，A はこの売却益で別な建物を購入しなかったとみる。その理由は，すでに紹介したように，タラーブルシーは彼の時代にワクフの解消が大流行していたことを指摘していることである。また，このワクフ物件の購入者 B，すなわち Nāṣir Muḥammad は，al-Malakī al-Ashrafī というニスバをもっている。すなわち，スルターン・アルアシュラフ・カーイト・バーイの配下の者ということになるであろう。そして，さらにそれを購入した C，すなわち Qijmās は，スルターン・カーイト・バーイの大アミールであり，カーイト・バーイが権力を掌握したとき，彼はキジュマースを抜擢し，バーティリーヤ地区——すなわち，このワクフ物件の存在する地区——にあった彼の館に住まわせている。しかも，彼が権力を掌握し，スルターンに就任したのがちょうどこの文書の日付と同じ 873 年（A. H.）である[22)]。以上のことから，A はワクフを継続維持するために B に売却しイスティブダールを行ったとは考え難い。おそらく，イスティブダールという手段を使ってワクフを解消し，売却が目的で B に売却したものと思われる。したがって，著者は，売却によるイスティブダールをワクフを解消するための一つの手段であったと考える。

最後にこのことを少し補足してみよう。*al-Ḍaw' al-Lāmi'* の作者サハーウィーは，イスティブダールをワクフに対する冒瀆とみている。そして，上記の著作の Jamāl al-Dīn al-Ustādār の伝記の中で，彼がハナフィー派カーディーとハンバル派カーディーとともにかなりの規模のイスティブダールを行った事実を記している。さらに Jamāl al-Dīn が「私がカーディー Majd al-Dīn Sālim とともに生きたら，あなた方の国のワクフが無くなってしまうだろう」と言ったと記している[23)]。

以上のことから，タラーブルシーのイスティブダール論に代表されるハナフィー派の法理論では，ワクフ物件の売却不可の原則に例外として規定された交換の理論を展開することにより，事実上のワクフの解消が可能となったことがわかる。

マムルーク朝後期には，イスティブダールによるワクフの解消・売却が広く行われるようになったのである。

注

1） Khadduri, Majid & Liebesny, ed., *Law in the Middle East,* vol. I, Washington, 1955, p. 206.

2） 聖カテリーナ修道院文書については，拙稿「セント・カトリーヌ修道院文書からみた遊牧民」『オリエント』第31巻第2号，1989年，参照のこと。A. S. Atiya, *The Arabic Manuscripts of Mount Sinai : a hand-list of the Arabic manuscripts and scrolls etc.,* Baltimore, 1955.

3） M. M. Amīn, *Catalogue des documents d'archives du Caire de 239/853 à 922/1516,* Le Caire, 1981, pp. 463-508.

4） ʻAbd al-Laṭīf Ibrāhīm, "Wathīqat Istibdāl", *Majallat Kullīyat al-Ādāb,* Jāmiʻat al-Qāhira, vol. 25-2, 1963, pp. 1-38.

5） イスティブダールに対応するものに，イブダール ibdāl がある。両方とも交換という意味であるが，イブダールはワクフ物件を売却によってワクフの状態から解放することであるのに対し，イスティブダールとはそのかわりにワクフとなる別な不動産の購入を意味する。

6） J. H. Escovitz, *The office of Qāḍī al-Quḍāt in Cairo under the Bhḥri Mamlūks,* Berlin, 1984. pp. 147-54.

7） al-Maqrīzī, *Kitāb al-Sulūk li-Maʻrifa Duwal al-Mulūk,* al-Qāhira, vol. II, 1970, p. 888.

8） al-Maqrīzī, *ibid.,* vol. III, pp. 345-47.

9） al-Maqrīzī, *al-Sulūk,* vol. II, p. 173-74. J. H. Escovitz, op. cit., p. 152.

10） al-Ṭarābulusī, *al-Asʻāf fī al-Aḥkām al-Awqāf,* Bayrūt, 1981.　タラーブルシーの簡単な伝記は次の書の中に見出すことができる。al-Sakhāwī, *al-Ḍaw' al-Lāmiʻ,* vol. I, p. 178.

11） qiṣṣa はイスティブダールの場合，嘆願書を意味するが，マザーリム法廷に提出される直訴という意味にも使われる。

12） al-qāḍī al-muwaththiq とも言う。

13） . . . yanẓur fī dhālika bi-ṭarīqi-hi al-sharʻī.

14） ʻAbd al-Latīf Ibrāhīm, op. cit., p. 6.

15） 番号は A. S. Atiya 氏によって付けられものである。文書の保存状態は，冒頭に添付されているはずの嘆願書が散逸していることを除けば，きわめて良好である。

16） 詳しい伝記が al-Sakhāwī, *al-Ḍaw' al-Lāmiʻ,* vol. 9, pp. 295-302. に記されている。また，この文書においては，Sayyid-nā wa-Mawlā-nā に始まり，5行にわたって大

カーディーのラカブが記されている。

17）　al-Maqrīzī, *al-Khiṭaṭ*, vol. II, p. 8.　マクリーズィーは，ハーラ・アルバーティリーヤと記しているが，文書ではKhuṭṭ al-Bāṭṭilīya となっている。

18）　mudabbir al-mamālik al-sharīfa というラカブが付いている。

19）　al-Ṭarābulusī, op. cit., pp. 35–38.

20）　Khadduri, op. cit., pp. 208–09.

21）　例えば，文書番号254，258，281などは，物件購入文書であるが，購入者がある時期ワクフに設定している。

22）　al-Sakhāwī, op. cit. vol. 6, pp. 213–14.

23）　*Ibid.,* vol. 10, p. 296.

第３章
聖カテリーナ修道院のワクフ政策

はじめに

最近ワクフの研究が進展し，ワクフ制度の実際の運用がさまざまな観点から明らかにされてきた。それは，とくに後期マムルーク朝において顕著に現れてくるのであるが，スルターンによるワクフの設定が単なる慈善事業ではなく「財政政策」として行われていたということを明らかにしたものであった[1)]。しかも，それは規模の差はあるが，歴代スルターンの一般的な手法でもあったことも明らかにされた[2)]。

第１章においてズィンミーのワクフについて，イスラーム法の適用の観点から分析を加えた[3)]。中世のエジプトやシリアにおける教会や修道院は一般的にはワクフ財による運営が大きな部分を占めていた。聖カテリーナ修道院は大規模なワクフ財産を所有していた。しかし，それがどのように形成されて，またどのように運営されていたのかは，あまり明らかにされてこなかった。

聖カテリーナ修道院に所蔵さている写本の中に，分類整理され，写本番号が付され，『日誌と協約』と題された２冊の写本がある[4)]。この写本には，マムルーク朝時代の歴史も断片的ではあるが日誌風に記されている。この写本の大部分は，修道院のための労役や物資の運搬，修道院や修道士の警護などを行う遊牧民諸部族の分担や報酬に関する事柄，および，遊牧民の修道院や修道士たちに対する敵対行為の禁止に関する事柄などについて数世紀に亘る取り決めが集約されたものである。そこには修道院のワクフの設定に関する記述が含まれている。

本章は，それらに依拠して聖カテリーナ修道院のワクフの運営の実態をできるだけ明らかにする試みである。

1．マムルーク朝政権による聖カテリーナ修道院のワクフの保護

はじめに，マムルーク朝時代の法学者はズィンミーのワクフに対していかなる見解をもっていたのであろうか。イブン・カイイム・アルジャウジーヤは『ズィンミーの諸規則』において以下のように定義している。

> 公共の利益のため，または貧困人のために，ワーキフ自身およびその子孫とその一族のためにワクフを設定しなければならない。ムスリムのワクフの規則を受ける。その子孫とその一族は非ムスリムにとどまらなければならないという条件は正しくない。また，教会やシナゴーグなどに設定するワクフは許されない。というのは，それは非ムスリムに対する彼らの最も大きな援助とみなされるからである[5)]。

しかし実際には，ズィンミーのワクフを記した文書によれば，上記のすべての規則が適用されているわけではない。とくに，教会や修道院の利益のために設定されたワクフがマムルーク朝政権によって許されていたことは，スルターンが発布した多くの布告に「総督などの関係者は，彼らのワクフとその付属物の繁栄を支持すること」という命令が記されていることから明らかである[6)]。

聖カテリーナ修道院は，エジプト国内に多くの不動産および動産を保持していただけでなく，修道院に設定されたワクフ財産がキプロス島，クレタ島，ギリシアの農村，その他のキリスト教の地域にあったといわれている[7)]。

これらのワクフは，諸王やスルターンが修道士たちに発布した布告によって支持されて長い年月の間修道士たちの手によって保持されてきた。それらの布告は誰かが修道院のワクフに干渉しないようにはっきりと規定している[8)]。ま

た，彼らのワクフと付属物の繁栄を支持することも明言している[9)]。それらの布告は，スルターン・バイバルス（在位1260-77）に始まり，カラーウーン（在位1279-90），バルクーク（在位1382-89，1390-99），ファラジュ（在位1399-1405，1405-12），ムアイヤド・シャイフ（在位1412-21）がそれを繰り返している。したがって，聖カテリーナ修道院のワクフはマムルーク朝を通じて国家の保護を受けてきたのである。

すでに述べたように，修道院のワクフ財産は，エジプトの領土の外の，ビザンツ領土内にも設定されていたことがわかる。しかし，その場所や規模の詳細については残念ながら上記以外は不明である。文書にはそのことに関して以下のように記されている。

> 彼らがエジプトの港から海路出航して，ワクフの収益および彼らがアマーンとして慣習化していたものに含まれるものを輸入することを彼らに可能にすること。すなわち彼らが時の流れの中で寄進として認識していたものである[10)]。

とあり，エジプトの領土の外にワクフ財産およびアマーンとして含められるものがあったことがわかる。

アマーンは，イスラーム法の用語で一般的に「安全」を意味し，ダール・アルイスラームの外から内に往来する非ムスリムに対して与えられる安全保障のことである。ここでは聖カテリーナ修道院に寄進された寄進財をさしている。そして，このワクフの収益や寄進財をエジプト領内の修道院に運ぶことは，「この継続した慣行は変わることなく，この強固な原理は長い間打破されることはない」というようにマムルーク朝政権によって許可されていて[11)]，修道院や修道士の国際的関係が保障されていた。

2．聖カテリーナ修道院のワクフ財産

修道院は各地にワクフ財産を保有していた。その台帳が存在したことは文書の記述からわかるが[12)]，現存する文書や写本には台帳が含まれていないようなので，その全貌を知ることはできない。しかし，文書に記されている情報を総合してみよう。

(1)　エジプト内のワクフ

修道院が最も多く不動産を所有していた場所は，修道院に近い緑地帯であるワーディー・ファーラーン Wādī Fārān およびトゥール Ṭūr であろう。

> スルターン al-Ẓāhir・(フシュカダム) から布告が来て，ワーディー・ファーラーン全部が修道院に属すること，そして，そこのナツメやし，畑もすべて修道院に属すること，さらに，Dahab と Dahab の街，al-Maqāfis から al-Shurūm までのすべてが修道院に属することも知っています[13)]。

この記述によれば，修道院周辺の農地と定住地が修道院領に所属するが，その中にはワクフ財産が含まれていることは現存しているワクフ文書などからわかることである。また，同様の記述が写本にも見受けられる。

> ワーディー・ファーラーンにある農園と果樹園のこと。それは最初から聖カテリーナ修道院とその修道士たちのワクフであった[14)]。

また，修道院にはトゥールの海岸地帯に数多くのワクフ物件があった[15)]。トゥールは，スエズ湾に面するシナイ半島の停泊地で，古代から重要な港として機能していて，聖カテリーナ修道院の隊商が定期的に利用していた[16)]。トゥールにはメリク派のキリスト教徒が居住していて，彼らが不動産をワクフに

設定していた[17)]のである。

ダミエッタ港にも修道院のワクフ物件があり，布告によると，Ḥasan b. al-Qaṭawī と呼ばれる人物がダミエッタ港にある修道士に設定されたワクフの建物の一つに手を伸ばしたことが記されている。彼はその建物に恣意的に住んでいたが，彼に課せられていた賃借料を払っていなかった。それゆえ，修道士の権利の救済が記されている[18)]。

ガザにもワクフ物件が存在した[19)]。ガザは，古代からキャラバン交易の拠点として栄え，パレスチナ，シリア，アラビア半島を結ぶ交易ルートの結節点であった。ガザはマムルーク朝時代に経済的に繁栄しきわめて豊かな町になった。とくに商人の活躍がめざましかった[20)]。キリスト教徒の商人によるワクフの設定が文書に見られる[21)]。

また，別の文書では，修道士にはリズカ（恩給地）地がシャルキーヤの Ṭaḥā al-Marj にあり，貧困人や往来者のための聖カテリーナ修道院のワクフとして機能していた。そこには小作人がいた。それは10年の期間で，彼らは彼らに課せられていた借地料やハラージュを支払っていなかった。布告は，この地域の徴税人に，小作人に課せられるハラージュを修道士に上記の期間支払うことを求めていることが記されている[22)]。

カイロのアトゥーフ地区[23)]，ギリシア人街区などにも修道院のワクフ物件が設定されていた。ギリシア人街区は，下ギリシア人街区[24)]とジュワーニーヤ街区[25)]（上ギリシア人街区）に分かれるが，両方にある物件がワクフに設定されていた。

(2)　エジプト以外のワクフ

修道院のワクフ財産に含まれるものには，カラク al-Karak の修道士のワクフとして知られるワーディーに果樹園がある。しかし，彼らにこの果樹園の地代を要求する者がいた。彼らはそれに反対した。というのも，修道院の帳簿によれば，この修道士たちのワクフ財産には地代が課せられてはいないし，正統カリフ時代，先の諸王の時代から地代または負担金を求められていなかったか

地図　聖カテリーナ修道院のワクフ物件の所在地

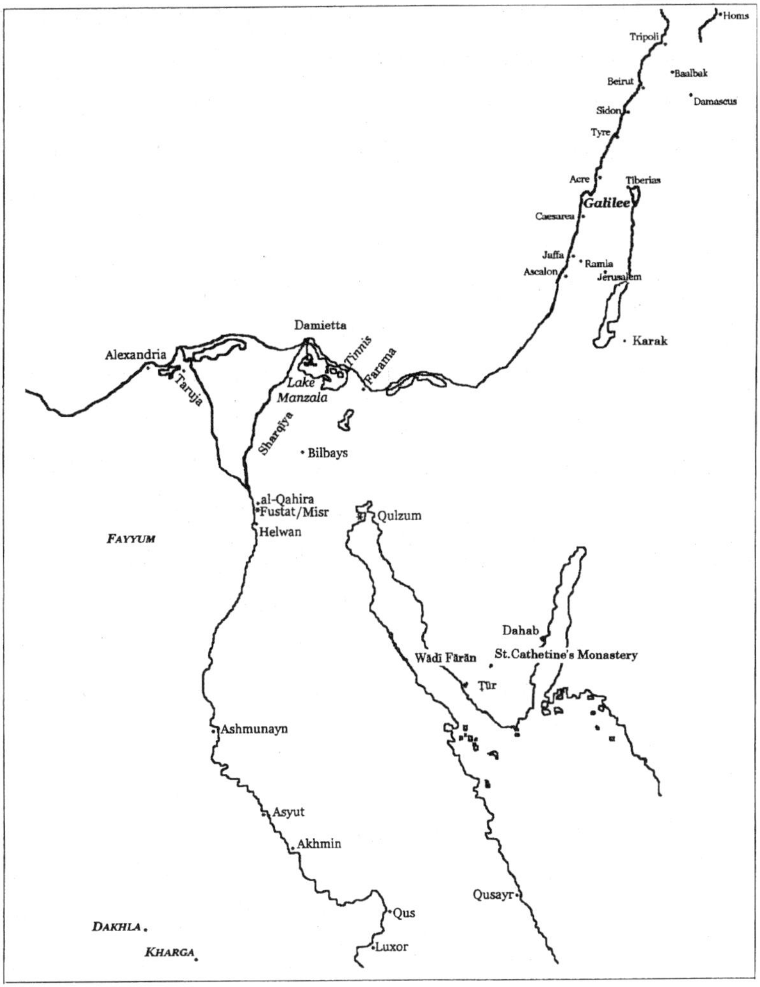

出典： Michael Brett, *The Rise of the Fatimids,* Leiden, 2001, map 5, 6 参照のうえ作成。

らである[26)]。

修道院には，タラーブルスの行政区の村にオリーブの木のワクフがあった。しかしこの修道院のワクフには収益がなかった[27)]。

修道院のワクフには，同様にラムラの城塞にある場所の半分がワクフになっていた。そこは教会に隣接していた。このワクフは，イスラーム法に則ったワクフ文書に従えば，修道院のためのワクフとして継続しており，またメッカ巡礼の際に立ち寄る人々のためにもその収益が使われていた。しかし，誰かがこれに手を出し，奪い取ろうとした。そのため以下の内容の布告が発布された[28)]。

> 上記の場所の所有者は手を上げること。それを管理人（総主教）に引き渡すこと。賃貸に出すことを望む場合はそれが可能であること。ワクフの代金の徴収も可能である。その建物が必要とするものを支出すること，ワクフ設定者の条件に従い収益を超えるものは支出してもよいこと。さらに布告は，力によってこのワクフ物件が奪われた時，代金の所有者が受け取ったものを回復できること，イスラーム法による禁止がそのことを禁じていない限りそのことにおいて（総主教）に反対する者を禁じること，イスラーム法において認められている者の権利の救済を助けること。

とあって，このラムラにあるワクフが修道院のワクフとしてその権利が政権によって確認された。

以上，主としてスルターンが発布した布告からであるが，修道院のワクフ財産がエジプトやシリアの各地に存在したことがわかる。ただし，布告に登場する修道院のワクフは，すでに述べたように何らかの問題を抱えたワクフのみであり，実際には問題なく機能していたワクフの方が多く存在したことが想像される。残念ながら，ワクフ財産が確認できる帳簿などがこの時代のものは見当たらず，確認ができない。

3．聖カテリーナ修道院のワクフ政策

(1) 修道院のためのワクフの設定

ズィンミーのワクフには，イスラーム法の規定に従いワーキフが生存中は自身のため，死後はワーキフの子孫のため，その後は修道院の貧困人のために設定されたものもある。しかし，実際にはイスラーム法の規定では認められていない教会や修道院および修道士のために多くのワクフが設定されていた。

聖カテリーナ修道院のワクフ財産の設定に関しては，マムルーク朝後期のヒジュラ暦800年代の後半に修道院の不動産の責任者と思われるメリク派の修道士マカーリー Maqārī による，不動産の取得とそのワクフ化に関する文書が多数残されている。Maqārī は修道院の財産管理人 al-mutaḥaddith ʻalā dayr，または al-mutaḥaddith ʻalā taʻalluqāt al-dayr を務め，その後修道院長にも就任した人物である。

以下に，Maqārī および他の財産管理人が不動産の取得に従事し，それをワクフに設定した事例をあげてみよう。

① 文書265によると，アトゥーフ地区にあるキリスト教徒所有の不動産を，Badr al-Dīn Ḥasan は140ディーナールで購入した。その後相続を経てこの不動産は，874年ラビー・アルアッワル月27日／1469年10月4日に売却によって聖カテリーナ修道院の Maqārī の手に移行した。Maqārī は同年ラビー・アッサーニー月26日／1469年11月2日に，この財産を修道院の慈善目的のためのワクフに設定した。

② 文書273によると，Shiryāqaws の建物の2分の1を，912年ジュマーダー・アルウーラー月8日／1506年9月26日に聖カテリーナ修道院が修道院の管理人 Dāniyāl b. Yūshf b. ʻAbd Allāh を通じて購入した。同年同日，その取得物件が修道院のワクフに設定された。912年ジュマーダー・アルアーヒラ月10日／1506年10月28日，修道院長 Iklīm b. Mattā b. ʻAbd Allāh は，Shiryāqaws のその建物の残りの2分の1を購入した。その後，

彼はこの建物を修道院のワクフに設定した。

③　文書275によると，874年ラビー・アルアッワル月27日／1469年10月4日，修道院の財産管理人 al-qissīs al-mutaḥaddith 'alā dayr Ṭūr Sīnā の Maqārī は，(1)カイロの Darb al-Sharīf の Suwayqat al-Sharīf 地区の回廊のある建物，(2)カイロのアトゥーフ地区の土地および建物，(3)トゥールの広場にある2店舗を190ディーナールで購入した。874年ラビー・アッサーニー月26日／1469年11月2日，Maqārī は(1)修道院の修道士，(2)エルサレム在住のギリシア正教の修道女，(3)ヘブロンの利益のため，(4)貧困人のためのワクフに設定した。ワクフの管理人は主教である。

④　文書280によると，Maqārī は修道院の資金で Ṭūr の庭園を869年ラビー・アルアッワル月17日（1464年12月16日）20ディーナールで購入した。

⑤　文書286によると，879年ラジャブ月7日／1474年11月17日，Maqārī はギリシア人街区にある建物を購入した。879年ラジャブ月29日／1474年12月9日この物件をワクフに設定した。

⑥　文書287によると，Maqārī は883年ラジャブ月11日（1478年10月8日）シナイ山のワーディー・タッラーフにあるぶどう園の2分の1を80ディーナールで購入した。

⑦　文書290によると，Maqārī はメリク派のキリスト教徒 Naṣīr b. Mūsā からトゥールのある庭園を883年ズー・アルヒッジャ月9日（1479年3月3日）200ディーナールで購入した。

⑧　文書291によると，Maqārī はメリク派のキリスト教徒 Niqlā b. 'Īsā から，トゥールにある二つの倉庫を883年ズー・アルヒッジャ月17日（1479年3月11日），20ディーナールで購入した。Maqārī は，同不動産を884年サファル月1日（1479年4月24日）聖カテリーナ修道院の修道士のための，同修道院に滞在するメリク派キリスト教徒の貧困人のためのワクフに設定した。

⑨　文書298によると，Maqārī はメリク派キリスト教の Yūsuf b. Naṣr からトゥールにある庭園を887年ラビー・アルアッワル月25日（1482年5月

14日)，134ディーナールで購入した。その後この不動産は，同年(?)ワクフ財となった。

⑩　文書299によると，Maqārī はトゥールにある土地を885年ズー・アルヒッジャ月22日（1481年2月22日）に20ディーナールで購入した。

⑪　文書306によると，Maqārī はメリク派のキリスト教徒 Khalīl b. Yūsuf からトゥールにある店舗と倉庫を40ディーナールで，892年ジュマーダー・アルアーヒラ月26日（1487年6月19日）に購入した。

⑫　文書308によると，Maqārī はメリク派のキリスト教徒 Khalīl b. Yūsuf からトゥールにある建物と土地を含む庭園を38ディーナールで，892年にラジャブ月4日（1487年6月26日）に購入した。

⑬　文書310によると，メリク派のキリスト教徒の Wahba b. Sulaymān はカイロのハーラ Ḥārat al-Jawānīya 内の建物と土地からなる場所の2分の1を894年ジュマーダー・アルウーラー月6日（1489年4月7日），151ディーナールで購入した。その後この不動産は売却により，メリク派主教 Mawākim b. Jirjis と聖カテリーナ修道院の主教 Maqārī の所有に移転した。さらに，この不動産は902年(?)ジュマーダー・アルアーヒラ月9日（1497年2月12日）にワクフ財となった。

⑭　文書312によると，Maqārī は，メリク派のキリスト教徒 Nuṣayr b. Mūsā b. Naṣr からトゥールにある建物と土地からなる場所の2分の1を72ディーナールで購入した。この不動産は890年ラビー・アルアッワル月20日にワクフ財となった。

以上の文書の記述からは，修道院の財産管理人，および修道院長はエジプトの各地の不動産を購入していたことがわかる。とくに修道士 Maqārī は財産管理人，および修道院長のときに，すなわち1460年代から80年代にかけて，多くの不動産を購入し，多くの場合それをワクフに設定していることがわかる。

その購入資金については，文書は明確には記していないが，以下に記す修道院所蔵の写本688『日誌と協約』には，購入資金が記されている[29)]。これは修道院の内部資料であったため資金の調達方法についても記されていたものと思われる。

ワーディー・ファーラーンにある農園と果樹園のこと。それは最初から聖カテリーナ修道院とその修道士たちのワクフであった。

(1)　修道院長マカーリー Maqārī b. Musallam b. Shubrī は，上記修道院の資金でガザ在住のメリク派キリスト教徒の Yuḥannā b. Mājid b. Manṣūr からワーディー・ファーラーンのナツメやし畑（カティーファ・ブン・アター・アルマンスーリーの果樹園として知られる）を法的に購入した。そして894年ラビー・アルアッワル月5日（1489年4月6日）にそれを修道院と修道士のためのワクフに設定した。

(2)　修道院の修道士 Sābā b. Yūsuf b, Sa‘d は，修道院の資金で，修道院の使用人の一人でティブナ族の Suwaylam b. Ḥāmid からぶどう園を購入した。883年（1478-79年）であった。それは，修道院と修道士のワクフとなった。

(3)　聖カテリーナ修道院のメリク派の修道士で主教の Būliṣ b. Mūsā b. Sa‘īd は，修道院の資金でアッヤード族の Qaṭīf b. ‘Aṭā からワーディー・ファアラーンにあるナツメやしの木を購入した。それは891年シャーバーン月12日（1486年8月13日）に修道院と修道士のワクフとなった。

以上のように，購入資金は修道院の資金であった。修道院の潤沢な資金で不動産を購入していたのである。また，Maqārī 以外の財産管理人，修道院長も同様であった。

以上は，聖カテリーナ修道院が修道院の財産形成のためにワクフを利用していたことを示すものであるといえよう。修道院の財産管理人，および修道院長が修道院の資金で不動産を購入し，それを修道院のワクフ物件に変換して財産管理を行っていたことがわかる。もちろん，修道院はワクフには設定されていない不動産を所有していた。その所有財産に関しては，文書によれば，アイラ，クルズム，トゥール，ワーディー・ファーラーンなどに土地が，またトゥール，カイロ，アレクサンドリア港，ダミエッタ，その他エジプト，シリアの都市や港にも不動産を所有していた[30)]。

しかし，取得した不動産をワクフに設定し，そこからの収益を活用する財産管理の方法が，とくにマムルーク朝の後期の15世紀後半から見受けられる。とりわけ，修道院の財産管理人，修道院長を務めたマカーリー Maqārī b. Musallam の時代に顕著となる。その理由はおそらく，マムルーク朝後期に顕著となる安全な財産管理の方法として行われたものと思われる。

表　修道院の財産管理人による物件の購入とワクフの設定

文書番号	購入者	物件および所在地	購入時	ワクフの設定
265	Maqārī	カイロの Khuṭṭ al-ʻAtūf 建物の 1/2	1469年10月4日	1469年11月2日 修道院のワクフに
273	Dāniyāl Iklīm	① Shiryāqaws 建物 1/2 ②残りの 1/2	1506年9月26日 1506年10月28日	1506年9月26日 修道院のワクフに 後に修道院のワクフに
275	Maqārī	①カイロの Khuṭṭ Suwaiqat al-Sharīf 回廊のある建物 ②カイロの Khuṭṭ al-ʻAtūf の土地・建物 ③ Ṭūr の2店舗	1469年10月4日	1469年11月2日 修道院の修道士のワクフなどに
280	Maqārī	Ṭūr の庭園	1464年12月16日	
286	Maqārī	カイロの Ḥārat al-Rūm　建物	1474年11月17日	1474年12月9日 ワクフに設定
287	Maqārī	Wādī Ṭallāḥ ぶどう園 1/2	1478年10月8日	
290	Maqārī	Ṭūr　庭園	1479年3月3日	
291	Maqārī	Ṭūr　2つの倉庫	1479年3月11日	1479年4月24日 修道士のワクフなどに

298	Maqārī	Ṭūr　庭園	1482年5月14日	同年(?)ワクフに
299	Maqārī	Ṭūr　土地	1481年2月22日	
306	Maqārī	Ṭūr　店舗と倉庫	1487年6月19日	
308	Maqārī	Ṭūr　庭園	1487年6月26日	
310	Mawākim とMaqārī	カイロのḤārat al-Jawānīya 建物と土地1/2		1497年(?) 2月12日 ワクフに設定
312	Maqārī	Ṭūr 土地と建物1/2		1485年4月6日 ワクフに設定
写本688 p. 24	Maqārī	Wādī Fārān ナツメやし畑		1489年2月6日 ワクフに設定
写本688 p. 24	Sābā b. Yūsuf	ぶどう園 Wādī Fārān		1478-79年 ワクフに設定
写本688 p. 24	Būlis b. Mūsā	ナツメやしの木		1486年8月13日 ワクフに設定

(2) ワクフの管理

聖カテリーナ修道院のワクフの管理については，総主教，主教，修道院長などの修道院の責任者がエジプト内外にある聖カテリーナ修道院のワクフ物件の管理人を務めていた。863年ラジャブ月14日（1459年7月15日）発布のスルターン・イーナール（在位1453-61年）の布告によると[31]，

> 聖カテリーナ修道院の主教Dūj Yuwāqīmによる修道院の管理および修道院のワクフ，修道院の全財産の管理については，修道院の慣行と規範を継続させること。
>
> トゥール，カイロ，さらにエジプト，シリア，アレクサンドリア港，ダミエッタ港にある主教所有の，および教団所有の財産，ワクフ，果樹園も同様である。

とあり，慣行として主教や修道院長などが代々ワクフの管理人であったようである。また，871年ムハッラム月19日（1466年8月31日）発布のスルターン・フシュカダム（在位1461-67年）の布告によると[32]，

> 修道院長のMaqārī は，サダカに加えてエジプトの内外にある修道院の全ワクフ財産の管理と運営を傘下に収めていた。

同様に，司祭Tūmā b. Quzmā al-Rūmī は，修道院の財産管理人であり，ワクフの管理人を務めていた[33]。

さらに，聖カテリーナ修道院の修道院長は，修道院のワクフの管理に関して彼らの権利を確固たるものにするため，時にはムスリムのカーディーにも頼っていた[34]。

おわりに

聖カテリーナ修道院は，エジプトやシリア，および地中海を越えたイスラーム世界の外にもワクフ財産を所有していた。それらのワクフ財はマムルーク朝時代を通じて慣行としてマムルーク朝政権の保護を受けてきた。修道院の政策として，ワクフの管理人である修道院長は，それらのワクフ財の管理と運営に危険が生じたときには，政権にそのことを訴え，スルターンはその保護を約束する布告を発布してきた。

マムルーク朝後期に，財産形成の目的のためのワクフが広く行われるようになったことの影響を受けて，修道院もこの方法を行うようになったものと思われる。単なる寄進によって修道院のワクフ財を集積したのではなく，修道院の財産管理人が積極的に不動産を修道院の資金で購入し，それをワクフ財に転換して修道院財産の安全を図っていたのである。

注

1）　Carl F. Petry, “Fractionalized Estates in a Centralized Regime : The Holding of al-Ashraf Qāytbāy and Qānsūh al-Ghawrī according to their Waqf Deeds”, *JESHO,* 41-1, 1998, pp. 96-117. ; idem, *Protectors or Praetorians? : The Last Mamluk Sultans and Egypt's Warning as a Great Power,* Albany, 1994, pp. 196-210.

2）　五十嵐大介「後期マムルーク朝スルターンの私財とワクフ」『オリエント』47-2, 2004 年，20-41 頁。

3）　松田俊道「ズィンミーのワクフ」『オリエント』33-1，1990 年，138-47 頁。

4）　写本 687，688 番。

5）　Ibn Qayyim al-Jawzīya, *Aḥkām Ahl al-Dhimma,* Bayrūt, 1983, vol. 1, pp. 299-304.

6）　文書 18 の 38 行，文書 22 の 14-16 行，文書 45 の 23-25 行，文書 46 の 26-27 行，文書 49 の 61-63 行，には修道院のワクフと付属物の繁栄を支持することが明言されている。なお，以下本書で使用する文書の番号は，すべて A. S. Atiya, *The Arabic Manuscript of Mount Sinai,* Baltimore, 1955. の文書番号に一致している。

7）　‘Abd al-Laṭīf Ibrāhīm, “Dirāsa fī al-Wathā’iq al-‘Āmma fī al-‘Uṣūr al-Wusṭā”, *Mijalla Jāmi‘ at Umm Durmān al-Islāmīya,* vol. 1, 1968, p. 214.

Humbsch, Robert, *Beiträge zur Geschichte des osmanischen Ägyptens,* Freiburg, 1976, pp. 218-19, 374-75.

8）　文書 32 の 14-17 行。

9）　文書 18 の 38 行，文書 22 の 14-16 行，文書 45 の 23-25 行，文書 46 の 26-27 行，文書 49 の 61-63 行。

10）　文書 46 の 31-34 行，文書 49 の 68-70 行。

11）　文書 45 の 33-37 行。

12）　文書 53 の 12-15 行。

13）　文書 187，拙稿「セント・カテリーヌ文書からみた遊牧民」『オリエント』31-2, 1989 年，161 頁。

14）　写本 688 の 24 頁。

15）　文書 44 の 9 行。

16）　“AL-ṬŪR”, *EI,* 2 ed., vol. X, pp. 663-64.

17）　文書 282，285 番。

18）　文書 57 の 11-18 行。

19）　文書 90 の 22-26 行。

20）　“GHAZZA”, *EI,* 2 ed., vol. II, pp. 1056-57.

21）　文書 249 は，ワクフ文書で，ガザ在住のメリク派のキリスト教徒の商人 Mubārak b. Sābā がガザにある建物を聖カテリーナ修道院のメリク派の修道士のためのワクフに設定している。

22）　文書84の8-18行。

23）　文書265。

24）　文書286。

25）　文書310。

26）　文書53の12-15行。

27）　文書90の22-26行。

28）　文書61の8-18行，文書70の21-29行，文書55の7-18行，文書56の14-23行。

29）　写本688, p. 24

30）　文書38の24-27行，文書72の11-12，20行，文書50の16-17行，文書52の17-18行。

31）　文書52の13-18行。

32）　文書56の14-16行。

33）　写本688，23頁。

34）　Qāsim ‘Abd-hu Qāsim, *Ahl al-Dhimma fī Miṣr al-ʿUṣūr al-Wusṭā,* al-Qāhira, 1979, p. 141.　文書55の6-8行。

第5部

マムルーク朝時代の法廷文書

第1章
マムルーク朝時代の法廷文書
——マフダルの事例から——

はじめに

マムルーク朝時代の司法行政のうち，法廷での訴訟が具体的にどのように行われていたのか，また，それがどのように記録されていたのかを明らかにする研究は，その史料的制約からこれまでほとんど行われてこなかった。すなわち，その実態を示す訴訟を記録した文書があまり見当たらないからである。

また，わずかに残されている法廷文書も，それがいかなる目的で記述されたのかが正確にはわかっていないといえよう。エルサレムのハラム文書の研究を行ったリトルは，マムルーク朝時代，法廷の記録を示す言葉としてsijill[1)]が使われていたが，個々のsijillは集積され，kitāb al-sijillātまたはdīwān al-ḥukmの中に保存され，裁判官の裁決の公式な記録を構成していたものと思われるとしている。しかし，その事例が残っているのはオスマン朝のエジプト征服後サーリヒーヤ法廷Maḥkama al-Ṣāliḥīyaのsijillātより以前のものは発見されていないという[2)]。

著者は以前，聖カテリーナ修道院文書に依拠し，マムルーク朝時代のエジプトのマザーリム法廷に提出された直訴に関する研究を行った[3)]。それによると，直訴を起こす者は，qiṣṣa（直訴状）を政治権力者に提出した。すなわち，そこではqiṣṣaは政治権力者に直接訴えるものであった。そしてそれが，広く行われていたことは，これまでの研究で明らかにされた。

最近，著者はマムルーク朝時代の法廷文書を研究する中で，政治権力者に直接訴える直訴の形をとる qiṣṣa とは明らかに違った形の qiṣṣa があることに気づいた。すなわち，qiṣṣa が政治権力者ではなく，裁判官に対して提出されているのである。本章では，この qiṣṣa を審理した一連の文書を法廷文書として把握し，その実態を明らかにすることを目的とする。

最近オスマン朝史研究の分野において，シャリーア法廷文書として知られる sijill を使った研究が盛んに行われるようになった。ドロール・ゼエヴィはその利用に関して再評価をしているが，その中で sijill に基づく歴史研究を三つのカテゴリーに分類している[4)]。すなわち，数量歴史学，物語的歴史学，ミクロ歴史学である。そして，前者二つの歴史学が陥り易い落とし穴から抜け出す解決策として，ミクロ歴史学があるとしている。

一般的にいえば，ミクロ歴史学は，しばしば一つの詳細に記録された出来事，または時間と空間が極端に限定された一連の記録に基づいている。sijill 研究でいえば，事件または裁判の詳細な記録，それもその時代を通じて他の多くの法廷で同種のものが容易には見つからないような記録を必要とする，としている。また，ミクロレベルの研究は，平凡な記録ではなく，特別な記録が正確に選ばれ，小さな証拠の集成に対するより深い分析に焦点を合わせなければならない。そして，結論をマクロの範囲にまで移行することの困難さを常に心がけておかなければならない，としている。

本章では，ゼエヴィの見解に十分留意しながら，オスマン朝の sijill よりも数量的に記録が限定されるマムルーク朝時代の法廷文書のうちとくにマフダルの分析を進める。そのため，結論をマクロの範囲にまで移行することには慎重でなければならない。今後，さらなる同種の研究を進めたうえでそれを試みたいと考えている。

1．マムルーク朝時代の法廷文書

法廷文書をどのように定義するかは，議論の有するところであろう。しかし法廷文書とは，一般的に，裁判官の立会いのもとに法廷で審理される訴訟手続きを記したものと定義されるであろう。マムルーク朝時代のハラム文書に依拠して法廷文書の研究を行ったリトルによれば，法廷文書とは，裁判官のサインのもとに発給された司法文書であり，裁判官にあてられた文書，または裁判官の認可で発給された文書のことである[5)]。

そして，具体的にハラム文書に残されている13例は，シャーフィイー派の法学者スユーティーの『裁判官，公証人，封印官のための手引書』に規定されている訴願 da‘wa に相当することがわかる[6)]。すなわち，法廷で審理された訴訟の記録である。

そこでは，原告は裁判官の審理と裁決を求めてダウワーを起こす。ダウワーは被告を巻き込む場合もあれば，巻き込まない場合もある。いずれにしても，原告に自分のダウワーを支持する証言を行う義務を生ずる。もし，被告がいたならば，被告は証言または宣誓で否定して争うことができる。原告が，法的に有効な方法で，あるいは無効な方法でダウワーを行ったかどうかを判断するのは裁判官の役割である。もし必要ならば，勝訴した側や法廷文書館のために記録を残すが，それも裁判官の役割である。ハラム文書の13例はちょうどその文書に相当する。

これらの文書は，いずれも ḥaḍara ilā majlis al-ḥukm al-‘azīz al-Fulānī（何某が裁判官何某の法廷に出頭し…）または，ḥaḍara baina yadi l-Qāḍī Fulān（何某が裁判官何某の前に出頭し…）で始まっている。次いで担当する裁判官の名前とアラーマ ‘alāma として知られる彼のサインが文書の左上に記される。それに次いで，訴訟内容を含めたこの件の要約（文書の内容からして詳細な記録ではない），裁判官の裁決が記されている。最後に，証言が記され文書は終わっている[7)]。

また，これらの文書のいくつかは，裁判官の前で聴取されたダウワーを記録している。そして，裁判官が証拠を聴取し，判決を述べているのである。それゆえ，これらの文書は，法廷の書記によって，法廷での裁判官による訴訟の審理の内容を詳細に記録したものではなく，訴訟を記録として残しておく文書であったものと思われる。

以上のことから，この時代におけるハラム文書の中の法廷文書からわかる範囲で推測すれば，訴訟を起こそうとする者は，法廷に出頭し，裁判官の前で訴願（ダウワー）を行う。前述のスユーティーの手引書にはダウワーに関する詳細な規定が記されている。しかしながら，その具体例を示す文書がそれほど多く残されていないので,その詳細な実態は明らかにはされていないといえよう。というのは，次節で取り上げる聖カテリーナ修道院文書やユダヤ教のカーリー派の文書に見える訴願は[8]，すなわち，エジプトの法廷文書の事例では，ハラム文書に見えるシリアの事例とは明らかにその形態が異なるからである。

以下，聖カテリーナ修道院文書の中の訴願を取り扱った法廷文書を紹介し検討してみよう。

2．訴願の事例

聖カテリーナ修道院文書286番：15.5cm × 127cm　紙

表：訴願文

神を賛えよ。裁判官シャムス・アッディーン Shams al-Dīn al-Manūfī[9]

彼はイスラーム教徒の女性アズダーン Azdān から建物をイスラーム法の規定に従って購入したものである。その建物は彼の購入前のままで，彼はムスリムの隣人たちよりも建物を高くしなかった。

彼の要求は，代理裁判官の1人にそのことをよく吟味し，許可を求めるものである。

唯一の神を賛えよ。神は最も良く知り給う。

Al-Mamlūk Maqārī al-Naṣrānī al-Malakī[10]

僕のメリク派のキリスト教徒のマカーリー

裏：記録 Maḥḍar

賛えあれ唯一の神　　　かくの如く行わしめよ。

権利が記載されたこの嘆願書 qiṣṣa が，裁判官ワリー・アッディーン Walī al-Dīn Abū Faḍl Aḥmad al-Shāfiʻī に提出された後に，代理裁判官シャムス・アッディーン Shams al-Dīn al-Manūfī のサイン（al-ḥamd li-Allāh al-qāḍī Shams al-Dīn al-Manūfī）がその余白に記された。そして代理裁判官によって取り扱われた。

彼のもとに（崇高なる神が彼の裁決を支援されますように）訴訟が起こされた。イスラーム法に基づき登録されたこの訴訟は，シナイ山の聖カテリーナ修道院に居住するメリク派のキリスト教徒で，われわれの間では修道士マカーリー Maqārī b. Musallim b. Shubrā として知られる者に対してである。

現在問題の建物は彼の所有財産である。この建物は，カイロの al-Juwānīya として知られる上ギリシア人街区 Ḥārat al-Rūm al-ʻUlyā に位置し，倉庫 makhāzin，厩舎 isṭabl，天窓 riwāq，その上の床 tibāq，その上の高い屋根 saṭḥ を含むものである。上記の建物は以下に記す境界で特定される。南は al-ʻIlmī Qayṣar al-ʻAlāy の所有地，そして Badr al-Dīn al-Bāsiṭī として知られる者の所有家屋に連なり，さらに Sharaf al-Dīn Kazak の所有地に連なる。北はモスクに接する。東は通り抜け可能な通りに接し，それは故 al-Zaynī ʻAbd al-Raḥmān の家屋に連なる。そこには玄関，二つの扉，覗き窓 riwāsh がある。西は Shams al-Dīn al-Ḥanbalī として知られる者の所有家屋に接している。

上記 Maqārī は，隣接するムスリムたちおよびそれ以外の者の建物よりも高く上記の建物に増築をした。彼ら（ズィンミー）の間では建物は（ムスリムの建物）より高くても，同じでも許されない。それゆえ，それを禁じ，新しく増築した部分の撤去が求められた。というのは，彼の建物は一番近い隣人の建物より高くしても，同等であってもならない，すなわち低い状態にしなければならないからである。原告はそのことを訴えた。

だが，Maqārī は，上記建物はシャーティビィー Shāṭibī として知られる al-Nāṣir b. Muḥammad al-Nāṣir b. Muḥammad の娘のムスリム女性の Azdān から最初から購入したままであると答えた。その売却はイスラーム法に則り，受け渡しが行われ，879年ラジャブ月7日（1474年11月17日）の日付があり，代理裁判官 Shihāb al-Dīn Abū al-‘Abbās Aḥmad b. al-Qulayjī al-Ḥanafī の手による同年ラジャブ月25日（1474年12月5日）の日付のある登録書 isjāl 付の証書で執り行われた。

彼は，その建物をワクフ文書に規定された受益者のためにワクフに設定した。また，上記ワクフの管理人を自らとし，同年ラジャブ月29日の日付を付した。上記ワクフは，代理裁判官 Shams ad-Dīn Abū ‘Abd Allāh Muḥammad al-Manūfī al-Shāfi‘ī によって確認された。

彼は，上記建物に新しく何も付け加えなかったし，高さを増すことも行わなかった。原告は上記 Maqārī に証言を求めた。Maqārī は彼に対して証言を行った。そして上記代理裁判官 Shams al-Dīn のもとで，Maqārī は上記建物を購入したままであることを示す証言が執行された。綿密な調査 kashf が行われた。そして先に示した代理裁判官 Shihab al-Dīn によって執り行われた証書が確認された。Maqārī は，上記代理裁判官 Shams al-Dīn にそのことに従って再考を求めた。彼の要求に対して正式な裁決がなされた。彼は，883年ジュマダー・アルウーラー月13日（1478年8月12日）に証言を行った。神は最も良く知り給う。私はそこに同席し，代理裁判官に証言を行う。Muḥammad Muḥammad が記す。

3．Maḥḍar（調査記録）

(1)　異議申し立て方法としての qiṣṣa

文書286の文書は，形式的には，表が訴願文で，裏が Maḥḍar である。最初にこの文書を整理し，286番という文書番号を付した Atiya は，表と裏を逆にして番号を付しているが，次にこの文書を検討した Richards は，Atiya とは表裏を逆にしている[11)]。もちろん，両者ともそれなりの理由をもって整理している。すなわち，この表の訴願文は正式のものではなく，オリジナルの写しであるからである。したがって，この訴願文がオリジナルの写しとして後に記されたのであれば，この訴願文の方が裏に書かれたことになる。しかし，この一連の司法手続きを時系列的に把握しようとすれば，たとえ，写しであっても訴願文が表ということになる。聖カテリーナ修道院文書の qiṣṣa を見てみると，この 286 番以外は，主文書より大きさが一回り小さい qiṣṣa を主文書の一番上の部分に貼り付けてある。それゆえ，この文書は何らかの理由でオリジナルを添付できない状況にあり，写しを主文書の裏に記したものと思われる。

本章では，それがオリジナルであるか写しであるかはとくに問題とはしない。しかし，一連の訴訟手続きを時系列的な順序で検討するため，訴願文を表とした。

さて，この文書は裁判所で審理された訴訟の記録である。この qiṣṣa の内容であるが，文書のインクがかすれているため，冒頭部分およびその他判読不能な個所があるが，大筋をたどれば，訴えを起こした原告は，メリク派のキリスト教徒のマカーリーである。qiṣṣa の書式に従って訴願文の右下余白に，al-mamlūk Maqārī al-Naṣrānī al-Malakī と身分が記されている。また，右上余白に全文が残ってはいないが，代理裁判官 Shams al-Din にこの件の調査が割り当てられたことが記されている。原告のマカーリーは，イスラーム教徒の女性アズダーンから法的に有効に建物を購入した。しかし，マカーリーの言い分によれば，購入したままであるのにもかかわらず，ムスリムの隣人たちから，隣人たちよりも建物を高く増築したとして訴えられたため，そうした事実がないことを証明するために，法廷に提訴し審理を求めたのである。

原告は裁判官に審理と裁決を求めて，qiṣṣa を提出し，訴訟を起こした。qiṣṣa がこの事例のように政治権力者ではなく，法廷で裁判官に直接提出されたことには注目されなければならないであろう。すなわち，マムルーク朝時代には，誰に対して訴えを起こすかは別として，異議を申し立てる方法として qiṣṣa があったことになるからである。

次に，なぜこのような訴願が起こされたのか，すなわち，隣接するムスリムとズィンミーとの間でそれぞれの所有する建築物の高低をめぐって訴訟が起こされた，その歴史的背景を探ってみなければならない。

(2)　歴史的背景

一般的な見解に従えば，13世紀の終わりから，すなわち十字軍勢力が中東から姿を消してから，エジプトの非ムスリムに対する抑圧が増大した。それは主として非ムスリムの中でも多数を占めるコプト教徒に対するものであった。改宗への圧力が大きくなり，財産への損害，社会的能力の剝奪といった迫害が起こった。14世紀中ごろになると，イスラームへの改宗がさらに強まった[12)]。

しかし，それは，マムルークたちが改宗を呼びかけたからではなく，カイロやその他の都市に住むイスラーム教徒の民衆による，経済的に華々しく成功し，政府の官吏として権力の一部を担っているコプト教徒に対する嫉妬から，彼らに改宗を迫る働きかけがあったからである。また，マムルークの支配者層が，非ムスリムに対してひどく不安定に振舞ったからでもある。すなわち，マムルーク自身が外来者であったため，マムルーク支配者層はムスリム社会との関係を正常に保つため，非ムスリムの職業的能力，すなわち行政，医療などにおける彼らの能力を活用したのである。このようにして，彼らの社会的影響力が増大し，富裕な人々が出現したため，ムスリムの感情が害され，非ムスリムへの迫害に向かった。

マムルークの支配者層は，彼らを保護することに努めた。しかし，民衆による抑圧の波を押し止めることができなかった。混乱が手に負えなくなるのを恐れたマムルーク支配層は，非ムスリムを政府の役職から段階的に削減した[13)]。

さて，社会の中でこうした動きが現れた際に，しばしば持ち出されるのは，非ムスリムすなわち，ズィンミーの義務と権利を規定した権威のある見解とされる「ウマルの盟約」である。これは，主としてズィンミーの服装や社会的行動を制限する規定であるが，時代や社会的背景が変わるにつれて，形を少しずつ変えて発布され続けた。

マムルーク朝時代にも，これが発布されたが，ムスリムに権力を及ぼす地位にズィンミーを雇うことの禁止，礼拝所の新たな建設や修理の制限に関することが規定されていた。そしてその規定は，何度か繰り返して発布されることになった。

845年から翌年にかけて（1442年），ズィンミー社会にとって大きな打撃となる事件が起こった[14)]。このことに対処するため，スルターン・ジャクマク Jaqmaq（在位 842-57/1437-53年）は会議を召集した。サハーウィーはこのことを以下のように記している[15)]。

ユダヤ教徒とキリスト教徒のことで，スルターンは会議を召集した。この会議には，4人の裁判官，それ以外の者としては，シャイフ・イスラーム，ディーワーンの官吏などである。また，ヤコブ派の総大主教ムーニス Mūnis，メリク派の大総主教ファトルーターウス Fatlūtāus，ユダヤ教のラビ派のアブド・アッラティーフ，ユダヤ教のカーリー派 al-Qarā'īn の長ファラジュ・アッラー，ユダヤ教のサマリア派 al-Sāmara の長のイブラーヒームも出席した。

このキリスト教とユダヤ教の指導者たちは，過去に適用された（ウマルの）盟約について尋ねられた。しかし，誰もそのことを知らなかった。会議では議論が展開された。そして，ウマルの盟約を新たにして彼らに適用することが決定された。スルターンは，われらが師（サハーウィーの師であり，この時シャーフィイー派の大法官であったイブン・ハジャル Ibn Ḥajar al-'Asqalānī）にこの件に関して代弁者になることを委任した。そして彼らを彼のもとで彼の指示に従わせるために彼の家に向かわせ，会議は終了した。

彼らが，われらが師の家の門の前にやって来たとき，彼は彼らを近くに呼び，彼らがそのこと（「ウマルの盟約」のこと）について尋ねた後に彼らに言った。「私は，あなた方にこのことを確認しよう」。そして彼らをマーリク派の裁判官のところに送った。そこで彼らは自分たちに証言した。彼らの発言は法的強制力をもつこと。スルターン領内の教会の中を彼ら自身でも，誰かの助けによっても新しくしないこと。壁，梁，古い備品，それ以外の朽ち果てたり壊れているものも修繕しないこと。修道院においても，僧院においても，シナゴーグにおいても同様であること。ムスリムに酒を売らないこと。飲ませないこと。それに違反した時，またはそれを望んだ時，その罰としてスルターンは，それを行う教会，修道院，僧院，シナゴーグを破壊するものであった。われらが師のもとで，彼らはそれを自らに規定として課し，その日以前に彼らに適用されていた先行する規定を認めた。彼らのすべてがそのことを認め，それが繁栄と福祉をもたらすことを自らにも，イスラームやムスリムにも知らしめた。

それから，マーリク派の裁判官はこの同意の法的有効性を示した。

唯一の神のご加護でこの件が決着した。

この記述によれば，キリスト教やユダヤ教の礼拝所に関して，許可されない修理や増築の禁止が問題にされている。ムスリム社会がズィンミーとの関係においてこのことに強く反対したからである。スルターンおよび裁判官たちは議論を尽くしたが，これを認めることで会議を終えている。ズィンミーの指導者たちは，結局スルターン・ジャクマクが改定した「ウマルの盟約」を受け入れることを承認し，礼拝所の修理や増築を行わないことを認めたのである。

この事件は，この記述を表面的にみれば，もちろん大きな事件であったことと思われる。しかし，この事件がズィンミー社会全体にどれだけの影響を与えたのかは記されていない。おそらく，この種の事件が表面化すると，彼らに対する締め付けが一段と厳しくなるということを繰り返したものと思われる。

というのは，ユダヤ教カーリー派の文書の研究を行ったD. S. Rechardsによれば[16]，ジャクマクの後継スルターン・イーナール（在位 858-865/1453-1460 年）の治世に，カーリー派とラビ派の指導者たちは，ハナフィー派の裁判官ダイリー al-Dayrī に嘆願書を提出し，礼拝所の修理を進めることができるように要求している。この嘆願書に応えて，裁判官ダイリーは，配下の代理裁判官アフダル Afḍal al-Dīn にこの嘆願書の吟味を委任している。アフダルは法廷の書記と建築物の専門家を伴い，二つのカーリー派のシナゴーグを調査した。そして調査報告書 Maḥḍar Kashf を作成した。その結果として，アフダルは制限付の許可を与えている。すなわち，それが緩和されている時もあったのである。

こうした状況の中で，この訴願が起こされたのである。訴願が起こされた時，ズィンミーはすでに記したようにムスリムから厳しい締め付けを受けていたものと思われる。

(3)　マフダル

この qiṣṣa が提出されたことにより，審理を委任された代理裁判官シャムス・アッディーンは，詳細な調査を行うことになる。その調査に基づき審理が行われ，最終的に 883 年ジュマーダー・アルウーラー月 13 日（1478 年 8 月 12 日）に裁決が下されるのであるが，事の発端であるマカーリーが訴えられてから，qiṣṣa が提出され，調査が行われ，裁決に至るまでを記録したものがマフダルであることがわかる。

さて，このマフダルを検討してみよう。文書の冒頭に大きな書体で記されている言葉は，アラーマと呼ばれ，言わば文書に登場する裁判官によって採択された銘文であり，文書の最後の部分に記される証人による署名が記された後に，文書に記された。

スユーティーによれば，法廷の書記は裁判官がアラーマを記す場所を空けて文書を作成したことがわかる。一度，ある裁判官がそのアラーマで知られるようになると，それは彼の印としての役割を果たした。それゆえ，その印は彼の身近の裁判官によって類似したものが使われないようにしなければならなかった。しかも，彼はそれを長い間保持しなければならなかった。それを変えることにより民衆が混乱するのを避けなければならなかったからである。また，アラーマにはすべて，ḥ-m-d の語根をもつ言葉が含まれていなければならなかった[17)]。

このマフダルの内容から，以下のことが明らかになる。聖カテリーナ修道院の修道士マカーリーは，ムスリム女性アズダーンから倉庫や厩舎などからなる建物群を購入した。マカーリーについて言えば，別の文書にもしばしば登場する人物であり，第4部第3章で取り扱ったところの修道院の不動産の取得に携わった重要人物である。マカーリーは，この購入した建物群の隣人たちから訴えられるのであるが，その理由が，購入物件に増築をしたというものである。その後直ちに，マカーリーは事実とは違うことを盾に訴願を起こしているのである。それゆえ，おそらくムスリムの隣人たちは，同じイスラーム教徒のアズダーンが所有していた時は，隣人の建物の高さがそれほど気にならなかったものと思われる。しかし，隣人がキリスト教徒やユダヤ教徒などのズィンミーであれば，隣人のムスリムたちにとって話は別である。すでに前節でその歴史的背景について触れたように，イスラーム法の規定でズィンミーはムスリムの建物よりも所有する建物を高くしてはならないことになっている。マカーリーが購入した建物群は，購入時にすでに隣人たちの建物より高かったのではないだろうか。したがって，その問題に気づいた隣人のムスリムたちは，マカーリーが増築したとして訴えを起こしたものと推測される。

マカーリーは，事実を証明してもらうために，法廷に訴願文を提出し，裁判官に審理を求めたのである。審理を担当した代理裁判官シャムス・アッディーンは，綿密なカシュフ（調査）を行った。調査では，この売却が，879年ラジャブ月7日（1474年11月17日）に代理裁判官シハーブ・アッディーンによって執行されていること，同年ラジャブ月25日付の登録書があること，さらに，マカーリーは，この建物を，自らを管理人にしてワクフに設定していること，このワクフの設定は代理裁判官シャムス・アッディーンによって執行されていることが確認された。

以上のことから，代理裁判官シャムス・アッディーンはマカーリーの訴願を認める裁決を下したのである。

聖カテリーナ修道院文書のマフダルは，ハラム文書の中の法廷文書とほとんど同じ性格のものであることがわかる。しかし，ハラム文書の法廷文書と異なるのは，本書で依拠した修道院文書のマフダルには訴願文が添付されていることである。スユーティーに基づき，マフダルに言及したリトルは，マフダルは単に訴訟の覚書の公式な記録，または裁判官の前で行われた認可の記録であるとしている。また，一つの sijill はマフダルに基づき，そしてマフダルと裁判官の裁決を含む訴訟の公式な記録であるとしている[18)]。したがって，マフダルが訴訟の公式な記録である sijill を記述するための基になる正式な記録であるとするならば，法廷で裁判官の審理や裁決を直接記した，または裁判官の前で裁判官の認可を直接記した重要な文書といえるのではないだろうか。

おわりに

本章では，これまで現存する文書がそれほど多くなかったこともあり，ほとんど研究されることがなかったマムルーク朝時代のマフダルを紹介することによってその性格を具体的に示すことができた。

すでに記したように，同じ訴願（ダウワー）でも，エジプトとシリアとではダウワーの形態もそれを記録した文書の形式も異なることがわかる。そうした違いがなぜ起こるのかということは今後明らかにしていかなければならないと考えている。また，訴訟ではないが，ワクフの交換文書（イスティブダール）が残されている。イスティブダールを行う際にも，qiṣṣa が裁判官に直接提出される。それに対して裁判官が認可を与えるのであるが，その一連の手続きを記した記録もマフダルと呼ばれる[19)]。これらがいかなる関連のもとに行われていたのかも明らかではなく，今後の課題としたい。

注

1） sijill という言葉はイスラーム以前に存在していた。それがアラビア語に取り入れられて，裁決の記録という意味に使われるようになった。

2） Donald P. Little, SIDJILL, *The Encyclopaedia of Islam,* New Edition, IX, pp. 538-39.

3） 拙稿「マムルーク朝時代のマザーリム制度に関する覚書」『イスラーム世界』33・34，1990年3月，99-116頁。〔本書第2部第1章〕参照。

4） Dror　Ze'evi, "The Use of Ottman Court Records as a Source for Middle Eastern Social History : A Reappraisal", *Islamic Law and Sociaty,* 5-1, 1998, pp. 35-56.

5） D. P. Little, *A Catalogue of the Islamic documents from al-Ḥaram ash-Sharīf in Jerusalem,* Beirut, 1984,

D. P. Little, "Two Fourteenth-Century Court Records from Jerusalem concerning the Deposition of Slaves by Minors", *Arabica* 29, 1982, pp. 16-49.

6) Shams al-Dīn Muḥammad b. Aḥmad al-Minhājī al-Asyūṭī, *Jawāhir al-'Uqūd wa-Mu'īn al-Quḍāh wal-Muwaqqi'īn wal-Shuhūd,* 2 vols., Cairo, 1955, pp. 496-97.

7) Donald P. Little, *Catalogue,* pp. 291-92.

8) Donald S. Richards, "Dhimmi Problems in Fifteenth-Century Cairo : Reconsideration of a Court Document", in *Studies in Muslim Jewish Relations,* vol. 1, 1993, pp. 127-63.

9) この部分は，文書の右上に縦書きで記された，この審理を担当することになった代理裁判官のサインである。後半部分が消えている。

10) 文書の右下余白に記されたこの部分は，訴願者の身分を記述したものである。

11) D. S. Richards, "Documents from Sinai Concerning Mainly Cairene Property", *JESHO* 28, 1985, pp. 276-78.

12) Donald P. Little, "Coptic Converts to Islam During the Baḥrī Mamluk Period", in *Conversion and Continuity : Indigenous Christian Communities in Islamic Lands, Eighth to Eighteenth Centuries,* ed., Michael Gervers and Ramzi Jibran Bikhazi, Papers in Medieaval Studies 9 (Toronto : Pontifical Institute of Medieaval Studies, 1990), pp. 263-88.

拙稿「マムルーク朝のムサーリマ問題」『駒沢史学』52，1998年，282-98頁。〔本書第2部第2章〕参照。

13) Donald P. Little, op. cit.

14) この事件に関して，イブン・ハジャルは以下のように記している。この年のズー・アルヒッジャ月4日（845年，1442年4月15日），シャーフィイー派とハンバル派の裁判官および市場監督官は民衆の一団を伴って，古カイロのカスル・アッシャムウ Qaṣr al-Sham' にあるユダヤ教徒のシナゴーグに行った。そこで彼らは，13段からなり最近修繕されたと思しきミンバルを発見した。彼らが検討してみると，ユダヤ教徒の説教師 al-khaṭīb が立つであろう階段上に何かを記した跡が見つかった。シャーフィイー派の裁判官は，この書かれたものを調べるよう彼らに言った。彼らの何人かがそれについて協議してみると，Muḥammad という言葉ははっきりと，Aḥmad という言葉は密かに記されていることが明らかとなった。

そのため，このミンバルを取り除くべきであるという意見が出され，訴願文が起草された。そこで，代理裁判官でワクフの管理人であるヌール・アッデーン Nūr al-Dīn b. Aqbaris はそれを取り除く裁決を下した。市場監督官はこのためにそこに止まり，他の者は散会した。

それから，シャイフのアミーン Amīn al-Dīn al-Aqsarā'ī はユダヤ教やキリスト教の礼拝所の調査を行った。いくつかの礼拝所はその件が明らかになるまで，その門を封印された。そのなかの一つにメリク派の教会があり，そこには円柱に似た石細工の柱が発見された。彼らは，それは730年（1329-30年）に起こった火災によって焼失したが，そこには大理石の円柱が使用されるべきであることを主張した。彼らはこのことについては裁判官Jalāl al-Dīn al-Qazwīnīによって効力を証明された文書を示した。しかし，彼らには大理石ではなく石で修復する許可が与えられた。Ibn Ḥajal al-'Asqalānī, *Inbā' al-Ghumr bi-Inbā' al-'Umr,* Bayrūt, 1975, pp. 169-170.

マーク・コーエンは，この事件に関する詳細な分析をゲニザ文書に依拠して行っている。Mark R. Cohen, "Jews in the Mamluk Environment : The Crisis of 1442 (A Geniza Study)", *BSOAS,* 47, 1984, pp. 425-48.

15）al-Sakhāwī, *Kitāb al-Tibr al-Masbūk fī Dhayl al-Sulūk,* Būlāq, 1896, pp. 39-40.

16）Donald S. Richards, "Dhimmi Problems in Fifteenth-Century Cairo : Reconsideration of a Court Document", in *Studies in Muslim-Jewish Relation,* vol. 1, 1993, pp. 127-63.

17）D. P. Little, "Two Fourteenth-Century Court Records from Jerusalem concerning the Deposition of Slaves by Minors", *Arabica* 29, 1982, pp. 22-23.

18）Donald P. Little, SIDJILL . al-Asyūṭī, *Jawāhir al-'Uqūd,* vol. 2, pp. 411, 456.

19）マムルーク朝のイスティブダールについては，拙稿「ワクフの解消について」，『中央大学アジア史研究』15号，1991年，35-50頁。〔本書第3部第2章〕参照。

第6部

証書からみたズィンミーの日常生活

第 1 章

マムルーク朝における遺産相続

——聖カテリーナ修道院文書の事例から——

はじめに

マムルーク朝時代の古文書である聖カテリーナ修道院文書やハラム文書には，普通に日常生活を送っていた人々の財産処分に関するものが数多く含まれている。とりわけ死亡した人の財産処分，すなわち遺産相続に関するものが多数残されている。その理由は，相続人が存在しない財産は国庫に没収されるため，死を間近にした人はもちろんのこと，マムルーク朝政権の行政担当者も遺産相続に注意を払ったためである。遺産相続が実際にどのように行われていたのかは，これまでエルサレムで1970年代に発見されたハラム文書に依拠したホダ，リトルの研究によって明らかにされてきた[1)]。しかし，彼らの依拠した文書はエルサレムの住民に適用されたものである。エルサレムは，マムルーク朝時代の区分ではシリアの司法行政区に属する。しかし，本書で依拠する聖カテリーナ修道院文書はエジプトの司法行政区に属する人々によって作成されたものであり，異なった司法行政区での遺産相続のあり方を比較することも可能である[2)]。それゆえ，本章ではマムルーク朝時代の主としてズィンミーの遺産相続をより広い観点から考察することを試みたい。また，これらの文書は広い意味での法廷文書であるが，裁判という非日常的な状況を取り扱ったものではなく，日常生活の中で普通に起こり得ることを取り扱ったものであり，そこからは普通に日常生活を送っている人々の暮らしぶりを垣間見ることができる。文書に登場する人物は，ほとんどがマムルーク政権を支えた政府の高官や有名なウラマーなどではなく，商人，さまざまな職種の職人，主婦などの普通の人である。本書では，そのような人々のことを歴史的に再構成する余裕はないが，もう少し文書を読むことにより実現したいと考えている。

1．遺産の処分方法

マムルーク朝時代の遺産相続の歴史的研究は，これまでホダ，リトルによって，ハラム文書に依拠して行われてきた。それらを基にマムルーク朝時代の遺産相続のプロセスの大筋を記してみよう[3)]。

基本的には，ある個人は死に際して，その財産の処分をめぐって，以下の３通りの方法の選択が可能であった。

(1)　遺言書 waṣāyā に依るもの

遺言書には一定の形式があり，それは一般的に遺言書を作成する公証人の文書書式集の中に記されている。それによれば，マムルーク朝時代の遺言書はおおむね以下に述べるような事柄が記されていた。

ムスリムであろうとズィンミーであろうと，個人は，任意に遺言書を作成することが可能であった。そこには遺言執行人の任命，ムスリムの場合は財産の３分の１を超えないで，法定相続人以外に，ある個人や慈善のために遺産を残すことを明示できた。また，遺言者は，遺言の中で，資産と負債の記述，法定相続人の記載や，葬儀に関する指示，追悼の祈りや，代理巡礼に関する指示，あるいは奴隷の解放についての指示を記すことができた。遺言は，公証人による文書の形式で記され，法廷で確証された。遺言者の死後，その執行人は，遺言に従い遺産の分配を行ったのである。

また，マムルーク朝時代の遺言書の形式はオスマン朝時代に踏襲され，tarīkāt や mukhallafāt と呼ばれた。そして，オスマン朝史研究においてもその重要性が認識され，社会経済史の分野で研究が行われている[4)]。

(2)　財産証書に依るもの

もしある個人が遺言を残さなかった場合，財産証書を作成して財産処分を行うことが可能であった。これは裁判官の認可のもとに，公証人によって記された。この証書作成の主たる目的の一つは，文書の中で特定された相続人が彼らの相続分を確実に受け取るためであり，また，もう一つの目的は，相続人のいない財産目録を作成することであった。すなわち，相続人によって相続されなかった残余部分は最終的に国庫 Bayt al-Māl に帰属したからである。中世エジプトやシリアにおいては，この証書作成の際には，しばしば国庫や復帰（没収）財産庁 Dīwān al-Mawārith al-Ḥashrīya[5] の書記が立ち会っている。したがって，この証書作成の明白な目的は，主として財産を処分する際に使われることになる財産リストを提供することであり，次いで，マムルーク朝政権が，死亡した人々の法定相続人や，イスラーム法によって規定された相続によって分け尽くされなかった場合，その残余部分を取得できるという目的があったからである。

この財産証書は，常に資産と負債の列挙，相続人の特定，そしてもし国庫が取得する部分があればそれも記述された。さらにこの証書が作成されたとき，もしその個人が生きている場合には，その人は遺贈を指示することができたし，まれには執行人をも任命できた。したがって，財産証書は遺言に類似しているといえよう。

しかし，こうした証書の多くは，死亡した人のために作成された。リトルはその理由を，財産証書は遺言書と違って任意のものではなかったからではないかとしている[6]。

(3)　両者の組合せに依るもの

遺言書と財産証書の両方に基づき遺産相続をするもので，両方セットになって残っている例は少ないが，遺言書は死を間近にした人が遺産の処分方法を指示したものであり，死後財産目録が記され，遺産相続が正確に行われたのである。

2．財産証書の史料的性格

ホダ，リトルによれば，財産証書は以下のように規定できる。財産証書は，wuqūf と呼ばれ，ハラム文書では423点残されている。また，これに関連した文書が2種類あり，makhzūmāt（死亡者の財産の特定品目の売却文書）と waṣāyā（遺言書）で，それぞれ23点，11点あり，全部で457文書が確認されている。

聖カテリーナ修道院文書においては，ハラム文書に見られるような wuqūf と呼ばれる文書，すなわち財産証書そのものは見受けられないが，これに関連した文書はかなり見受けられる。しかし，存在するその文書の枚数を正確に把握できないのは，聖カテリーナ修道院文書は，財産の処分とそれに伴う所有権の移動，それも複数にわたる移動においても，それぞれが独立した文書に記されるのではなく，多くの場合同一文書の余白，紙背，欄外などに同一物件の所有権の移動状況がわかるように書き連ねられている。そのため，枚数を計算するのが困難であるからである[7]。

財産証書は，大部分が共通の目的と共通の形式をもち，マムルーク朝時代の下層・中間層の人々に関するものである。文書は以下の内容を含んでいる。

1．財産証書の日付
2．死を間近にした人や死亡者の性別，正式名（父，父方の祖父の名を含む），ラカブ，ニスバ，シュフラ
　したがって職業や出身地なども記される
3．配偶者の名，婚姻の状態，例えば，離婚している，寡婦であるなど
4．住居の場所と位置：街区名や公共施設名を記すことによって特定する
5．住居の詳細：すなわち，そこが自己所有の自宅であるか，ワクフに設定されているか，ザーウィヤ（修道場）であるかなど
6．職場とその場所，負債並びに債権の関係
7．法的受益者の名，その居住地

8．文書起草の際に関係した役人，例えば，裁判所の公証人，地方の復帰財産庁の役人の名

9．所有財産の品目の詳細なリスト，例えば，不動産，衣服，家具，日用品，機織り機，在庫商品，宝石，現金，奴隷など[8)]

また，makhzūmāt と waṣāyā を財産証書に含めるのは，これらは死を間近にした人，あるいはすでに死亡した人に関係するからである。すなわち，makhzūmāt は当該人物の名，職業や出身地を示すニスバ，婚姻の状態，相続人の名などを含んでいる。また，waṣāyā は死を間近にした人の完全な所有物のリストを含み，財産証書に類似しているからである。

ただし，makhzūma と waṣīya とは目的が当然異なる。一般的に waṣīya は法文書に属し，ある個人が死の前に残すものである。そして，wuqūf, makhzūmāt, waṣāyā の三者の関係は以下のようである。というのは，同一人物に関するこの3種類の文書が存在するからである。あるケースでは，waṣīya は wuqūf 文書の3カ月半前に書かれていた。またあるケースでは，waṣīya は makhzūma 文書の2カ月半前に書かれていた。またあるケースでは，waṣīya は makhzūma 文書の4カ月前に書かれていた。このことから，遺言書は死の2から4カ月前に書かれたらしいことが明らかである[9)]。

3．聖カテリーナ修道院文書の遺産相続

1．**文書252番：Taṣāduq（確認書）** 28 × 107.5cm.　紙

神に讃えあれ，かくの如く行わしめよ

全ての預言者と使徒にお恵みを

慈悲深く慈愛あまねき神の名において。神を讃えよ創造の主。

代理裁判官 Muḥī al-Dīn Abū al-Qādir al-Rāwī al-Ḥambalī の前で，①メリク派のキリスト教徒で石鹸製造業者であり Makīn b. Ilyās b. Ṣāliḥ と呼ばれ，Ibn Wajad-hu として知られる Jirjis，および②メリク派のキリスト教徒であり Manṣūr b. ʻĪsā の娘で Naṣr Allāh al-Jūkhī の夫人として知られる，Shaqrā は，

彼らの法的有効性，健全性，自由意志，法的適正のもとに，以下の条件で委託を行った。

(1)　メリク派のキリスト教徒で，Naṣr Allāh b. Badr の娘の Maryam の死に際して，彼女の遺産は，

彼女の夫で上記の Makīn

彼女の息子で未成年の Mūsā

彼女の母で上記の Shaqrā

の間で，共有されることなく，障害なく分配されること。

(2)　Mūsā の死に際して，彼の遺産は，

彼の祖母の Shaqrā

彼の父 Makīn

の間で，共有されることなく，障害なく分配されること。

(3)　Maryam が残した財産は，qumāsh（衣服），athāth（家財），nuḥās（銅製品），maṣāgh（金銀細工），lu'lu'（真珠）などであった。これらのすべては彼ら二人の遺産管理人によって売却され，現金化された。それは総額 131,194 ディルハムであった。

(4)　未決済の負債，12,000 ディルハムが，彼女の許可のもとに Makīn によって支払われた。その後，法的な出費および人件費などして 9,104 ディルハムが支払われた。それゆえ，上記遺産の残余額は，110,090 ディルハムとなった。

(5)　この残余財産は，Makīn と Shaqrā との間でイスラーム法に基づく分配 farīḍa に従って分配された。

Shaqrā の相続分は 6／24 ＋ 1／72 ＝ 29,051 ディルハム

Makīn の相続分は 24／17 ＋ 72／2 ＝ 81,038 ディルハム

であった。両者の間で法的な会計を済ませた後に分配額に関する報告と確認がなされ，両者のそれに対する証言が行われた。

(6)　上記の分配額は，聖カテリーナ修道院の修道士 Maqārī b. Musallim Subrā から渡された。

(7)　Shaqrā は，彼女の娘 Maryam の婚約金（sadāq）と，彼女の結婚から死に至るまでの衣類（kasāwa）(？)からなる遺産で，Makīn が証言した Shaqrā の相続分を遺漏なく受領した。Makīn はそのことを確認した。両者は，上記説明以外には，また他の理由でも，相手にいかなる権利の主張をもしないこと，権利の要求，訴訟，金銭の受け渡し，物々交換，返還，請合い，借金などをしないことを供述した。

(8)　両者の間には，Maryam によって残されたアレクサンドリアの不動産と一対の絨毯のみが残されていた。これは Maryam の父の負債を決済するためのものであった。彼は，これを期間を限定することなく抵当に入れていたのである。両者は，この負債を解消した。

(9)　Makīn は，彼の妻 Maryam の遺産についていえばすでに権利があるので，仲介者の証言およびアブー・イブラーヒームとして知られるキリスト教徒のバラカからの証言を必要としないこと。訴訟，金銭の要求なども行わないことを供述した。

(10)　Makīn と Shaqrā の両者は，上記の裁判官の前で，上記の内容で確認されたものを確証した。889 年サファル月 16 日（1493 年 11 月 26 日）に証言された。

私はそこに出席していた。
私はこの件に関して上記裁判官に証言した。
神が確認者 Makīn と Shaqrā を高めますように。上記供述の日付において説明されたものに関して彼ら二人に確証が与えられた。
Al-Anṣārī Hishām が記述したものに神のご加護がありますように。

私はそこに出席していた。
私はこの件に関して上記裁判官に証言した。
神が確認者 Makīn と Shaqrā を高めますように。上記供述の日付において説明されたものに関して彼ら二人に確証が与えられた。

…………

252番の文書は，形は確認書であるが，ハラム文書の財産証書に相当するものであるといえよう。すなわち，この証書の作成の目的は，死亡したMaryamの遺産を，法定相続人であるMakīnとShaqrāが相続するために必要な法的手続きであったものと思われるからである。

文書の中には，財産証書として必要な要素が盛り込まれている。すなわち，(1)法定相続人の特定，(2)死亡したMaryamの資産と負債，(3)負債の処分のために使われた諸経費，(4)負債処分に使われた諸経費を差し引いた残余部分が，イスラーム法に基づく両者の相続分であること，が記されている。

さて，リトルやホダのハラム文書研究によると，ハラム文書においては遺言書や財産証書は残っているが，実際の財産の分配，すなわち，イスラーム法の相続の分配の形式であるfarīḍaに従って分配を行っていることを示す文書が見当たらない。

ところが，聖カテリーナ修道院文書では，この252番の文書のようにfarīḍaに従って遺産の相続が行われていたことがわかる。このことは，ハラム文書と聖カテリーナ修道院文書の性格の違いが現れているからであると思われる。すなわち，ハラム文書の場合は，遺言書，財産証書，マフズーマが同一人物を取り扱ってもそれぞれが独立した文書として書かれているからである。それに対して聖カテリーナ修道院文書の場合は同一物件の所有権の移動を，同一文書に時間の経過を経た後でも書き連ねていく性格をもっているためである。このため，遺産相続が時間の経過とともにどのように行われたかがかなり明確に明らかになるのである。

さて，ここでこの文書に出てくるいくつかの用語を検討してみよう。

(1)　法文書の冒頭はこのような言葉で始まるが，この件に携わった裁判官のサインである。したがって，明らかに文書の本文とは筆跡が異なっていることがわかる。この文書では，代理裁判官Muḥī al-Dīnの手によるものである。これは‘alāmaと呼ばれ，スユーティーはいくつかの例をあげている。例えば，jarā dhālika ka-dhālika（かくの如く行わしめよ），i'tarafa 'indī bi-dhālika（彼は私に対してそれを認めた）[10)]，adhintu fī dhālika（私はその件について許可を与えた）などである。

(2)　Sayyid-nā al-'Abd al-Faqīr ilā Allāh ta'ālā は代理裁判官 Khalīfat al-Ḥukm の称号である。他の文書では，代理裁判官を Nā'ib al-Ḥukm とも記している[11)]。

(3)　mubāshira（遺産管理人）によってこの売却が行われたのだが，遺産の売却はスユーティーの書式集によれば mubāshira によって行われていた。文書に「売却されて，聖カテリーナ修道院の修道士 Maqārī b. Musallim Shubrā の手を通じて手渡された」とあるのは，マカーリーがこの遺産の管理人であったからであろう。

(4)　ta'rīf（報告），taṣdīq（確認）が行われたが，この文書は taṣdīq でありいくつかの確認をまとめたものである。

(5)　kasāwat-hā の意味がはっきりしないが，そのすぐ後の min hīna shu'ni-hi bi-hā wa-ilā hīna hīlāki-hā（彼女の結婚から死に至るまで）とあることから，おそらく衣類という意味であると推測される。

(6)　nafaqa はこの場合は生活費という意味で，婚約が解消したときに夫から妻に一定の期間支払われるもの。

(7)　ここは二人の公証人によるこの文書に対する証言の部分で，それぞれ代理裁判官 Muḥī al-Dīn による二人の相続人に対してなされた確認が法的に有効であることを証言するものである。

さて，次にこの文書から明らかになることを検討してみよう。メリク派のキリスト教徒の Maryam が死亡し，その遺産を彼女の夫の Makīn と彼女の母の Shaqrā とで相続するという状況である。彼女の息子であり未成年の Mūsā の存在がこの記述だけでははっきりしないが，おそらく，彼もほとんど同時期に死亡したのであろうか。とすれば Maryam の遺産が上記二人によって相続されることに納得できる。二人は裁判所に出向き，裁判官にこの相続の委託を行ったことがわかる。

次いで，実際に両者の間で遺産の分配を行うのであるが，財産の項目から判断して富裕層や有力者ではなく，普通の暮らしをしている人の相続であることが明らかである。このことからは，多量に残っている遺産相続に関するハラム文書の内容と似た傾向が窺える。遺産はリストアップされ，売却に回されるのであるが，この段階で実際には残っていないが wuqūf 財産目録と makhzūma が作成されていたであろう。売却が遺産管理人によって行われ，売却総額が決定した。そこから Maryam が生前残した負債が差し引かれ，さらに売却処分に使われた経費を差し引くと，残余額すなわち実際に分配される総額が決定した。両者は分配の内容を確認し，裁判官の前で確証したのである。

また，この文書で興味深いことは，Shaqrā と Makīn とに分配された分配額が聖カテリーナ修道院の修道士 Maqārī b. Musallim Shubrā から渡されていることである。しかもこの Maqārī は以下に紹介する 275 番の文書に登場する財産の購入者の Maqārī と同一人物である。すなわちこの遺産を売却処分した際の購入者がこの Maqārī であり，相続人の二人に分配額を支払ったのである。275 番の文書ではもう少しはっきりとした形で現れるのであるが，このケースでも将来復帰財産庁に没収される可能性を回避するための方法として，購入者の Maqārī を通じて修道院が関与したことは明らかである。

いずれにせよ，この相続においては遺言書が作成されたかどうかは明らかではないが，財産証書が作成され，それに基づいて相続が行われたと思われる。この文書は財産証書そのものではないが，それに関するもので，財産証書に基づき処分される遺産相続をより確実にするために行われた裁判官への委託による手続きを記したものと言えよう。

2．**文書 275：売却文書**　31.5 × 210cm.　紙

神に讃えあれ。Al-Shaykh Jalāl al-Dīn al-Bakrī，神がこの審理に関して彼に御加護を与えられますように。

登録せしめよ。

慈悲深く慈愛あまねきアッラーの御名において。すべての預言者および使徒

に讃えあれ。

これは売却文書である。その内容は以下の如くである。代理裁判官 Jalāl al-Dīn Abū al-Raḥmān b. al-Amāna al-Anṣārī al-Shāfiʻī のもとでその日付で以下のことが確認された。

① al-sayyid al-sharīf Zayn al-Dīn Abū Bakr b. Shihāb al-Dīn Aḥmad al-Ḥuṣynī は，有力商人の一人で al-Sarūjī として知られる。

② al-ṣadr al-ajall Nāṣir al-Dīn Muḥammad b. Jamāl al-Dīn Aḥmad al-Ḥusaynī は，Ibn ʻAbd al-Ḥamīd として知られる。

③ Jamāl al-Dīn ʻAbd Allāh b. Yaʻqūb b. ʻAbd Allāh は，Ibn ʻUmayra として知られる。

上記三人は，873年ジュマーダー・アルアーヒラ月2日（1468年10月20日）の日付のある遺言書の記載によって Ibn Ṭarhān として知られるメリク派のキリスト教徒 Mūsā b. Saʻīd b. Ilyās の遺産の3分の1に関するおよび負債の支払いに関する遺言執行人に任命された。

Mūsā の死後，遺言執行人の受け入れが行われた。そのことが確認されたことに従って，上記執行人たちによってイスラーム法に基づく処分の後に負債の返済が行われた。また，同年ラジャブ月22日（1469年2月6日）に証言を求めるために上記遺言に記載されている範囲のものが彼らに説明された。

その結果，以下の財産の移動が生じた。

聖カテリーナ修道院の修道士として知られているメリク派キリスト教徒 Maqārī b. Musallim Shubrā は以下の財産を購入した。売却人は，この3分の1の財産の売却および死亡した Mūsa の妻であるメリク派キリスト教徒で ʻĀmir の娘の Tāj の財産の売却を執行する上記の執行人である②Nāṣir al-Dīn および③ Jamāl al-Dīn であった。彼女の夫によって，上記遺言執行人および彼女の代理人による彼女の分け前の売却に関する証言が彼女に適用された。彼女の分け前の売却においては，適切な価格が付けられ，証言に基づく受け渡しが行われた。また，メリク派のキリスト教徒でトゥールの水運び人 Niqūlā b. ʻĪsā b. Saʻīd も売却人としてこの売却に加わった。

それらは，次の三つの部分からなる。(1) カイロのスワイカ Suwayqa al-Sharīf 地区の中の北側でシャリーフとして知られる路地に面して位置するサンルーフ al-riwāq 付の建物群，(2) カイロのアトゥーフ地区にあり，スワイカ地区の故 Baktimur の家の近くにある建物群および土地，(3) トゥールの海岸沿いにある建物および土地である。

Ibn Ṭarḥān として知られる上記 Mūsā はその日付前に死亡した。そして3分の1を決められたものに残した。それ以外は，上記遺言書に記載されているように，Tāj，彼の孫 Sulaymān b. Yuḥannā，そして孫の Sulaymān の死の際には彼の父の兄弟すなわち従兄弟で上記の Niqūlā に相続されることになった。彼の妻 Tāj の相続分は24分の6，彼の孫は24分の2，従兄弟が24分の14であった。

売却額は191ディーナールであった。

私は上記代理裁判官 Jalāl al-Dīn al-Anṣārī al-Shāfiʻī に証言する。
Aḥmad が記す。
私は上記代理裁判官 Jalāl al-Dīn al-Anṣārī al-Shāfiʻī に証言する。
Abū Muḥammad Muḥammad Mūsā が記す。

(右余白) ワクフ文書

神を讃えよ。創造の主。

これはワクフである。上記遺産の購入者 Maqārī b. Musallim Shubrā は，健全な心身をもっている。以下に記す財産は売却処分の際に彼が取得したものである。それらは (1) スワイカ地区にあるサンルーフ付きの建物群，(2) アトゥーフ地区にある土地と建物からなる全建築物，(3) トゥールにある土地と建物からなる全建築物である。それらの境界の記述はすでに記されたとおりである。そしてワクフの契約が行われた。これは通常のワクフのように，売却されることなく，贈与されることもなく，抵当に入れられることもなく，相続，所有，交換，分割もされることがない。

かくの如き条件に従って，上記ワクフ設定者（ワーキフ）は以下に説明されるように，これをワクフに設定した。管理人は以下の管理を行う。このワクフの受益者は，(1)聖カテリーナ修道院在住の修道士，もしそれが困難な場合は，(2)エルサレム在住のギリシア正教徒の修道士，またそれが困難な場合は，(3)ヘブロンの利益のため，またそれが困難な場合は，(4)居住場所を問わず困窮者となること。

このワクフの管理人は，(1)修道士，次いで(2)上記修道院の主教，次いで(3)トゥールの主教，もし上記修道院の修道士が困難な場合は，(4)エジプトのメリク派の大主教，それが困難な場合は(5)エルサレムのメリク派の大主教，もし，受益者がヘブロンの利益のためおよび貧困者に移行した場合は，管理人はエジプトのシャーフィイー派の裁判官に移る。証言がこの裁判官の権威のもとに行われた。874年ラビー・アッサーニー月16日（1469年10月24日）。神は最もよく知り給う。

上記ワクフ設定者にかくの如く証言した。
ʻAbd Allāh b. Aḥmad al-Badawī
上記ワクフ設定者にかくの如く証言した。
Abū Muḥammad Muḥammad Mūsā al-Safatī

275番の文書は売却文書であるが，文書の内容から，Mūsāは死の直前の873年ジュマーダー・アルアーヒラ月2日（1468年12月18日）に遺言書を書き残した。その後まもなくMūsāは死亡した。遺言書が作成されてからおよそ1カ月半後に，それに基づいて遺産の売却処分が行われ，負債の返済，埋葬のためのさまざまな出費などが支出された後に，遺産相続がなされたものと思われる。そして，それからおよそ9カ月後に購入者のマカーリーがこの全財産を聖カテリーナ修道院のワクフに設定していることがわかる。この流れを図で分かり易く説明すると次のようになる。

（1469年2月6日）

Mūsā
- 3分の1 → 負債の返済／埋葬費用
- 3分の2 → Tāj　24分の8／Sulaymān　24分の2／Niīqūlā　24分の14

Maqārī → 聖カテリーナ修道院のワクフ

遺言書（1468年12月18日）→ Mūsāの死亡 → 遺産の売却処分（1469年2月6日）
→ ワクフの設定（1469年10月24日）

この文書の用語を検討してみよう。

(1)　文書の冒頭の部分は，この文書に記載されている執行内容を精査した裁判官のサインの代わりの題辞。

(2)　li-yusajjilaは裁判官が記すが，スユーティーによれば，basmalaのbā'の下に位置し，本文の脇で文書の第一行目の始まりの所に位置する。エジプトのスタイルでは，裁判官がli-yusajjila khaṣṣatanと記した。もし，裁判官が欲すれば，li-yusajjila bi-thubūti-hi wal-ḥukm bi-mūjibi-hiまたはli-yusajjila bi-thubūt mā qāmat bi-hi al-bayyina fī-hi wal-ḥukm bi-hiと記した。

(3)　Sayyid-nā al-‘abd al-faqīr ilā Allāh ta‘ālā al-shaykh al-imām al-‘allāmaは代理裁判官の称号。

(4)　‘alā wafā mā ‘alā min daynin shar‘īinこの売却の目的を示している。すなわち，死亡したMūsāの借金を清算するためにも売却が必要であった。イスラーム法では財産に対する3種類の請求権を認めている。すなわち，埋葬，死亡者の負っている支払義務，死亡者の財産の継承の場合である。

(5)　maktūb al-īsā'は遺言書の意味である。遺言書は一般的にはwaṣāyāを使う。

(6)　awṣiyā'は遺言執行人で，Zayn al-DīnとNāṣir al-DīnとJamāl al-Dīnの三人の名前が記されている。ハラム文書の遺言書には遺言執行人の名前は記されていない。

さて，この文書は売却文書とワクフ文書であるが，マムルーク朝時代の一庶民の遺産相続をめぐる興味深い事実を示してくれる。死亡した Mūsā の出身や職業に関することは文書には一切記述がないので，彼の経歴は明らかではないが，もちろん同時代の人名辞典にも記載されるような有名人ではないことから，ごく普通の一庶民であることがわかる。その Mūsā が死を直前にして，自分の財産の処分に関する遺言を残したのである。その遺言書は残念ながら残っていないが，その内容の大筋はこの文書から推測することができる。

すなわち，財産の 3 分の 1 は後に詳しく触れるがイスラーム法の遺言の規定に従って処分されていることがわかる。イスラーム法の規定では，財産の 3 分の 1 で債務の返済，奴隷の解放，葬儀の費用，代理巡礼などを行ってよいことになっている。文書では，売却処分後負債の返済が行われたということを除けば，3 分の 1 は決められたものに残したとだけしか記されていないので，詳しいことはわからないが，おそらく負債の返済を行った後，埋葬の費用などに使われたものと思われる。

この文書によると，Mūsā の遺産の購入者 Maqārī は購入した全物件を聖カテリーナ修道院のワクフに設定している。購入者の Maqārī はこの修道院の修道士である。Maqārī については，第 4 部第 3 章「聖カテリーナ修道院のワクフ政策」ですでに記したように，Maqārī は聖カテリーナ修道院の財産管理人，修道院長を務めた人物で，1460 年代から 80 年代にかけてエジプトの多くの不動産を購入し，それを修道院のワクフに設定していたのである。したがって，Maqārī と同じメリク派のキリスト教徒の遺言者の遺産を聖カテリーナ修道院が購入し，それをワクフに設定したものと理解される。

4．財産証書の機能

聖カテリーナ修道院文書の中で財産証書に類するものが何点含まれているかはすでに記した理由から正確には把握できないが，ハラム文書の場合は，現存する文書のうち約半数の 423 文書を数えることができる。しかも，ハラム文書の多くは14世紀の最後の10年間にエルサレムで作成されたものである。したがって，マムルーク朝時代のエルサレムでは復帰財産庁がよく機能していて，遺産相続の監督をかなり厳格に行っていたことが推測できる。しかし，このことによってある階層のすべての住民が財産証書の作成を免れることができなかったかどうかはわからないという[12)]。いずれにせよ財産証書は，軍人やその他のエリート層を除いた階層の人々に関するものであることが推測できる。というのは，彼ら上流階層に属する人々の財産証書は別枠であったのである。すなわち，特に軍人階級の場合であるが，マムルークは死後イクターを返還しなければならなかったからである。ブルージー・マムルーク朝時代には，高貴な家系に属する人々 a‘yān al-nās の財産から収集された収入は，直接スルターンの収入，すなわちスルターン庁 dīwān al-khaṣṣ に組み込まれたからである[13)]。

(1)　財産証書の起源

エジプトやシリアにおいて財産証書がいつ頃から記されたかははっきりしない。しかし，イブン・マンマーティーによれば，ファーティマ朝後期，アイユーブ朝初期のエジプトの財務行政に関する記述，すなわち「復帰財産 mawārith」の中でそれは次のように記されている[14)]。

> 財産を残す者が死亡すると，財産から控除されるものは，葬儀の費用，借金である。残りが相続人に分けられた。もし，その者に相続人がいない場合は国庫 bayt al-māl がそれを受け継いだ。もし，相続人が遺産のすべてを相続する権利がない場合は，相続分を相続し，残りは bayt al-māl に帰属した。
>
> 男の相続人は次の15人に分類できる。息子，孫およびその下，父，祖父およびその上，父および母の兄弟，父の兄弟，母の兄弟，父および母の兄弟の息子，父の兄弟の息子，父および母のおじ，父のおじ，父および母のおじの息子，父のおじの息子，夫，男解放奴隷である。
>
> 女の相続人は次の11人に分類できる。娘，息子の娘とその下，母，母

方の祖母，父方の祖母，父および母の姉妹，父の姉妹，母の姉妹，妻，女解放奴隷，女奴隷の女奴隷である。

とある。しかし実際には，ラビーアによれば，969年エジプトを征服したジャウハル Jawhar al-Siqillī はエジプト人にアマーンを与え，死亡した人の財産から国庫に帰属したものを免除した。すなわち，シーア派の原理を導入したファーティマ朝はスンナの慣行を否定したのである。ファーティマ朝は，間接的な証明であるが，国庫の収入源として復帰財産を拒否したのである[15)]。したがって，イブン・マンマーティーのこの記述は，アイユーブ朝時代に入ってそれが復活してからのものと思われる。

以上のことから，このイブン・マンマーティーの記述には財産証書が記されたことが明確に記されてはいないが，アイユーブ朝時代のエジプトやシリアにおいては，復帰財産が国庫に帰属する重要な財源であったことから，おそらく財産証書が記されていたと推測される。

また，ここでは相続人の定義が明確になされていることにも注目しておく必要があろう。すなわち，イスラーム法の用語でこれを定義すれば，相続人は次のようになるであろう。

(1) ザウ・ル・ファラーイド：コーランの規定により，特定の相続分の権利をもつ者，(2) アサーバト：男系親族からなる相続人，(3) ザウ・ル・アルハーム：被相続人の血族で，アサーバトにもザウ・ル・ファラーイドにも属さない者，(4) 契約による相続人：奴隷を解放したときに生じる，(5) 承認された血族男子：被相続人の兄弟，(6) 単独受遺者：前述の者がすべて欠けている場合にあり得る，(7) 国家，に分けられる[16)]。

イブン・マンマーティーがこれを男，女，奴隷に分類して定義しているのは，イスラーム法の用語で定義するよりもきわめてわかり易いからだと思われる。さらにいえば，この時代の相続のあり方もきわめて明確に窺い知ることができる。

次いでイブン・マンマーティーの記述からは，国家がある時期から誰かが死亡すると財産の相続に関して干渉したことも明らかである。すなわち，アイユーブ朝治下のことであるが，イブン・マンマーティーは人が死亡したときの習慣を次のように記述している[17]。

> 死体洗人，運搬人，経帷子取扱い人は処理を行う前に，mawārith の役人に知らせた。役人は相続人の同定を行った。もし，死者に全財産を受け継ぐ家族の相続人がいたら，mawārith の役人は財産に手を付けることを禁じられた。もし，死者に相続人がいないかまたは財産の一部しか受け継がない場合は，財産を差し押さえた。こうした手続きを経て死体は埋葬された。その際，すべての債権者は，bayt al-māl かまたは他の相続人から取分を得た。もし，相続人がその時不在であったならば，bayt al-māl の役人は相続人が戻るまで財産を保護しなければならず，また現れても死者との結びつきが証明されるまでは財産を解放しなかった。

この記述からは，死亡者が出たときには埋葬を執り行う者が復帰財産庁の役人に届け出,その許可がなければ埋葬を行うことができなかったことがわかる。そして担当の役人は相続人の有無を調べ,相続人がいる場合は相続人を同定し,いない場合はその財産を差し押さえたことがわかる。そのような手続きを間違いなく行うためにも，おそらく財産証書の作成が行われたのではないかと思われる。

ゴイテインの『地中海世界』によると[18]，アイユーブ朝時代のことであるが,

> ある個人が死ぬと，すぐに彼の財産の目録が作成された。そして裁判所の印が各財産に押された。ゲニザ文書によると，あるケースでは，それが埋葬前でさえ行われた。また別なケースでは，ある裕福な金細工師の財産は彼が死去した当日にこの印が押された。第三のケースでは，ある休日の週に死亡した医者の家では，その期間は普通はいかなる法文書も記されな

いのに，あらゆる物が登録された。

とあり，ユダヤ教徒社会にもこの方法が及んでいたことがわかる。そしてユダヤ教徒社会にも財産目録の作成が及んでいたことが，ゲニザ文書およびそれを利用したゴイテインの研究からわかる。また，上記のイブン・マンマーティーの記述から判断して，アイユーブ朝時代には財産証書の作成の習慣がエジプトやシリアではすでに存在したといえよう。

(2)　財産証書による相続

財産証書には，死亡した人物の相続を具体的にどのように行うかが記されている。それぞれの財産証書にはイスラーム法の財産相続の規定に基づくさまざまな相続のあり方が記されている。イスラーム法による分配の規定は複雑である。この時代のエジプトやシリアではどのようであったのだろうか。イブン・マンマーティーはファリーダに関してのみ次のように記述している[19)]。

半分：5人の相続人が想定される。すなわち，娘，息子の娘，父と母の全血姉妹，父方の半血姉妹，もし女の死亡者に子供および息子の子供がいない場合は夫。

4分の1：もし女の死亡者に子供または息子の子供がいない場合は夫，もし男の死亡者に子供または息子の子供がいない場合は妻たち。

8分の1：もし男の死亡者に子供または息子の子供がいない場合は妻または妻たち。

3分の2：娘たちおよび息子の娘たちを越えて，父と母の全血姉妹たち，父方の半血姉妹たち。

3分の1：子供と孫のいない，または兄弟姉妹の両方いない母，母の子供たち。

6分の1：7人の相続人が想定される。子供のいる父，保護者のいる母，子供のいる祖父，祖母たち，母の子供の1人に，3分の2が確定している娘をもつ息子の娘たち，3分の2が確定している父と母の全血姉妹たちをもった父方の半血姉妹たちに。

これも明確にその分配方法が記されているといえよう。ファリーダに関してはすでに前節でも言及したが，イブン・マンマーティーはイスラーム法の用語を使って相続分を説明するのではなく，相続分に相当するのが具体的に誰であるのかを記しているので，きわめて理解し易く整理していることがわかる。ただし，実際の相続はおそらくさまざまなことを考慮したうえで相続分を決定しているようである。

(3)　遺　言　書

ヌワイリーによると遺言書は例えば以下のように作成されたことがわかる[20)]。

もし，誰かが誰かに遺言を残す場合は次のように記された。

これは私が某人に書き記す遺言である。死が自分に突然訪れるかも知れないので，スンナに従い，遺言書を残すことが義務であるという神の使徒の命に従うものである。精神が正常であること，身体が健全であること，感情が正常であること，理解が確かであること，適法性があること，イスラームの柱を知り，ハラールとハラームとを知り，コーランとスンナを保持し，死とその意味，墓，天使の調査を知っていること，死後復活し，あの世の道を渡ること，天国と地獄，永遠の命とその安定，もはや教えられることもなく思い出させることもなくなることを信じていることを自分に証言した。遺産の相続人の枠に入るすべての権利のある相続人は以下のとおりである。現在に至るまで結婚関係にある妻某，彼女との間の自分の子供たち，すなわち某たち，それ以外には誰も遺産を共有しない。また，妻などのためにかくの如き支払い義務があること，そして残りが自分の保護下にあること，某人には債権があること，所有物はかくの如くであることを証言した。また，奴隷某にはイスラーム法に従って，「お前は私の死後自由である。お前は，私が自由にできる私に権利のある私の財産の３分の１の中から解放される」と言う準備があることを証言した。もし，自分が死んだら某人に遺言する。財産のすべてを彼の手に押さえ，３分の１の財産の中から埋葬の準備，死体の清め，帷子，納棺のための支出をイスラーム法に従って行うこと，自分が負った借金の返済を速やかに行い完済すること，また，３分の１から巡礼の仕方を良く知っている信頼できる人を自分の代わりに巡礼を行ってもらうために雇う特別の支出を分けておくこと，そしてその巡礼は某所から出発し，イフラームに入ること，ハッジとウムラの両方を行うこと，イスラーム法に従って両方を完全に全うすること，全ては遺言者の立場に立って行うこと，遺言者にはこの代理巡礼者を助けるため巡礼に出る際に上記総額を支払う管理人がいることを証言した。それから，３分の１の財産の分配に戻るが，上記奴隷に値段を付け３分の１の中に含め，解放を確証する。また，もしサダカを行う場合は，何処で誰に対して行うかを明らかにする。

次いで，財産の３分の２の分配である。すなわち，遺言者に権利のある３分の１を超えるものはイスラーム法の分配に従う。成人にはその分け前を直接渡し，後見人が必要な未成年者には現金，不動産などの中から決められたものを成人になるまで後見人の手を経て手渡す。私はそのすべてが私の死後実行されることを遺言します。そして自分の代わりに宗教を良く知り，公平さ，誠実さを備えた人物を代理人に任命する。もし，彼が可能な場合は，遺産の管理は某が行う。またもしそれも不可能な場合は，某所のハーキムが管理を行うものとする。

この記述からは，マムルーク朝時代の遺言書がどのように記されたかを明確に知ることができる。これによれば，死を間近にした人は遺言書を書き残すことが信者の義務であることを認識し，遺言を残した。ここで注目しておきたいことは，奴隷の解放と代理巡礼である。コーランには奴隷は解放することが望ましいことが記されているが，一般的に奴隷所有者が死の際に奴隷を解放することがよく行われたものと思われる。その際，奴隷は自由処分のできる遺産の3分の1の中に含めたのである。また，この3分の1の中から代理巡礼の費用も出されたこともわかる。生きている間に巡礼に行けなかった人が全費用を準備したうえで然るべき人に巡礼を委託するのである。その際，遺言者は代理人にどのように巡礼をして欲しいかを具体的に指示している。

ハラム文書の遺言書はどのように記しているのであろうか。ホダが11例残っているうちの1文書だけ翻訳紹介している。それによと，エルサレム在住の，'Alā al-Dīn が死期が近いことを悟り，遺言書を残した。遺産はまず埋葬の出費，次いで負債の決済のために使われるべきことが記されている。次いで，彼がエルサレムで所有した財産が記されている。そして，彼の遺産は彼の息子と彼の妻に残されることが記されている[21)]。この遺言書は，上記のヌワイリーの書式集におおむね従っていることがわかるが，遺言者は遺産の内容から代理巡礼を行ったり，奴隷の解放を行うような富裕層ではなく，ごく普通の人と言うよりもむしろ最下層に属する人のものといえよう。

(4)　マフズーマによるもの

スユーティーによれば，マフズーマは以下のように記される[22)]。

マフズーマの書き方。マフズーマは誰かの遺言書に従ってその遺産の中から売却されたものに関して書かれたものである。もし財産の中から，遺言の検認が行われ財産目録が記された後に所有物が売られたならば売却文書 awrāq al-mabī' が記された。この文書は，①死亡者の名前，②相続人の名前を含む財産目録内容の詳細な提示，③売却を取り結ぶ者の名前，例えば，遺言執行人，相続人またはその代理人など，そして証人，仲介人，両替商の名前，④価格とともに売却された所有物の項目別に記入されたリスト，それには購入者，仲介者の名前を伴う，⑤仲買手数料，使用料，証人代金など市場において発生する経費，そしてその差引き残額，⑥売上高の集計を記す。

この記述からわかるようにマフズーマは遺産の中のある物の売却証書といえ

るものである。すなわち，遺産を処分する際には普通ある物を売却しなければならないのであるが，その際，遺言書や財産証書に基づき，執行人や仲介人よって売却が行われ，その過程を正確に文書として記録したものである。

5．マムルーク朝時代の遺産相続

マムルーク朝時代におけるエジプトの財政史研究を行ったラビーアによると，ファーティマ朝崩壊後遺産相続の管理を行っていた復帰財産庁 mawārith ḥashrīya に流入するものが国庫収入の重要な部分を占めるようになった[23]。同時代におけるイスラーム法に基づく遺産相続のあり方の詳細については，前節で紹介したようにイブン・マンマーティーが書き記しているが，相続人がいない財産および相続人が遺産のすべてを相続できない場合の残余財産は最終的に国庫に帰属した。それゆえ，復帰財産庁の書記たちがいかに熱心にこれに関与しようとしたのかは彼の記述から明らかである。そして，その後書記たちがかなり違法に関与したという。

そうした理由からであろうか，相続人のいない人々は死を前にして，死後復帰財産庁に財産を没収されることを回避するための方法を選んだのである。例えば，財産を他人に分与したり，ワクフに設定したりしたのである[24]。

また，マムルーク朝時代には復帰財産庁が不正に復帰財産を収集したこともあった。例えば，スルターン・クトゥズ Quṭuz はモンゴル軍と戦うため，死亡した人々の財産の3分の1は国庫に帰属することを決定した。もちろん，これはバイバルスが廃止しているが，マムルーク朝政権によってかなり恣意的に復帰財産が集められたこともあった[25]。

さて，マクリーズィーの *al-Sulūk* によると[26]，

> 833年A. H. ジュマーダー第2月4日（1430年2月28日），カイロの諸門から運び出された死人の数は，郊外の Hakkūra，Ḥusaynīya，Būlāq，al-Ṣalība，Madīna Miṣr，二つの Qarāfa，砂漠地区からのは別として1,200に達した。

> だが，その数は実際にはそれ以上であった。カイロの復帰財産庁は，390人を登録した。というのは，人々が棺を慈善のために作ったので，復帰財産庁がこの棺で運ばれた死人の名前を登録できなかったからである。

と記されており，すでに前章で記したイブン・マンマーティーの記述が実際に行われていたことがわかる。この記述はエジプトを襲った疫病で大量の死者が出たため復帰財産庁の役人が職務を消化できないほどであったこともわかる。しかし，マクリーズィーのこの記述からはマムルーク朝政権による遺産相続の監督が十分行われていたことがわかる。また，キトブガー Kitbughā の治世，694年ズー・アルヒッジャ月（1295年10-11月）には，疫病のためカイロだけでおよそ17,500人の相続人のいない財産が復帰財産庁に帰属したことがわかる[27)]。また，マクリーズィーは次のようにも記している[28)]。

> カイロで死亡した人の数と名前は復帰財産庁に登録されたが，サファル月20日からラビー・アルアッワル月の終わりまで（1419年3月18日から4月26日まで）で，7,652人であった。男が1,065人，女が6,669人，子供が3,969人，男奴隷が544人，女奴隷が1,369人，キリスト教徒が69人，ユダヤ教徒が32人であった。

この記述からは，この復帰財産庁が死亡した人を正確に把握しようとしていたことがわかる。おそらく，国庫に帰属する財産があるかどうかを調べるためであったと思われる。

死者の数がこのように異常に多く記されているのは，この時代エジプトでは疫病が蔓延し，多くの人々が命を落としたからである。この記録は異常事態であるから付けられたのではなく，この官庁の慣行として行われていたものである。

また，カルカシャンディーは，

> このディーワーンの習慣として，書記が死亡した人々に関する日々の記録を付ける際に，その人がḥasharī（遺産を何も残さなかったかまたは自分に完全に権利のある財産をもたなかった人）であるか，ahlī（遺産をもっている人）であるかを，そして男，女，子供，キリスト教徒，ユダヤ教徒であるかを記した。

と記している[29)]。そしてこのディーワーンの慣行が実際に行われていたことは上記マクリーズィーの記述からはっきりと見て取れる。

死亡者について，まず遺産をもっている人であるかもっていない人であるかを把握し，男，女，子供，男奴隷，女奴隷の他にキリスト教徒，ユダヤ教徒であるかも分類している。しかし，イスラーム法の理論上は，キリスト教徒およびユダヤ教徒は人頭税を支払う代わりに遺産相続に関してはそれぞれ独自の法を適用することを許されていた。ゴイテインによれば，「サラディンの時代，イスラーム法の権威者によって与えられた見解は，非イスラーム教徒の共同体が彼らの財産を独自に取り扱う権利を強調している」[30)]。しかし実際には，「キリスト教徒およびユダヤ教徒は遺産相続に関しては彼ら自身の法に依拠し彼ら自身の法廷で取り扱われる権利を保持するために戦わなければならなかった」[31)]。そして，マムルーク朝時代のエジプトにおいては，この努力もむなしく非イスラーム教徒の遺産相続はマムルーク朝政権によって直接管理されたのである。

さて，ラビーアによると復帰財産庁が死亡者の財産を不正に収集しようとしたことについては，その理由の一つはワクフの成長であるという。すなわち，エジプトのシャリーア法廷文書に数多く事例が見られるように，ワクフに設定しておけば，本人が生きている間は没収を恐れることなく所有財産から得られる全収益を享受できるし，死後はワクフ文書に記載されている自分が定めた規定に従って収益が分配されるからである[32)]。

マムルーク朝時代の遺産相続は，基本的にはイスラーム法に基づき行われていたのであるが，国家権力の介入の恐れがあったため，そうした不安定さから自らを守るための方法として財産をワクフに設定して不動化する方法がしばしば取られたのである。

おわりに

マムルーク朝時代の遺産相続に関しては，豊富な文献史料もその実態をほとんど伝えていない。しかし，現存している文書はその実態をさまざまな形で伝えている。本章で紹介した文書も，マムルーク朝時代のエジプトのカイロのキリスト教徒の地区におけるある相続に関してその手続きをかなり詳細に伝えていることがわかる。しかも，この文書は特別な事例を取り扱ったものではなく，カイロでごく普通の生活を送っていた人物の相続を記したものである。両文書とも代理裁判官が担当していることもそのことを示している。代理裁判官は裁判官を目指す者が最初に就くポストであり，その後経験を積んで昇進していったからである。本章で利用した事例はエジプトのものであるが，エルサレムでの事例と比較してもイスラーム法の適用に関してはそれほど大きな乖離はないことも判明した。

マムルーク朝時代のエジプトやシリアでは，遺産相続に関して遺言書や財産証書などを作成し，一般的には遺産を売却して，負債の返済，埋葬の費用その他の必要経費にあて残りを相続分としていたのである。そして，文書の記載内容からして当時の社会ではこうしたことがごく普通の人々の間で日常的に行われていたこともわかる。

注

1）Hoda Lutfi, *al-Quds al-Mamlūkīya — A History of Mamlūk Jerusalem based on the Ḥaram Documents,* Berlin, 1985.

H. Lutfi, “A Documentary Source for the Study of Material Life : A Specimen of the Ḥaram Estate Inventories from al-Quds in 1393 A. D.”, *Zeitschrift der Deutschen Morgenländischen Gesellschaft,* vol. 135, 1985, pp. 213–26.

D. P. Little, *A Catalogue of the Islamic documents from al-Ḥaram ash-Sharīf in*

Jerusalem, Beirut, 1984.

D. P. Little, "Ḥaram Documents Related to the Jews of Late fourteenth Century Jerusalem", *Journal of Semitic Studies* , vol. 30, 1985, pp. 227-64.

D. P. Little, "Documents Related to the Estates of a Merchant and His Wife in Late Fourteenth Century Jerusalem", *Mamluk Studies Review,* vol. 2, 1988, pp. 93-193.

拙稿「マムルーク朝時代エルサレムの裁判官」『中央大学文学部紀要』史学科第42号，1-18頁，1997年。

2)　Shams al-Dīn Muḥammad b. Aḥmad al-Minhājī al-Asyūṭī, *Jawāhir al-'Uqūd wa-Mu'īn al-Quḍāh wal-Muwaqqi'īn wal-Shuhūd,* 2 vols., Cairo, 1955. および Shihāb al-Dīn Aḥmad b. 'Abd al-Wahhāb al-Nuwayrī, *Nihāyat al-Arab fī Funūn al-Adab,* vol. 9, Cairo, 1933. などにはその区分が見受けられる。

3)　H. Lutfi, *al-Quds* pp. 1-106. D. P. Little, "Documents Related to the Estates of a Merchant and His Wife in Late Fourteenth Century Jerusalem", *Mamluk Studies Review,* vol. 2, 1988, pp. 93-193. には，スユーティーやヌワイリーなどのマニュアルだけではなく，ハラム文書の具体的な事例に基づいて遺産相続のプロセスが記されている。

4)　Little, *Catalogue,* p. 59.

5)　このディーワーンは bayt al-māl および al-Ḥisba と切り離せない関係にあった。すなわち，このディーワーンのシャーッドが bayt al-māl のシャーッドを兼ねる場合があるからである。このディーワーンはすでに記したように，相続人のいない死亡者の財産，死亡者の財産で相続人が一部を相続した残余財産を没収するところである。このディーワーンの実務担当者が財産を没収する際には，担当者の出席のもとに財産証書が記されることになっているが，実際には，すなわちハラム文書に見られる事例では，むしろこのディーワーンの担当者よりも bayt al-māl の担当者の方が数多く立ち会っている。

また，ホダの *al-Quds* によれば，このディーワーンの役人には比較的ランクの低い軍人が就任していることがわかる。そして，ハラム文書を注意深く分析すると同一人物が名前を変えて両方のシャーッドを兼ねている場合があることがわかる。

6)　Little, op. cit., p. 96. また，H. El-Nahal, *The Judicial Administration of Ottman Egypt in the Seventeenth Century,* Mineapolis and Chicago, 1979, pp. 47-48. によれば，「オスマン朝のカーヌーンによれば，誰かが死亡した場合，直ちに国庫に知らせなければならなかった。国庫の担当者は，国家がその遺産に対して何らかの権利があるかどうかを決定するために死亡者の家に派遣された。国庫の担当者の主要な業務は，まず相続人の合法性を調べることであった。国家に権利が生じた場合は，財産を調査するための委員会が編成された。国庫の担当者は留保され，委員会が法的な相続人になり，裁判所の公証人，調査員 ahl-khibra が財産の評価や売却に携わった。そして，委員会は死亡書の財産の調査を開始した。すなわち，身の回りの物，家庭用品，都市内の財産，借金，動物，奴隷などである」とあり，国家が関与していたことが明らかである。

7）聖カテリーナ修道院文書においても，証書と分類されたものが最も多く残っているが，一つの文書が，例えば，売却文書とワクフ文書を兼ねているのがほとんどである。

8）Hoda, op., cit., pp. 3-4.

9）Hoda, op., cit., pp. 30-31.

10）al-Asyūṭī, op. cit., vol. 2, pp. 369-77.

11）al-Asyūṭī, op. cit., vol. 2, p. 594. 中世イスラーム世界の法文書にしばしば登場する ḥākim と qāḍī との間の区別であるが，リトルは東トルキスタンのヤルカンドの中世イスラーム文書の研究を行った Monika Gronke の説を紹介している。彼女は，qāḍī は ḥākim よりも高い地位にあると述べている。リトルは，ハラム文書からわかることは，ḥākim は裁判長または行政長官という意味で使われているとしている。すなわち，両方とも完全な裁判官で，Qāḍī al-Quḍāh と代理 Qāḍī，Aqḍā al-Quḍāh と代理 Ḥākim として使われていて，ランクから見ても，マムルーク朝時代のエルサレムでは qāḍī と ḥākim とは同じであると考えたいとしている。Little, op. cit., p. 149.

12）Little, op. cit., p. 95.

13）Hoda, op., cit., p. 17.

14）Al-As'ad b. Mammātī, *Kitāb Qawānīn al-Dawāwīn,* A. S. Atīya ed., Cairo, 1943. pp. 319-20.

15）Hasanein Rabie, *The Financial System of Egypt A. H. 564-741 ／ A. D. 1169-1341,* Oxford, 1972, p. 127.

16）遠峰四郎『イスラーム法』紀伊國屋書店，1964 年，53-55 頁。

17）Ibn Mammātī, op. cit., pp. 324-25.

18）S. D. Goitein, *A Mediterranean Society,* vol. 3, Berkeley, 1978, p. 283. また，彼は次のようにも記している。サラディンがファーティマ朝から政権を奪取すると，遺産相続に干渉し相続人のいない人の財産に権利を及ぼしたが，ユダヤ教徒にも及んだ。このことは，この新支配者の止むことのない戦争の資金のために必要であった。そして，13 世紀には政権はいっそうマイノリティの財産に干渉を始めた。ある父親は，その遺言書の中で彼の財産の 3 分の 1 を 1 人の娘に，3 分の 2 を 1 人の息子に割り当てることを指示した。2 人とも未成年であった。彼らが成人して訴訟が起こるのを予防するためである。こうした文書に見える散発的な予防策の事例は，疑いなくこの政策の変化を示している。

19）　Ibn Mammātī, op. cit., pp. 322-23.

20）　Nuwayrī, op. cit., pp. 104-107.

21）　Hoda, op., cit., pp. 61-63.

22）　al-Asyūṭī, op. cit., vol. 1, pp. 456-66.

23）　Rabie, op. cit., p. 127.

24）　Rabie, op. cit., pp. 128-29.

25）　Rabie, op. cit., p. 129.

26）　al-Maqrīzī, *al-Sulūk,* vol. 4, part 2, p. 826.

27）　Rabie, op. cit., p. 130.

28）　al-Maqrīzī, *al-Sulūk,* vol. 4, part 1, p. 492.

29）　al-Qalqashandī, op. cit., vol. 3, p. 460. カルカシャンディーは同じ箇所にこのディーワーンについて次のようにも記している。このディーワーンは2つの部分に分かれる。エジプトの首都の部分と首都以外の部分である。首都の部分はその監督はスルターンの権威によって行われる。その執行者は，シャーッド，書記，ムシャーリフ，公証人である。その収入は国庫に運ばれる。

30）　Goitein, op. cit., II, p. 398.

31）　Goitein, op. cit., II, p. 394.

32）　Rabie, op. cit., p. 132.

第2章
遺　言　書

はじめに

マムルーク朝時代の文書に依拠した遺産相続に関する研究は，これまでハラム文書に依拠した，ホダおよびリトルの研究，聖カテリーナ修道院文書に依拠した著者の研究などによって行われてきた[1)]。前章の「マムルーク朝における遺産相続」で，主として財産証書に関する文書に依拠してその実態を明らかにする試みを行った。その結果，マムルーク朝時代のエジプトやシリアでは，遺産相続に関しては遺言書や財産証書などを作成し,一般的には遺産を売却して,負債の返済，埋葬の費用，代理巡礼の費用，その他の必要経費にあて，残りを相続分として相続していたことが明らかになった。

さて，聖カテリーナ修道院文書の中に遺言書が2点含まれていることが判明した。本章は，前章を補完するものとして，この遺言書に依拠して遺産相続の実態を明らかにすることを目的とする。その主たる目的は，すでに何度か触れてきたが，中世イスラーム社会におけるとりわけマムルーク朝期までの法廷文書，公証人文書はオスマン朝期に比べると現存する文書が限られているため，その法的処理のプロセスを明らかにすることにある。

1．遺言書による遺産相続の形式

最初に，これまでの研究で明らかになったマムルーク朝期の遺産相続のプロセスを記してみよう。基本的には，ある個人は死に際して，その財産処分に関しては3通りの方法のいずれかの選択が可能であった。すなわち，①遺言書 waṣāyā に拠るもの，②財産証書に拠るもの，③両者の組み合わせによるものである。

遺言書による遺産相続については以下に記述するように，ある個人が死の直前に遺言書を作成して相続を行うものである。そして個人は，ムスリムであろうとズィンミーであろうと任意に遺言書を作成することが可能であった。

一方，財産証書による遺産相続は，ある個人が遺言書を残さなかった場合の相続で，裁判官の認可のもとに公証人によって作成された証書に基づき遺産相続を行うものである。相続人のいない財産は国庫に帰属するため，この財産証書は遺言書と違って任意のものではなかった。このため，この証書作成の際には，しばしば国庫や復帰財産庁の書記が立ち会っている[2)]。

遺言書は，イスラーム法に基づき一定の形式で記された。マムルーク朝時代の遺言の形式は，ヌワイリーの *Nihāyat al-Arab fī Funūn al-Adab.*[3)]，およびスユーティーの *Jawāhir al-‘Uqūd wa-Mu‘īn al-Quḍāh wal-Muwaqqi‘īn wal-Shuhūd.*[4)] などに記されている。

(1)　ヌワイリーの記述によると，ある個人は，イスラーム法の規定に従えば，財産の3分の1以内であれば法定相続人以外に，ある個人または慈善のために遺産を分配することが許されていた。遺言は，公証人による文書の形で起草され，法廷で裁判官により確証された。遺言者は，遺言書に資産と負債の記述，法定相続人の特定，埋葬に関する記述などを含め，遺産執行人を選定し遺産の供託を行った。遺産執行人は遺言者の死後，遺言に従い負債の返済をした後，遺産の分配を行った[5)]。

(2)　スユーティーは以下のように記述している。遺言者は証言を行い，病に陥ってはいるが思考力と理解力は備わっていること確認しなければならない。神の唯一性，ムハンマドが使徒であること，裁きの日が避けられないことを証言する。遺言者は，子供，兄弟，親類などの遺産を遺す相続人の記述，資産と負債の記述をしなければならない。遺産の3分の1の使い方がればその記述をする。もし，ハトマ khatma と呼ばれるコーランの全章の朗誦，代理巡礼を望むならばそれも記述する。また彼は，遺言の形式のいくつかのバリエーションをも記している。

もし，遺言者が死亡し遺言の確認が必要になったとき，その欄外に以下のように記述される。この記述を行う者は，遺言者何某に関して記述されたものを証言する。また，彼が遺産処分において十分公正であること，および遺言を委任されたことが適当であることが証言されていると[6)]。

以上のように，遺言書の作成に関しては詳細な形式が存在し，これらに基づいて遺言書が作成されていたものと思われる。以下に紹介する文書は，これらのイスラーム法に基づく形式に依拠して記述されていることがよくわかる。

2．聖カテリーナ修道院文書の遺言書

本章で取り扱う文書は，文書340番と345番が付されたものである。両文書とも保存状態は良好であったが，判読がきわめて難解で解読に多くの時間を費やした。特に衣類や家具などの日用品の記述は，公証人にとって日常繰り返される記述のためか書体がきわめてなめらかで解読が難解であった。この2つの遺言書がなぜ修道院に保存されているのかは不明であるが，両者にそのことを窺わせる何か共通の特徴があるのであろうか。文書を読む限り，両文書の共通性は，取り扱った裁判官がマーリク派の代理裁判官であることぐらいである。以下に両文書の訳出を試みる。

(1)　**聖カテリーナ修道院文書：340番**　110 × 28cm　紙

慈悲深く自愛あまねきアッラーの御名において……

神よ！　預言者ムハンマドとその家族にお恵みを。

神のご加護で，私の立会いのもとにかくの如く行わしめよ。

　アリー…………がかくの如く証書す。

これは以下に述べる内容の遺言書である。マーリク派の代理裁判官シハーブ・アッディーン Shihāb al-Dīn Abī al-'Abbās Aḥmad al-Naḥrīrī のもとで，ザヒーラ監督 naẓir al-dhakhīra およびヒスバ長官ザイニー al-Ẓaynī の同席により，この件が取り扱われた。ディーワーン・アルムフラドに所属し，バラーウィー al-Barāwī として知られるシャミーシー・ムハンマド・アルバルダダール 'Alī b. al-Nūrī 'Alī b. al-Shamīsī Muḥammad al-Bardadār[7] は，バラカ・アッラトリー地区のイブン・ハジャル通りにある邸内で証言を行った。身体が悪くなり，死が訪れるのを恐れるため，判断力が備わっている状態でスンナに従い，以下の二人に遺産執行人を通じて遺産を相続することを証言した。

①アミール・ダワダール・カビールで甥のトゥーマーン・バーイ Ṭūmān Bāy および②上記ザイニーに対してである。そして，イスラーム法に従い，遺産執行人が引き受ける彼の遺産が彼ら二人に与えられることが許されたことが証言された。

また，以下のことが述べられた。彼には同ディーワーンに 3 カ月の期間で，その期限がその年のラジャブ月の末日で 4,500 ディーナール[8] の借金があること。上記トゥーマーン・バーイに 5,750 ディーナールの借金があること。シャミーシー・ムハンマドは，大侍従長アンスバーイ Ansbāy に 250 ディーナールを貸したこと。また彼は，キルタバーイ Kirtabāy の管理人アフダル Afḍal al-Dīn Abū al-Faḍl に 104 ディーナール貸していたこと。また彼は，ファール・スクール Fār Skūr 在住のアブー・アルハイル Abū al-Khayr al-Khaqīr に 102 ディーナールを貸していたこと。シャミーシーにはユダヤ教徒の計理士がおり 4,594 ディーナールの運用が可能であること。アブド・アルカリーム 'Abd al-Karīm al-Sukrī と彼の協業者の借金で彼への遅れている支払いは，元々砂糖の代金の 4,500 ディーナールと記されている総額のうち 734 ディーナールで，それ以外は何も存在しないことである。

また，彼にはファール・スクールに 1 万 7,000 ディーナール，100 頭の水牛，100 頭の雌牛，200 頭の雄牛，200 頭の羊（そのうち 40 頭は彼の従者の手から離れていた）があること。シャルキーヤのビシュラ Bishla に砂糖黍畑がありそこには50頭の雄牛，イブン・アブー・ザイド Ibn Abū Zaydが管理している里芋qulqās畑があること。また，彼にはミニヤ・サムヌード Minya Samnūdに32頭の雄牛と生産高が不明の胡麻があること。彼はユースフに600ディーナール負債があり，彼の妻ファーティマに対しては568ディーナールの負債があり，彼女への負債はその日付まで有効であること。彼はマルジャーナ Marjānaと呼ばれる女奴隷と結婚したが，彼女に権利のある婚約金は有効であること。彼は上記の彼の妻に関してはいかなる権利も有しないこと。彼は上記のユダヤ教徒の計理士にもいかなる権利も無いこと。使用人のキリスト教徒ナスル・アッラーフ Naṣr Allāhにもいかなる権利も無いこと。また，彼への遅れている支払いは，カディーム村 al-Bilād Qadīmに総額270ディーナール，そして，ミニヤ・アルアミール Minya al-Amīrに6ディーナールと22.5ディーナール，サンバー al-Sanbāに7.5ディーナール，バシュルーシュ al-Bashlūshに20ディーナール，ワルジャ al-Waljaに14ディーナール，ビシュラに60ディーナールと14.5ディーナール，アムル・ブン・イーサー ʻAmr b. ʻĪsāに57ディーナール，ミニヤ・サムヌードに40ディーナールであることも述べられた。

彼の奴隷と女奴隷を解放すること。彼らの名前を以下に列挙すると，サーリム・アルアスワド Sālim al-Aswad，ヤークート・アルハーフィー Yāqūt al-Ḥāfī，ヤークート・アッサービス Yāqūt al-Sābis，ジャウハル・アルムイーニー Jawhar al-Muʻīnī，マンダル・アルハバシー Mandal al-Ḥabashī，マルジャーン・アルハバシー Marjān al-Ḥabashī，マンダル・アルハバシー Mandal al-Ḥabashīであること。赤褐色の女奴隷がいて，彼女には10ディーナールを遺産として残すこと。女奴隷たちは，ハドラー Khadrā，バヒータ Bakhīta，ハーミス・アルアダドゥ Khāmis al-ʻAdad，ハスビー・アッラーフ Ḥasbī Allāh，ザイン・アルカマール Zayn al-Kamālであること。解放奴隷すべてに3ディーナール，すべての女解放奴隷に2ディーナール，奴隷出身の彼の妻ザイン・アルカマールに10ディーナールを遺産として残すこと。また，彼の姉妹のアヌアーム Anʻāmに50ディーナール，母の兄弟でカイロに在住しないタキー・アッディーン Taqī al-Dīnに100ディーナールを遺産として残すことが述べられた。また，この遺言のために20ディーナール残されることも述べられた。

彼の建物および土地は彼に所属するアブー・アルワファー市場にあるモスクの繁栄のためのワクフとして設定されること，彼の葬式，埋葬，サダカ，コーラン読みのために100ディーナール使われることが言及された。彼の家の家具および銅製品…………

（略）[9)]

彼は，922年シャーバーン月14日（1516年9月11日）に貞淑なる彼の妻アヌアームの同席のもとに権利のある人以外には支払うべきものが何もないことを告白した。神は最もよく知り給う。

イマーム・ムハンマド・シャーミーが証書する。

(2) **聖カテリーナ修道院文書345番**：100 × 27.5cm．表

慈悲深き慈愛あまねきアッラーの御名において……

アッラーのお恵みと平和が最も高貴な預言者と使徒にありますように。

これは，ハーティム Ḥātim b. al-Ḥāti Ḥusayn al-Salāḥūrī と呼ばれる故ナースィリー・ムハンマド al-Nāṣirī Muḥammad の息子であるユーヌス Yūnus[10)] が書き取らせた遺言書である。彼は，身体は悪くなっているが判断力は唯一健在であり，以下のことを証言した。アッラー以外に神はなく，疑いなくアッラーは唯一であること。ムハンマドはアッラーの僕であり使徒であること。死は真実であり，天国は真実であり，地獄は真実であり，天国への道は真実であり，最後の審判は真実であり，終末の日は疑いなしに訪れ，神が死者を蘇らせることを。そして，彼は上記の状態で，死の運命が来ることを恐れ，スンナに従い，エジプトの支配者でスルターン代理ハーイル・ベク Khāyir Bek に仕えるカーンスーフ・ブン・アブド・アッラーフ Qānṣūh b. ʻAbd Allāh Ibn Aḥmad Kabīr に遺産相続を委任したことを証言した。

彼は，上記執行人を通じて以下の遺産設定をした。彼の二人の親類，①ザイニー・アスラーン al-Zaynī Aṣlān b. al-Nāṣirī Muḥammad b. Īnāl Bāy と，②ユ

ースフ・ブン・アブド・アッラーフ Yūsuf b. ‘Abd Allāh と呼ばれるナースィリー・ムハンマド al-Nāṣirī Muḥammad b. Yalibān，そして③彼の妻で貞節なナースィリー・ムハンマド al-Nāṣirī Muḥammad b. al-Nāṣirī Muḥammad の完全な娘のアスィール Aṣīl に対して遺産相続を設定した。すなわち，上記彼女の父親には上記の遺言者である娘婿がいたことになる。

ユーヌスは，シャリーアに従った分を取り除き，3分の1の処分を許された。彼に死が訪れたときには，神は等しく人間に義務を課したが，執行人は残されたものをすべて守らなければならないこと。彼に負債があればそれを解消しなければならないこと。また，彼の妻にも，結婚契約書によって彼女がもつ権利，そしてその他の権利があれば分配すること。これからこの遺言の中で名前を述べるところの権利のある人々にこの遺産を執行しなければならないこと。上記相続人が1,000ディーナール（？），妻以外のすべての遺産相続人に50ディーナール，彼のすべての解放奴隷に10ディーナールまたは金に代わるもの，ナースィリー・ムハンマドの二人の娘である貞節なザイナブ Zaynab と彼女の姉妹ダハー Ḍaḥā に30ディーナール，この遺言を確実にするために10ディーナール（手数料？）が分配されることを証言した。

遺産の3分の1の中から，コーラン読み，習慣に従って死亡した日の晩から金曜日まで食事を振舞い，パンの分配を行うこと。宗教学を学ぶ学生と貧困人にサダカをすること。残りは彼の遺産に助けを求める人々と彼の貞節な妻アスィールとの間で分配することを証言した。

彼の財産3,000ディーナールのうち，1,000ディーナールは現在まだイブン・サフル Ibn Saḥr として知られるシャムシー・シャムス・アッディーン al-Shamsī Shams al-Dīn Muḥammad b. ‘Izz al-Dīn ‘Abd al-‘Azīz の手元にある。残りは上記二人の通産相続人のうちの一人ナースィリー・ムハンマドの手元にある。手数料は50ディーナール以下である。また，ナースィリー・ムハンマドはユーヌスが元気なうちに旅から帰った後に以下のものを渡された。2種類の上等の羊毛で，一方は紫色で，もう一方は中国製であった。2種類の幅広布地（？）jūkhatān で片方はピスタチオ色で，他方は紫色である。

……（略）……

ワクフに設定されている不動産については，ワクフに設定されてからの彼の遺産はワクフを解消するのではなく新旧ワクフ文書の規定に従うこと。また，彼は以下のことをイクラールした。ワクフに関しては，彼の貞節な妻アスィールも，彼女の父親のナースィリー・ムハンマドも，遺産を設定された二人ザイニー・アスラーンもナースィリー・ムハンマドも，彼の家族の一人も，彼の解放奴隷も権利はないし，権利を求めることも訴訟を起こすことも売却を請求することも金品を要求することもできない。また，時が経過してもナースィリー・ムハンマドに決定された以外の金額については変更することはできない。

［右欄外］

彼（遺言者）は，彼の住居にもはや目ぼしい物は何も無く，布地や家具も銅製品も宝石も無いことを確認の委任を含めて証言した。そして，924年ラジャブ月8日（1518年7月16日）に遺言に追加すべきことの法的執行を求めた。すなわち，ナースィリー・ムハンマドの二人娘のうちの一人ダハーに紫の服，イーナール・バーイに2種類の幅広布地を与えること。そのことは彼の妻アスィールと彼女の父ナースィリー・ムハンマドと彼の親類のナースィリー・ムハンマドの立会いのもとに行われること。また，上記相続人の一人ザイニー・アスラーンはこの証言が行われた時にはカイロおよびエジプトを離れていたことが述べられた。

神のご加護で彼の前でこの日付に完了した。

また上記遺言人は，解放奴隷マンダル・ブン・アブド・アッラーフ（彼の妻は故サクラーイである）に，神の同意により10ディーナールを与えることを遺言した。

かくの如く証言する。ムハンマド・アルバーティー・アルシャーフィイー

かくの如く証言する。ムハンマド・アフマド・サーリム

［裏］

件の人物すなわち遺言者は死亡した。

神を賛えよ，創造の主。

神を賛えよ，かくの如く行わしめよ。

マーリク派の代理裁判官アブー・アルハサン Abū al-Ḥasan ‘Alī al-Safṭī のもとで，証言が記述され説明された文書による証言の内容が確認された。また，彼のもとで上記遺言者ユーヌスの死が，代理裁判官シハーブ・アッディーンおよびイーナール・バーイの証言によって，それがイスラーム法の条件を満たしていることにより，法的に完全に確認された。彼は 924 年ラマダーン月 13 日（1518 年 9 月 19 日）に彼自身のためにかくの如く証言した。

かくの如く証言する。

ムハンマド・ブン・ウンム・アルバーティー・アルシャーフィイー

かくの如く証言する。

ムハンマド・アフマド・サーリム

3．遺言書による遺産相続

340 番はマムルーク朝崩壊直前の，345 番は崩壊直後の文書であるが，両文書ともに，一時期エジプトを支配した人物が登場する。したがって，これらの遺言書は一般民衆のものではなく，有力アミールが残した文書である。

340 番の遺言書は，遺言者がシャミーシー・ムハンマドである。彼に関しては，年代記や人名録などの史料にはこれといった記述は見当たらないが，文書に記されたラカブによれば，すなわち，al-Majlis al-Shāmī に着目すれば彼はマムルーク朝の有力アミールの一人であったものと思われる。というのは，彼に冠せられたラカブについて言えば，al-Majlis はもともとセルジューク朝時代にはスルターンのラカブとして使用されていた。その後，ファーティマ朝，アイユーブ朝には有力アミールに対して使用されるようになった。マムルーク朝時代には，al-Majlis の後ろに al-Kabīr や al-Sāmī という言葉が付されて使用されるようになったからである[11)]。彼は，ディーワーン・アルムフラドのバルダダールの職に就いていた。このディーワーンは，ディーワーン・アルハーッスを強化するためにスルターン・バルクークによって設置され，スルターンのマムルークの俸給や衣類などを管理し，各Wizāraの出費を司る機関である[12]。バルダダールはそのディーワーン内のバリードの管理を行う職であった[13]。

さて，このシャミーシーは妻以外の二人の人物に遺産を相続することを遺言した。そのうちの一人が後にマムルーク朝の最後のスルターンとなるトゥーマーン・バーイである。この文書によれば，トゥーマーン・バーイは遺言者シャミーシーの兄弟でダワーダール職に就いていた人物の息子であるから，トゥーマーン・バーイはシャミーシーの甥ということになる。

トゥーマーン・バーイは，またスルターン・ガウリーの兄弟の息子，すなわちガウリーの甥としても知られている[14]。彼の父親の記述は史料には見当たらない。シャミーシーの記述も見当たらないが，この文書とIbn Iyāsの記述から判断すると，ガウリー，シャミーシー，トゥーマーン・バーイの父親の三人は兄弟であったことになる。

トゥーマーン・バーイはガウリーの甥としてガウリーの即位前から親密な関係にあり，また優れた軍事的能力を発揮しハーッサキーヤのランクを登っていった。912年にはガウリーのもとでダワーダール職に就いている[15]。この文書の日付922年シャーバーン月14日（1516年9月11日）当時はダワダール・カビールに就任していた。そのちょうど1カ月後の922年ラマダーン月15日（1516年10月15日）に彼はスルターンに就任している[16]。

遺産相続人のもう一人の人物ザイニーは，正式名をZaynī al-Dīn Barakāt Ibn Mūsāといい遊牧民出身である。C. Petry，によれば，ザイニーは西暦1516年頃までにはカイロで最も影響力のある人物となったようである[17]。彼はその政治的能力を十分発揮してマムルーク朝の末期からその崩壊後も生き延びた人物であると言えよう。ザイニーはもともとスルターン・カーイト・バーイの従者で鷹匠をしていたが[18]，ガウリーは彼を見出し，やがて彼の情報収集能力を活用しBardadār職に採用している。しかし，彼の過剰な探索活動の影響を恐れたガウリーは，彼を退けようとした。しかし，うまく立ち回ったザイニーは，910年（1504年）に昇進してカイロのヒスバの職に就任している[19]。しかし，彼の職責を利用した過度の行為を危惧したスルターンは，914年にザイニーからバルダダールとヒスバ職の地位を剝奪した[20]。しかし，ヒスバ職の地位にありカイロの穀物商人とパン屋を巧みに操作していた彼は，首都の食料供給を麻痺させたのである。ガウリーは彼の地位を回復せざるを得なかった。また，ガウリーの後を次いでスルターンに就任したトゥーマーン・バーイは，彼をヒスバ長官に任命している。ザイニーは，マムルーク朝崩壊後も新政権の中に巧みに入り込み，オスマン朝の総督ムスタファ・バーシャーによって928年シャルキーヤの徴税官 al-taḥadduth ‘alā jihat al-Sharqīya およびそれ以外の元の職に任命され，翌日さらにカイロの市場監督官に復帰している。イブン・イヤースは，年代記の最終ページの最後をこのザイニー・バラカートの記述で終えていることから[21]，よほど印象に残った人物であったものと思われる。

アミール・キルタバーイは，トゥーマーン・バーイと生死を共にし，最後はオスマン朝のスルターン・セリムによって捕られ，問答の末，セリムの怒りに触れ首をはねられている[22]。

アンスバーイは大侍従長として，ガウリーが率いるセリムとの戦いの軍隊の中に含まれている[23]。

以上史料に記されたこれらの人物像から彼らの人間関係を見出し，それをこの遺言書に反映してみなければならない。遺言者シャミーシーは，死を間近にし遺言を遺すのであるが，遺産相続人に甥のトゥーマーン・バーイとザイニーを選定したのである。遺言者とトゥーマーン・バーイの関係は血縁関係にあることから不自然さは無さそうである。ザイニーとの関係について言えば，ザイニーはこの遺言の立会人であり，しかも同じバルダダール職の経験者として深い関係にあったものと思われる。また，大侍従長アンスバーイ，千人長のアミール・キルタバーイもスルターンの側近であることから，スルターンを頂点とする人間関係が見えてくる。

さて，この遺言書には，2人の相続人は記されているが，どのように相続するのかは具体的には記されていない。普通は記されている分配率が記されていないのは遺言書としては不自然であろうか。資産と負債に関しては詳細な記述がなされている。資産も負債もかなり高額であることがわかる。これをホダが紹介したエルサレムの住民の遺言書や財産証書，およびリトルが紹介したエルサレムの商人の資産と比べてみると，時代のずれはあるがこの遺言者はかなりの資産を所持していたことがわかる。

遺言では奴隷の解放が行われる場合があるが，ここでは男奴隷7人と女奴隷5人の名前が挙がっている。

345番の文書は，日付が924年のものである。エジプトは923年にマムルーク朝による支配が崩壊し，オスマン朝の支配下に入った。その結果，エジプトの諸行政が再編成されることになる。司法行政に関していえば，シャリーアとともにカーヌーンが施行されることになった。エジプトではカーヌーンは932年に発布された[24)]。

それゆえこの遺言書は，オスマン朝の司法行政の再編成を完全に受ける前の従来通りの法的処理によって処理されていることがわかる。文書の裏に記されているが，この遺言書を処理した裁判官アブー・アルハサンは，Sayyid-nā al-ʻAbd al-Faqīr Allāh Taʻālā および Khalīfat al-Ḥukm al-ʻAzīz bi-Diyār al-Miṣrīya というマムルーク朝時代の代理裁判官に付される称号をもっていることからもそのことは窺える。

遺言者のユーヌスについては残念ながら史料にはこれといった記述が見当たらない。また彼の親類である二人の相続人についても，それぞれアミール・イーナール・バーイとアミール・ヤリバーンの息子であること以外には何もわからない。彼に冠せられたラカブである，Makhdūmī などから有力アミールの一人であったものと思われる[25)]。ただ，遺産執行人が，マムルーク朝のスルターンを裏切り，マムルーク朝崩壊後セリムによってオスマン朝の最初のエジプト総督に任命されエジプトを支配したハーイル・ベクに仕えるカーンスーフ・アブド・アッラーフであることから，遺言者ユーヌスはマムルーク朝崩壊時にうまく立ち回り新政権の中に生き残った人物であると推測される。

イスラーム法の規定に従えば，遺産の3分の1は遺言によって自由に処分が許されるのだが，この遺言では明確にその使途が明示されている。ハトマと記されているコーラン全章の朗誦を行うこと，そしてこの時代に行われていた葬儀の慣習として，死亡した日から金曜日まで人々に食事を振る舞い，パンの分配を行うこと，宗教学を学ぶ学生および貧困人にサダカを行うことを指示している。

この遺言書の特徴として，右欄外に遺言の追加事項が記されている。最初の遺言には日付が付されていないのであるが，おそらく，924年ラジャブ月8日（1518年7月16日）より少し以前のことであったと思われる。彼の住居にもはや目ぼしい物は何も無いという表現から，当時の習慣として遺言の証言を行った後死亡する前から一部の遺産の分配が許されていたものと推測される。

340番の文書には記述がないのであるが，345番の文書の裏には，スユーティーのマニュアルに記されているように，裁判官による遺言者の死亡の確認，遺言書の内容の確認が記されている。したがって，裁判官による死亡の確認と遺言書の内容通り相続が行われたかの確認によって遺言書による遺産相続が完了したことがわかる。

以上のことから，遺言書による遺産相続は，相続人を選定し，必要な場合には遺産執行人を任命し，資産と負債を明確にし，奴隷を解放したりして身辺の整理を行い，死後の埋葬方法や施しの指示などをして相続を行っていたことが明らかになった。法的処理のプロセスとしては，裁判官による遺言者の死亡の確認と内容の確認は行われるものの，財産証書による遺産相続とは違って国庫の役人の立会いなどはなかったといえよう。

おわりに

マムルーク時代に行われていた遺産相続の3通りの方法については前章で説明した。本章はそのうち遺言書に基づく遺産相続のプロセスを明らかにするものである。イスラーム法によれば，ある個人はムスリムであろうとズィンミーであろうと，任意に遺言書を作成することが可能であった。文書340，345は遺言書の実例であるが，遺産の自由処分が認められている3分の1の使途が示されている。

340番では奴隷を解放し，遺産を分配していること。埋葬の費用の指示，コーラン読みへの支出などが指示されている。345番では，コーラン読みの費用，人々への食事の振る舞い，パンの分配，学生と貧困人に対するサダカなどが支持されている。

このように，遺言書からは当時の人々の死に際しての慣習が垣間見えてくる。また，慈善のためにも遺産が使われていたことがわかる。

注

1) H. Lutfi, *al-Quds al-Mamlūkīya — A History of Mamlūk Jerusalem based on the Ḥaram Documents,* Berlin, 1985.

D. P. Little, "Documents Related to the Estates of a Merchant and His Wife in Late Fourteenth Century Jerusalem", *Mamluk Studies Review,* vol. 2, 1988, pp. 93-193.

拙稿「マムルーク朝における遺産相続—聖カテリーナ修道院文書の事例から—」，中央大学人文科学研究所編『アジア史における法と国家』，2000年。

2) 本書第6部第1章。

3) Shihāb al-Dīn Aḥmad b. ʻAbd al-Wahhāb al-Nuwayrī, *Nihāyat al-Arab fī Funūn al-Adab,* vol. 9, Cairo, 1933, pp. 104-07.

4) Shams al-Dīn Muḥammad b. Aḥmad al-Minhājī al-Asyūṭī, *Jawāhir al-ʻUqūd wa-Muʻīn al-Quḍāh wal-Muwaqqiʻīn wal-Shuhūd,* vol. 1, Cairo, 1955, pp. 441-65.

5) 本書278-79頁。

6) al-Asyūṭī, *ibid.,* pp. 441-65.

7) シャミーシーはマジュリスal-Majlisというラカブを冠せられている。マジュリスはファーティマ朝，アイユーブ朝時代に，有力アミールのラカブとして使われるようになった。マムルーク朝時代になると，より低いラカブとなり，王朝の有力者のラカブとして使われるようになった。

Ḥasan Bāshā, *al-Alqāb al-Islāmīya fī al-Taʼrīkh wal-Watāʼiq wal-Āthār,* Cairo, 1978, pp. 455-59.

8) この文書では，金額を記した数字は，スィヤーカsiyāqaと呼ばれる書記の特殊な書体で記されている。スィヤーカはオスマン朝時代には広く使用されていたが，マムルーク朝時代にもすでに使われていたようである。少額の場合は事例が多く判読は比較的容易であるが，特に高額の場合は判読に苦労した。筆者は解読にあたり以下の文献を参考にした。

Felicitas Jaritz, "Übersetzung der Stiftungsurkunde des Sultans Barqūq," in

Madrasa, Ḫānqāh und Mausolem des Barqūq in Kairo, ed. Saleh Mostafa, Abhandelungen des Deutschen Archäologischen Instituts Kairo, Islamische Reihe, vol. 4, 1982, pp. 168-69.

D. P. Little, op. cit., pp. 178-80.

9）　以下 13 行にわたって布地の説明が続くが，布地に関する特殊な用語が数多く使用されているため判読が不可能であった。

10）　ユーヌスはマフドゥーミー al-Makhdūmī というラカブを冠せられている。Al-Makhdūm はスルターン・カラーウーンに冠されたラカブとして有名である。それにニスバの yā'. を付けた al-Makhdūmī というラカブは特にアミールの間で使用されるようになり，マムルーク朝時代には有力アミールによって使用された。

Ḥasan Bāshā, *ibid.,* pp. 464-65.

11）　注(7)参照。

12）　H. L. Gottschalk, DĪWĀN, *The Encyclopaedia of Islam,* New Edition, CD-Rom.

13）　この職に関しては，イブン・イヤースはスルターン・カーイト・バーイの治世に創設されたとしているが，アミーンはそれよりも早く文書ではスルターン・ムアイヤド・シャイフの治世に確認できるとしている。

M. M. Amīn, *Al-Awqāf wal-Ḥayā al-Ijtimā'īya fī Miṣr, 648-923h/1250-1517m, Dirāsa Ta'rīkhīya Wathā'iqīya,* Cairo, 1980, pp. 316-17.

14）　Muḥammad b. Aḥmad Ibn Iyās, *Badā'i' al-Zuhūr fī Waqā'i' al-Duhūr,* vol. 4, Wiesbaden, 1960-75, p. 93.

15）　Ibn Iyās, vol. 4, p. 12.

16）　Ibn Zunbl al-Rumī, *Ākhirat al-Mamālik aw Wāqi'at al-Sulṭān al-Ghawrī ma'a Sālīm al-'Uthmān,* Cairo, 1998, p. 115.

17）　C. Petry, *Protectors or Praetorians?: The Last Mamluk Sultans and Egypt's Warning as a Great Power,* State University of New York Press, 1994, p. 146.

18）　C. Petry, *ibid.,* p. 22. Ibn Iyās, vol. 4, p. 50.

19）　Ibn Iyās, vol. 4, p. 75.

20）　Ibn Iyās, vol. 4, pp. 144, 146.

21）　Ibn Iyās, vol. 5, p. 494.

22）　Ibn Zunbl al-Rumī, *ibid.,* pp. 137-45.

23）　Ibn Zunbl al-Rumī, *ibid.,* p. 78.

24）　H. El-Nahal, *The Judicial Administration of Ottoman Egypt in the Seventeenth Century,* Minneapolis & Chicago, 1979, p. 7.

25）　注(10)参照。

第3章
契約文書

1．イスラーム世界の契約

歴史的諸社会において，人々は将来に亘る行為をなすためにさまざまな契約を行ってきた[1)]。歴史法学者H・メーンは，その著書『古代法』の中で，法は人が身分的に束縛された状況から個人の自由な合意によって形成される契約に基づく社会関係へ次第に移行していくことによって進歩していくと定義した。また，M・ウェーバーは，契約を人々の間で取り結ばれる「自由な協定」と定義した[2)]。イスラーム世界では，コーランに「これ，信徒の者，お互い同士，一定の期限付きで貸借関係を結ぶ場合には，それを書面にしておくのだぞ。誰か書式を心得た者に双方の間に入って間違いのないように書いて貰うこと」[3)]と記されているように，契約を取り結ぶ伝統が早い時代からあった。シャハトは，「契約は双方向的な取引であり，両当事者の同一の立ち会いの場（majlis）で正常に行われた申し出（ījāb）と受け入れ（qubūl）を必要とする」と定義した[4)]。契約はイスラーム法により拘束される。

その契約は，イスラーム世界では文書にして法廷に登録するという形をとる[5)]。9世紀には，シュルート shurūṭ と呼ばれる文書書式学が成立した。タハーウィー al-Ṭaḥāwī は，その著作において，文書を書く際の注意事項を以下のようにまとめている[6)]。

(1) 当事者の特定：契約当事者の名を，父，祖父に遡って記載し，人物を特定すること。かつ，契約の当事者となる資格，すなわち，成年であること，心身とも健全であることなどを確定する事項を記載する。

⑵　対象物件の特定：契約の対象となる物件の四囲の隣接物件を記す。

⑶　契約金額の特定：当事者間で物件の引き渡しに対して支払われた貨幣の種類と金額を書く。その際，金額の2分の1，もしくは3分の1の額をあげ，読み誤りのないようにする。

⑷　契約終了の確認：両当事者が実際に別れたときに初めて契約が終了したと考えられる。その終了を確認する文言を入れ，さらに，契約が合法的に遂行されたことを確認する文言を入れる。

契約文書は，一般的に以上の要素を盛り込み書かれた。さらに，文書はその契約内容を保証するため，証人による証言を付した。契約の保証は，さらに証明証書などの方法によっても行われた。

以下実際の文書によって契約文書を検討してみよう。

2．購入文書：文書306：122.5 × 38cm. 羊皮紙

［主文書］

慈悲深く慈愛あまねきアッラーの御名において……

おお神よ，すべての預言者たち，使徒たちにお恵みを……[7)]

イブン・アルフダードとして知られるメリク派のキリスト教徒ハリール・ブン・ユースフ・ブン・ナシールは，メリク派のキリスト教徒サルマーン・ブン・イーサー・ブン・ジューダから以下に述べるところの店舗と倉庫を購入した。それは上記の売却人が所有し，処分権をもっていたものである。彼は売却人からその年のその月の9日の日付があり，そのことが文書の表[8)]に証言してある羊皮紙に書かれた文書を手に入れた。

この売却される店舗と倉庫はトゥールにあり，その特徴は上記の文書で示されたとおりである。この店舗は，その前にベンチ（商品を陳列するためのもの）が置かれており，両開きのドアが閉じるようになっている。建物は四方の境界で囲まれているが，南はアブド・アッラーフ・ブン・ハラーワの所有する建物と接し，北は通りに面していてドアがあり，東はムハンマド・アルハリーリー

の店舗に続き，西は上記の倉庫に接している。この倉庫は粗末な屋根で被われ，南はスルールの倉庫に接し，北は修道士の小店舗とムハンマド・ハラーワの小店舗に接している。東側は通りに面し入口があり，西側は上記の小店舗に接している。その境界と権利は法律上知られているものであり，両当事者にも知られている。彼はイスラーム法に完全に従い，現在エジプトで使用されている上質なザーヒル金貨とアシュラフ金貨で60ディーナールで購入した。

上記の売却人はその額で受け入れることをイクラール（供述）した。また，上記の購入者はその物件を確認した後に，それを受け入れることを認めた。両者の間で，イスラーム法に基づきこの行為の確認，その確認の委任がなされ契約が取り交わされた。両者は身体的にも精神的にも健全な状態にあった。865年ジュマーダー・アルアーヒラ月27日（1461年4月10日）。

アブド・アッラフマーン・アフマド・アルフサーミーがかくの如く証言した。

ムハンマド・ブン・アリー・アルマヌーフィーがかくの如く証言した。

ウマル・ブン・ハサン・アルナワウィーがかくの如く証言した。

[副文書]

神を賛えよ，創造の主

賛えあれ唯一の神

(カーディーのサイン)[9)]

これはワカーラ・クースーン[10)]にあるシャーフィイー派の裁判所（マジュリス・アルフクム）において，エジプトのシャーフィイー派のカーディー・スィラージュ・アッデーン・アビー・ハフス・ウマル・アルナワウィーが執り行うものである。神が彼の裁きを助け，良きに導くように。メリク派の司祭Maqārī b. Musallamは主文書に登場する購入者のハリールから，主文書に記した店舗と倉庫を購入した。その特徴についてはすでに記してあるのでここでは取り上げない。彼はイスラーム法に基づき60ディーナールで購入した。上記の売却人は，その価格を受け入れることをイクラールした。また，上記の購入者は物件を確認した後で，それを引き受けることを認めた。両者の間で，イスラーム法に基づきこの行為の確認，その確認の委任がなされ契約が取り交わされた。両者に対する証言が完了した。両者は身体も精神も共に健全で，法に従う資格を備えている。

上記の裁判官（ハーキム）は，最後に上で説明したものに彼自身が証言して，両者に裁決を下した。彼は892年ジュマーダー・アルアーヒラ月26日（1487年6月19日）に，自分自身にかくの如く証言を行った。神はわれわれにとって十分である。

ムハンマド・ブン・ムハンマド・ブン・ウマル・アルナワウィーは，彼らに対してかくの如く証言した。

ムハンマド・ブン・ウマル・アルナワウィーは，彼らに対してかくの如く証言した。

3．売買契約

不動産の売買文書がどのように作成されるべきかに関しては，法学者タハーウィーの著作がある。それに従えば，売買文書は以下の項目で記されなければならない。(1) 冒頭の文句：最も一般的な冒頭の文句は「hādhā mā ishtarā」で始まる。(2) 売却人と購入者の特定：契約を取り結ぶ両当事者はできるだけ正確に確認されなければならない。このことは両者の権利を守るために重要となる。それゆえ，同名の人物との混乱を防ぐため，公証人はその人物の職業，住居，家系，身体的特徴，ラカブ，ニスバなどを記さなければならない。(3) 物件の確定：この文書はまた，譲渡された物件の記録としても使われる。それゆえ，まず当該物件の立地場所を確定しなければならない。都市名から始め，次第により狭い場所が限定され，最後に当該不動産の四方向の境界が隣接する道路や不動産などを記すことで限定される。公証人は不動産と共に売却される付属物も限定しなければならない。建物が売却される時には，公証人は，浴場，粉ひき場，船など売却に自動的に含まれる部分を定めなければならない。というのは，買手が売手から引き渡されるときに期待するもの，すなわち，売却時に記録された物件の実際の条件が定められなければならないからである。また，公証人は以前の所有関係と売手の所有権を記さなければならない。⑷物件の引渡し：この部分は契約の中心部分であり，物件の引渡しとそれに伴う新たな法的状態が段階的に記される。すなわち，両当事者の間で取り交わされた契約が完全であり，有効なものであることが記される。そして，価格が公定基準の金貨で記される。⑸証言：当事者が売却契約を結ぶとき，両者は公証人に申請し，彼らの希望を伝える。公証人は文書を作成するが，その際両当事者のイクラールが文書に盛り込まれる。それからこのイクラールに対して証人による証言がなされる[11)]。

文書306の購入文書は，メリク派のキリスト教徒ハリールが，同派のサルマーンからトゥールにある店舗および倉庫を購入した際に作成されたものである。文書は公証人によって，両当事者の特定，以前の所有関係の確認，当該物件の確定，立地場所の確定，価格の設定，イクラールという法的手続きを経て作成されたことがわかる。そして，3人の証人による証言を得て効力のある文書となったのである。

さて，主文書に登場する不動産は26年後，副文書に見られるように上記の購入者ハリールからメリク派の司祭Maqārīに転売されている。この移転に伴う法的処理は，カイロのワカーラ・クースーンに置かれていたシャーフィイー派の裁判所で，シャーフィイー派の裁判官によって執行された。副文書の上部にある太字のバスマラは，カーディー・シラージュ・アッディーン固有のものであるが，おそらくカーディーは各々が独自の書体のものをもっていたものと思われる。法廷の公証人によって法的な確認作業が行われ，イクラールがなされ，証言が行われた。そして，法廷の必要な手続きとして，カーディー自身が裁決したものに証言を行った。カーディーの裁決が得られると，司法手続きに対して2人の証言が得られ，法廷の公証人がすべての手続きを書き記すのである。一般的には，この手続きの記録は文書の裏に書かれるのであるが，当該文書の場合は裏にではなく，副文書としてこの時まで保存されていた主文書の余白に記された。当時の慣行では，不動産が移転するとき，それまでの所有関係を証明するものとして，それまで効力をもっていた文書の余白や裏地に，スペースがない場合は紙を継ぎ足して新たな所有関係を示す文書を書き綴ったのである。

ところで，この副文書の方はシジッルと呼ばれる。それはカーディーの決定を含む判決文である。そして，シジッルは裁判所に裁判記録として保存されたが，一部は文書306番の文書のように，当事者のMaqārī が保存したのである。

4．公証人とは

さて，この文書に登場する公証人とはいかなるものであろうか。イスラーム法では証言は最も重要な規定の一つである。それは証拠手順の中に組み込まれているだけでなく，イスラーム司法制度の中にも組み込まれている。すなわち，イスラーム法では，証人によって行われる証言が立証をするには最も良いとされるからである。したがって，文書として書かれた証拠は，証拠能力としてはあまり重要視されない。もちろん，法廷では記述された文書類が法的な証拠品として取り扱われる場合もあれば，文書や古文書が提出される場合もあったが，いずれもその文書の内容は必ず証人によって証言がなされていなければならない。したがって，法的な文書は，少なくとも2人以上の成人によって証言がなされていなければならない。法廷の判決でさえ証言が必要とされた。

ところが実際には，こうした証言に著しく依存すると不都合が生じる。なぜならば，証人の証言が正しいという前提条件が必要となるからである。それゆえ，証人の取り扱いには注意が必要となる。

こうした理由で公証人制度が必要となったのである。イスラーム法学者たちは，偽りの証言の問題を解決するために証人の信頼性を確立する方法を考え出した。すなわち，裁判官であるカーディーによって任命された者が公証人となることができ，証言を行うことができた。公証人は，シャーヒドあるいはウドゥールとか呼ばれていた。また，法廷で訴訟手続きや裁決を記録したりする公証人はムワッキウ・アルフクムと呼ばれた。ファーティマ朝時代のカイロにはおよそ1,500人の公証人がいたと言われている。またマムルーク朝時代には，大カーディーだと1人30人ほどの公証人を抱えていた。地方都市である上エジプトのクースには40人ほどの公証人がいたといわれている[12)]。

マムルーク朝時代の司法行政は，おおむね公証人，ナーイブ・カーディー(代理裁判官)，カーディー，大カーディーによって担われていた。司法行政に携わる者が任命されるポストで最も低いものが公証人であり，やがて経験と実力を認められるとこの順番で昇進していった。そのため，公証人は一つの職業集団を形成して知識の修得に励んでいた。公証人はまた，カーディー職に就くための訓練をする職ともみなされていた。彼らは，訴訟などの際に最初に訴えを受理したりするため，司法職の中では最も民衆に近づくことが多かったのである[13)]。

公証人の役割

公証人は前述のように，証言を行ったり，カーディーと共に法文書を作成したりして，一般民衆の日常生活の中にイスラーム法を適用していった。

その際，難解なフィクフと呼ばれるイスラーム法学の知識よりも，シュルートと呼ばれる法律を適用する手引書が役に立った。シュルートは主に公証人のために書かれたもので，例えば売買契約書を書くためのシュルートであれば，そこには多数の契約書のモデルが含まれていた。公証人はそれらの中から必要なものを選び出し，それを基に必要事項を記入し，証人の署名を付け加えて契約文書を作成したのである[14)]。また，イスラーム法を適用される民衆にとっても，彼らの関心事は自分たちが関係する個々の条例であった。読み書きが普通のことでない社会においてイスラーム法の規則を民衆に広めるには，イスラーム法の知識のある人々が必要であったが，こうした人々は高度に洗練された法学者である必要はなかった[15)]。

マムルーク朝時代の法学者で，シュルートの執筆もしているタハーウィーは，イスラーム法を社会に広めることの問題について次のように述べている[16]。

> シュルートの著作においては，民衆の理解に近づくことが重要なのだ。というのは，この著作は専門用語を理解できないかもしれない民衆を対象とするからだ。それゆえ，我々は一般的に民衆の理解できる範囲で著作をする。なぜならば，専門家は民衆が理解したものを理解することができるが，その逆はありえないからだ。

こうして民衆は，日常生活において行われる法律上の事柄について，読み書きのできる人はこの種の本を見たかもしれないが，大部分の人々はアドバイスをしてくれる専門家に頼るようになった。そしてシュルートが，カーディーや法文書を作成する公証人のための手引書として書かれるようになったのである。

かくして，シャーヒドと呼ばれる公証人たちは，社会の中でイスラーム法と民衆を結び付ける役割を担うようになったのである。したがって，キリスト教徒たちも必要が生じた際には公証人のもとに出向き，便宜を受けたのである。

注

1)　『歴史学事典 6　歴史学の方法』弘文堂，1998 年，154 頁。
2)　与那国暹『ウェーバーにおける契約概念』新泉社，1997 年，13-15 頁。
3)　『井筒俊彦著作集 7　コーラン』中央公論社，1992 年，71 頁。
4)　Shacht, J., *An Introduction to Islamic Law,* Oxford, 1964, pp. 144-45.
5)　三浦徹「当事者の世界と法廷の世界—イスラーム法における契約」『イスラーム地域研究叢書 4　比較史のアジア　所有・契約・市場・公正』東京大学出版会，2004 年，113-40 頁。
6)　J. A. Wakin, *The Function of Documents in Islamic Law,* Albany, 1972, pp. 40-70.
7)　この表現は，ズィンミーの契約文書に特有の表記である。この契約の両当事者がキリスト教徒であるので，「すべての預言者たち，使徒たち」となっている。A. L. Ibrāhīm, “Thalāth Wathā’iq Fiqhīya”, *Mijallat Jāmi‘at al-Qāhira,* 1967, p. 110.

8）　bāṭinu-hu はアラビア語の文書では「表」を意味する。

9）　これはカーディーの Shirāj al-Dīn Abū Ḥafṣ のサインである。これは彼の直筆で書かれた。

10）　ワカーラ・クースーンは，カイロのハーキム・モスクと Sa'īd al-Su'adā' の館との間にあり，アミール・クースーンによって建設された。彼はそれを大きな宿泊施設にした。また，内部には倉庫が付置されていた。上層階は賃貸され 360 室あり，4000 人が住んでいたという。806 年に襲った不幸により崩壊が始まった。

11）　J. A. Wakin, *The Function of Documents in Islamic Law,* Albany, 1972, pp. 40–70.

12）　Emil Tyan, *Le Notaritat et le régime de la prevue par écrit dans la pratique de droit muslman,* Beirouth.

Majid Khadduri ed., *Law in the Middle East,* vol. I, Washington, 1955, pp. 253–55.

13）　C. Petry & S. Mendenhall, "Geographic origins of civil judiciary of Cairo in the fifteenth century," *JESHO* 21, 1978, pp. 55–58.

14）　J. A. Wakin, op. cit., p. 10.

15）　Huda Lutfi, op. cit., p. 251.

16）　al-Ṭaḥāwī, *Kitāb al-Shurūṭ al-Kabīr,* ed. By J. A. Wakin, Albany, 1972, p. 37.

結　　論

本書では，聖カテリーナ修道院文書を歴史的に研究し，中世エジプトのとりわけマムルーク朝時代のズィンミー社会の実像をできるだけ明らかにする試みを行った。エジプトはマムルーク朝の支配のもとで，アッバース朝滅亡後のイスラーム世界の中心地として繁栄した。経済的にも地中海世界，インド洋世界などを結ぶ国際交易の要として繁栄した社会を生み出した。マムルーク朝時代は，このような繁栄を背景として諸制度が発展した時代であった。それゆえ，マムルーク朝のズィンミー政策も同様に形を整えたといえよう。聖カテリーナ修道院に保存されているアラビア語の古文書もマムルーク朝時代のものが比較的まとまった形で残されている。また，マムルーク朝時代の文書は，他の時代のものと比べて比較的多くの種類のものを含んでおり，この時代の諸制度が発展していたことを物語っている。

以下，この点を踏まえて明らかになったことをあらためて提示する。

1．ズィンミーの立場

中世エジプト社会におけるズィンミーは，長い時間の流れの中で次第にマジョリティからマイノリティに変容していった。そして，マムルーク朝時代にムスリムとズィンミーとの割合が安定していく。それは，マムルーク朝がイスラーム世界の盟主としての立場を維持し，歴代のスルターンがズィンミー政策を明確に行ってきたからである。歴代のスルターンは，カリフ・ウマルの盟約に基礎を置いたズィンミーに対する布告をさまざまな場合において発布してズィンミーの立場を明確にしてきた。したがって，そこにはマムルーク朝政権のズィンミー政策が示されているといえよう。

⑴　オスマン朝以前のマザーリム法廷に提出された直訴の実例は，僅かしか現存していない。聖カテリーナ修道院文書の中には，ズィンミーという限られた人々のものであるが，直訴とその裁決文が残されている。マザーリムは裁判官が採決する通常の司法の枠組みではなく，政治権力者が直接裁くものであったため，直訴を起こしたズィンミーたちは国家権力の介入を求めて紛争の解決を図っていた。一方，支配者は社会的正義を貫くためにマザーリム制度を維持したのである。

⑵　マムルーク朝時代は，ムスリムへの改宗者が比較的多く現れた時代であった。史料にはムサーリマという改宗者が現れる。ムサーリマとはイスラームを宣言した者という意味である。当時の伝記によれば，個人の経歴にムサーリマと記されてはいるが，改宗を宣言しても直ぐにムスリムとして認められなかった人もいた。改宗の動機はさまざまであるが，この時代は，十字軍，アンダルスでのレコンキスタなどが社会に影響を与え，改宗者が増え，そのためムサーリマも現れた。マムルーク朝政権は，キリスト教徒であろうと，ムサーリマであろうと基本的には能力のある人材を登用する政策をとった。

⑶　聖地エルサレムおよびエルサレム巡礼者の保護については，マムルーク朝政権は特別な注意を払っていた。マムルーク朝はパレスチナの地を十字軍勢力から完全に奪還し，聖地エルサレムの支配を回復した。マムルーク朝政権がエルサレム支配にあたって行った政策は，イスラームの主権のもとで異教徒の信仰の自由，巡礼者の受け入れ，その安全の確保に努めることであった。この政策は，オスマン朝時代を通じて踏襲されたものである。スルターン・ナースィルはアラゴン王と外交使節を交換して条約を取り交わし，エルサレム在住のキリスト教徒の信仰の自由と，巡礼者の安全を保障している。キリスト教徒のエルサレム巡礼者は巡礼に伴う諸課税が課せられた。聖カテリーナ修道院文書によれば，エジプト領内の修道士や外国からの修道士は，ただし文書ではクルド人とアビシニア人の修道士のみが記されているが，この課税から免除されていた。

マムルーク朝のズィンミー政策において聖地エルサレムのキリスト教徒の保

護は重要な意味をもった。マムルーク朝政権はそのことによって，外交政策としてアンダルスのムスリムの保護を求めることができたからである。

(4) ズィンミーの保護に関していえば，マムルーク朝政権は，聖カテリーナ修道院や修道士に関してはズィンミー政策の観点から，一貫してその保護の立場を示してきた。シナイ半島という局地でとくに重要なことは，周辺の遊牧民と修道院との関係であるが，マムルーク朝政権はそこに介入し，国家権力・修道院・遊牧民の三者の重層的な関係で事の処理に当たっていた。シナイ半島の南部の遊牧民の諸部族は，修道院との間でしばしば協約を結び，修道院の物資の運搬や警護を請負っていた。国家権力はこれらの協約を尊重してきた。それゆえ，遊牧民がこれらの協約に反したり，危害を加えたりしたときには国家権力は介入し，修道院や修道士を保護する政策を行った。

2．イスラーム法の適用

マムルーク朝政権は，ズィンミーを社会の構成員とみなすズィンミー制度の立場から，ズィンミーに対してもイスラーム法を適用した。しかし，イスラーム法を運用し実際には彼らにどのようにイスラーム法が適用されたのかに関しては，各種文書に具体的な事例が示されている。とくに，中世のイスラーム社会において大いに発展したワクフに関する文書が数多く残されている。

(1) ズィンミーのワクフ

マムルーク朝政権は，ズィンミーにワクフを設定する自由を認めた。イスラーム法の規定では，ズィンミーはワクフの対象を設定者およびその子孫が収益を手にする目的のため，また同じズィンミーの貧困者の福祉目的のために限定され，教会や修道院などの宗教施設の繁栄のために設定するワクフは認められていなかった。しかし，実際の運用では宗教施設に対するワクフの設定が認可されていた。聖カテリーナ修道院は，エジプト内外に多くのワクフ財産を所有し，修道院長によって管理されてきた。また，マムルーク朝の後期になると修道院の財産管理人が修道院の資金で不動産を購入し，その後それを修道院のワクフに設定して財産を保持する方法を行ってきた。これらのワクフ財産は，歴代のスルターンによってその保護が確認されてきた。

(2)　イスティブダール

ワクフ制度は現在に至るまで長期間に亘ってイスラーム史の中で機能し続けてきた。しかし，時の経過とともに政治的，経済的，社会的な影響を受け，変容を被ってきた。また，ワクフ物件である不動産は，老朽化や価値の変化などによりワクフ設定時の資産価値が失われる場合があった。そのような場合に，申請により売却しその代金で別な同種類の不動産を購入しワクフに設定することが認められていた。しかし，時にはイスティブダールを利用し，物件の売却処分のみを行い，ワクフを解消する手段としても利用されていたのである。

(3)　法 廷 文 書

マムルーク朝時代の法廷文書に依拠して，法廷で訴訟が実際にどのように行われ，どのようなプロセスで処理されていたのか，そしてそれがどのように記録されていたのかをある程度明らかにすることができた。この文書は，裁判所で審理された訴訟の記録であり，調査報告を記したものでもあった。またマフダルと呼ばれるこの文書は，訴訟の公式な記録であるシジッルを作成する基になる記録でもあった。

3．契約文書からみたズィンミーの日常生活

中世エジプトの社会に暮らす人々はさまざまな契約を結んで日常生活を送っていたが，現存している聖カテリーナ修道院文書からその分析を試みた。各種契約文書は「証書」と分類されたものの中に含まれるが，その大部分は，不動産の移転に関するものであった。それらを以下の２点に分けてみよう。

(1)　相続に関するもの

相続に関する文書からわかることは，ある個人は死に際してその財産の処分をめぐって一般的には以下の3通りの方法の選択が可能であった。

①　遺言書に依るもの

イスラーム法によれば，遺産は法定相続人に明確に規定された配分に従って相続される。しかし，ムスリムであろうとズィンミーであろうと，個人は任意に遺言書を作成することが可能であり，ムスリムの場合は財産の3分の1を超えないで，法定相続人以外に，ある個人や慈善のために遺産を残すことを明示できた。また遺言の中に，追悼の祈りや，代理巡礼に関する指示，奴隷の解放などについての指示を記すことができた。

②　財産証書に依るもの

もしある個人が遺言を残さずに死亡した場合，財産証書を作成して財産処分を行うことが可能であった。これは裁判官の認可のもとに，公証人によって記された。この証書は，文書の中で特定された相続人が彼らの相続分を確実に受け取るためであり，また，相続人のいない財産目録を作成することであった。すなわち，相続人によって相続されなかった残余部分は最終的に国庫に帰属したからである。それゆえこの証書作成の際には，しばしば国庫や復帰財産庁の書記が立ち会っている。したがって，財産証書は遺言に類似しているといえよう。しかし，財産証書の多くは，死亡した人のために作成されたが，財産証書は遺言書と違って任意のものではなかった。すなわち，ある程度財産を残した人が遺言書を残さずに死亡した場合，財産証書を作成しなければ埋葬許可が下りなかったからである。

③　両者の組合せに依るもの

遺言書と財産証書の両方に基づき遺産相続をするものであるが，遺言書は死を間近にした人が遺産の処分方法を指示したものであり，死後財産目録が記され，遺産相続が正確に行われたのである。

マムルーク朝時代のエジプトやシリアでは，文書史料によれば，遺産相続においては遺言書や財産証書などを作成し，一般的には遺産を売却して，負債の返済，埋葬の費用その他の必要経費にあて残りを相続分としていたのようである。そして，当時の社会ではこうしたことがごく普通の人々の間で日常的に行われていたこともわかる。

(2)　売買契約文書

イスラーム世界における契約はイスラーム法により拘束され，契約文書は一般的に法廷に登録するという形をとる。契約文書は一定の形式で記され，その契約内容を保証するため証人による証言を付した。

売買契約文書は，文書 306 の副文書のようにその所有権の移転の法的処理を裁判所で裁判官によって執行される場合もあった。裁判官の裁決が得られると，法廷の公証人がすべての手続きを書き記した。この副文書は裁判官の決定を含む採決文であり，シジッルと呼ばれる。シジッルは裁判所に裁判記録として保存されたが，一部は文書 306 のように当事者本人にも手渡された。

最後に公証人について付記しておく。イスラーム世界の契約文書は，証人による証言が必要であった。一般的にその証言は公証人によって行われた。公証人は司法職の中で最も低いポストに位置づられるが，裁判官などに昇進することも可能であった。しかし，公証人は司法職の中では最も民衆に近い立場にいることが多かった。彼らは，裁判官とともに法文書を作成したり，証言を行ったり，一般民衆の法律上の相談を受けるなどして，民衆の日常生活の中にイスラーム法を適用する役割を担っていた。すなわち，公証人は社会の中でイスラーム法と民衆を結び付ける役割を担っていたのである。したがって，ズィンミーたちも公証人のもとに出向き便宜を受けていたことがわかる。

以上のように，聖カテリーナ修道院文書からは，中世のエジプト社会に暮らすズィンミーは社会の構成員として，政治的にも，経済的にも，社会的にも他の構成員とともにエジプト社会で共存していたことがわかる。ズィンミーも公証人や裁判官のもとに出向き，さまざまな事柄に関して文書を整えてもらい，イスラームの司法制度の枠組みの中でさまざまな権利が保証されていたのである。

史料と参考文献

I 史　　料

(1) 文　　書

Rishani, Norberto, *Documenti e Firmani,* Gerusalemme, 1931.

Alarcon y Santon, *Los documentos Arabes diplomatico del Archivo de la corona de Aragon,* Madrid-Granada, 1940.

Mayer, L. A. ed., *The Buildings of Qāytbāy as Described in his endowment Deed,* London, 1938.

(2) 写　　本

The Arabic Manuscripts of Mt. Sinai 687 : Diary and Treaties

The Arabic Manuscripts of Mt. Sinai 688 : Diary and Treaties

(3) 刊　　本

al-'Asqalānī, Ibn Ḥajal (d. 852/1448)

Inbā' al-ghumr bi-Inbā' al-'Umr, Bayrūt, 1975.

al-Asuyūṭī, Jalāl al-Dīn 'Abd al-Raḥmān b. Abī Bakr (d. 911/1505)

Ḥusn al-Muḥāḍara fī Akhbār Miṣr wal-Qāhira, 2 vols., al-Qāhira, 1968.

——— *Jawāhir al-'Uqūd wa-Mu'īn al-Quḍāh wal-Muwaqqi'īn wal-Shuhūd,* 2 vols., Cairo, 1955.

Al-'Aynī, Badr al-Dīn Abū Muḥammad Maḥmūd (d. 855/1451)

'Iqd al-Jumān fī Ta'rīkh Ahl al-Zamān, 4 vols., Cairo, 1987-92.

al-Dawādārī, Ibn Aybak (d. 8/14 c.)

Kanz al-Durar wa-Jāmi' al-Ghurar, IX : *al-Durr al-Fākhir fī Sīrat al-Malik al-Nāṣir,* Cairo, 1960.

Ibn Iyās, Muḥammad b. Aḥmad al-Jarkasī (d. ca. 930/1524)

Badā'i' al-Zuhūr fī Waqā'i' al-Duhūr, 5 vols., Wiesbaden, 1960-75 ; al-Qāhira, 1982-84. : *al-Fahāris* by M. Musṭṭfā, 4 vols. 1984-92.

Ibn Khallikān, Abū al-'Abbās Shams al-Dīn Aḥmad b.Muḥammad (d. 681/1282)

Wafayāt al-A'yān, 8 vols. Beirut, 1978.

Ibn Mammātī, al-As'ad b. Muhadhdhab (d. 606/1209)

Kitāb Qawānīn al-Dawāwīn, A. S. Atīya ed., Cairo, 1943.

Ibn Qayyim al-Jawjīya (d. 751/1253)

Aḥkām Ahl al-Dhimma, 2 vols, Bayrūt, 1983.

Ibn Taghrībirdī, Abū al-Maḥāsin Yūsuf (d. 874/1470)

al-Nujūm al-Zāhira fī Mulūk Miṣr wal-Qāhira, 16 vols., Cairo, 1963-72.

——— *al-Manhal al-Ṣāfī wal-Mustawfī ba'da al-Wāfī,* 8 vols., Cairo, 1985-2005.

Ibn al-Ukhuwwa, Muḥammad Ibn al-Ukhuwwa al-Qurasī (d. 729/1329)

Kitāb Ma'ālim al-Qurba fī Aḥkām al-Ḥisba, al-Qāhira, 1976. : ed. by R. Levy, Gibb Memorial Series, New Series XII, London, 1938.

Ibn Wāṣil, Jamāl al-Dīn Muḥammad b. Sālim (d. 697/1298)

Mufarrij al-Kurūb fī Akhbār Banī Ayyūb, 5 vols., Cairo, 1953-77.

Ibn Zunbl al-Rumī,

Ākhirat al-Mamālik aw Wāqi'at al-Sulṭān al-Ghawrī ma'a Sālīm al-'Uthmān, Cairo, 1998.

al-Maqrīzī, Taqī al-Dīn Aḥmad b. 'Alī (d. 845/1442)

al-Mawā'iẓ wal-I'tibār fī Dhikr al-Khiṭaṭ wal-Āthār, 4 vols, London, 2002-3. : *al-Kashs-hāfāt al-Takhlīlīya,* 2004.

——— *Kitāb al-Mawā'iẓ wal-I'tibār fī Dhikr al-Khiṭaṭ wal-Āthār,* 2 vols., Būlāq, 1854. : *Fihrist Khiṭaṭ Miṣr* by A. A. Harīdī, 3 vols., Cairo, 1883-84.

——— *Kitāb al-Sulūk li-Ma'rifa Duwal al-Mulūk,* ed. M. M. Ziyāda, vols. 1-2, Cairo, 1939-58 ; ed. S. A. 'Āshūr, vols. 3-4, Cairo, 1970-73.

al-Māwardī, Abū al-Ḥasan 'Alī b. Muḥammad (d. 450/1058)

al-Aḥkām al-Sulṭānīya wa-Wilāyāt al-Dīnīya, al-Qāhira, 1298 H. 湯川武訳『統治の諸規則』,『イスラム世界』19 号，1981 年：22 号，1984 年：27・28 号，1987 年：31・32 号，1989 年：『統治の諸規則』慶應義塾大学出版会，2006 年。

Mujīr al-Dīn al-Ḥanbalī (d. 928/1522)

Al-Uns al-Jalīl bi-Ta'rīkh al-Quds wal-Khalīl, 2 vols., Najaf, 1968.

Nūr al-Dīn 'Alī b. 'Abd al-Raḥīm (d. 702. A. H.)

Dhayl Mufarrij al-Kurūb fī Akhbār Banī Ayyūb, Ṣaydā, 2004.

al-Nuwayrī, Shihāb al-Dīn Aḥmad b. 'Abd al-Wahhāb (d. 732/1332)

Nihāyat al-Arab fī Funūn al-Adab, 33 vols., Cairo, 1926-1998.

al-Qalqashandī, Abū al-ʻAbbās Aḥmad b. Alī (d. 821/1418)

Ṣubḥ al-Aʻshā fī Ṣināʻat al-Inshā', 14 vols., Cairo, 1963. : *Fahāris Kitāb Ṣubḥ al-Aʻshā,* Cairo, 1972. : *al-Taʻrīf bi-Muṣṭalaḥāt Ṣubḥ al-Aʻshā,* 1983.

al-Sakhāwī, Shams al-Dīn Abū al-Khayr Muḥammad (d. 902/1497)

al-Ḍaw' al-Lāmiʻ li-Ahl al-Qarn al-Tāsiʻ, 12 vols., Beyrut, 1353-55 H.

——— *Kitāb al-Tibr al-Masbūk fī Dhayl al-Sulūk,* Būlāq, 1896.

al-Shayzarī, ʻAbd al-Raḥmān b. Naṣr (d. 589/1193)

Kitāb Nihāyat al-Rutba fī Ṭalab al-Ḥisba, Cairo, 1946.

al-Ṭabarī, Abū Jaʻfar Muḥammad b. Jarīr (d. 310/923)

Ta'rīkh al-Rusul wal-Mulūk, ed. M. J. De Goeje, 15 vols., Leiden, 1964.

al-Ṭaḥāwī,

Kitāb al-Shurūt al-Kabīr, ed. by J. A.Wakin, Albany, 1972.

al-Ṭarābulusī, Burhān al-Dīn Ibrāhīm b. Mūsā b. Abī Bakr (d. 922/1516)

al-Asʻāf fī al-Aḥkām al-Awqāf, Bayrūt, 1981.

al-ʻUmarī, Shihāb al-Dīn Aḥmad b. Faḍl Allāh (d. 749/1349)

al-Taʻrīf bil-Muṣṭalaḥ al-Sharīf, Beirut, 1988.

al-Ẓāhirī, Khalīl b. Shāhīn (d. 872/1468)

Zubdat Kashf al-Mamālīk wa-Bayān al-Ṭurq wal-Masālik, Bāris, 1894.

Ⅱ. 参 考 文 献

1．外国語文献

ʻĀshūr, S., *al-Mujtamʻ al-Miṣrī fī ʻAṣr Salāṭīn al-Mamālīk,* al-Qāhira, 1962.

Abul-Hajj, A., "A Collection of Medieval Arabic Documents in the Islamic Museum at the Haram al-Sharif", *Arabica* 25-3, 1978, pp. 282-91.

Amīn, Muḥammad Muḥammad, *Al-Awqāf wal-Ḥayā al-Ijtimāʻīya fī Miṣr, 648-923h/1250-1517m, Dirāsa Ta'rīkhīya Wathā'iqīya,* Cairo, 1980.

———, "Un acte de fondation de Waqf par une chrétienne", *Journal of the Economic and Social History of the Orient,* Vol. XVIII, Part 1, 1975, pp. 43-52.

———, *Catalogue des documents d'archives du Caire de 239/853 à 922/1516,* Le Caire, 1981.

Anees, Munawar Ahmad, "Christian-Muslim Relations : Historial Perspectives", *Islamic Culture,* vol. 61-4, 1989, pp. 1-15.

Atiya, Aziz Suryal, *The Arabic Manuscripts of Mount Sinai etc. : a hand-list of the Arabic manuscripts and scrolls etc.,* Baltimore, 1955.

———, *Egypt and Aragon,* Leipzig, 1938.

———, *The Crusade in the Middle Ages,* London, 1938.

———, "The Monastery of St. Catherine and the Mount Sinai Expedition", *Proceedings of the American Philosophical Society,* vol. 95, 1952, pp. 578-86.

———, ed., *The Coptic Encyclopedia,* 8 vols., New York, 1991.

———, *A History of Eastern Christianity,* London, 1968.

Bailey, Clinton, "Dating the Arrival of the Bedouin Tribes in Sinai and Negev", *JESHO,* Vol. XXVIII, 1985, pp. 20-49.

BEHRENS-ABOUSEIF, Doris, "Location of Non-Muslim Quarters in Medieval Cairo", *AI,* 22, 1986, pp. 117-32.

Bosworth, C. E., "The "Protected Peoples" (Christian and Jews) in Medieval Egypt and Syria", *BJRL,* vol. 62, 1979, pp. 11-36.

Castellani, *Catalogo dei firmani ed altri documenti legali emanti in lingua arabe e turco concernati I santuari, I proprieta, diritti della Custodia di Terra-Santa,* Gerusalemme, 1922.

Cohen, Mark R., "Jews in the Mamluk Environment : The Crisis of 1442 (A Geniza Study)", *BSOAS,* 47, 1984, pp. 425-48.

Cohen, Mark R., *Poverty and Charity in the Jewish Community of Medieval Egypt,* Princeton and London, 2005.

Coulson, N. J., *A History of Islamic Law,* Edinburgh, 1964.

Courbage, Youssef and Philipp Fargues, *Chiristian and Jews under Islam,* London, 1977.

Crecelius, Daniel, "The Organization of Waqf Documents in Cairo", *International Journal of Middle East Studies* 2, 1971, pp. 266-77.

Darrāj, Aḥmad, *Wathā'iq Dayr Ṣafyūn bil-Quds al-Sharīf,* al-Qāhira, 1968.

———, *al-Mamālīk wal-Firanj fil-Qarn al-Tāsi' al-Hijrī —al-Khāmis 'Ashara al-Mīlādī,* al-Qāhira, 1961.

Dennett, Daniel C., *Conversion and the Poll Tax in Early Islam,* Cambridge, 1950.

Dozy, *Supplement aux Dictionaires Arabes,* Leiden, 1881.

El-Leithy, Tamer, *Coptic Culture and Conversion in Medieval Cairo, 1293-1524 A. D.*, Ph. D. dissertation, Princeton University, 2005.

Escovitz, J. H., *The office of Qāḍī al-Quḍāt in Cairo under the Baḥrī Mamlūks,* Berlin, 1984.

Ernst, H., *Die mamlukischen Sultansurkunden des Sinai-Klosters,* Wiesbaden, 1960.

Fattal, Antoine, *Le Statut Legal des Non-Muslmans en pays d'Islam,* Beyrouth, 1958.

Fernandes, L. E., "Three Sufi foundations in a 15th century waqfiyya", *Annales*

Islamologiques, Vol. XVII, 1981, pp. 141-56.

Goitein, S. D., *A Mediterranean Society,* 6 vols., Berkeley and Los Angels, 1967-93.

Gottschalk, H. L., DĪWĀN, *The Encyclopaedia of Islam,* New Edition, CD-Rom.

Ḥasan Bāshā, *al-Alqāb al-Islām īya fī al-Ta'rīkh wal-Watā'iq wal-Āthār,* Cairo, 1978.

Heyd, Uriel, "Some aspects of the Ottoman Fetva", *Bulletin of the School of Oriental and African Studies* 32, 1969, pp. 35-56.

Holt, P. M., *Early Mamluk Diplomacy (1260-1290),* Leiden, 1995.

Hourani, A. H., *Minorities in the Arab World,* London, 1947.

Humbsch, Robert, *Beiträge zur Geschichte des osmanischen Ägyptens,* Freiburg, 1976.

Humphreys, R. S., *Islamic History,* New Jersey, 1991.

Ibrāhīm, 'Abd al-Laṭīf, "Wathīqat Istibdāl", *Majallat Kullīyat al-Ādāb,* Jāmi'at al-Qāhira, vol. 25-2, 1963, pp. 1-38.

———, "Wathīqat al-Amīr Ākhūr Kabīr Qarāqjā al-Ḥusnī", *Majallat Kullīyat al-Ādāb,* Jāmi'at al-Qāhira, 18, 1956, pp. 183-251.

———, "Wathīqat bay' : Dirāsa wa-Nashr wa-Taḥqīq", *Majallat Kullīyat al-Ādāb,* Jāmi'at al-Qāhira, 19, 1957, pp. 135-214.

———, "Min Wathā'iq Dayr Sānt Kātrīn : Tharāsa Wathā'iq Fiqhīya", *Majallat Kullīyat al-Ādāb,* Jāmi'at al-Qāhira, 25, 1963, pp. 95-133.

———, "Dirāsa fī al-Wathā'iq al-'Āmma fī al-'Uṣūr al-Wusṭā", *Majallat Jāmi'at Umm Durmān al-Islāmīya,* 1, 1968, pp. 151-260.

'Inān, Muḥammad 'Abd Allāh, *Miṣr Islām īya,* al-Qāhira, 1969.

Jaritz, Felicitas, "Übersetzung der Stiftungsurkunde des Sultans Barqūq" in *Madrasa, Ḫānqāh und Mausolem des Barqūq in Kairo,* ed. Saleh Mostafa, Abhandelungen des Deutschen Archäologischen Instituts Kairo, Islamische Reihe, vol. 4, 1982, pp. 168-69.

Khadduri, Majid ed., *Law in the Middle East,* vol. I, Washington, 1955.

———, "Equity and Islamic Law" : Atiyeh, G. N. & Oweiss, I. M., *Arabic Civilization,* Albany, 1988, pp. 82-87.

Lewis, B., "The Ottoman Archives as a Source for the History of the Arab Lands", *Journal of the Royal Asiatic Society,* 1951, pp. 139-55.

———, *Jews of Islam,* London, 1984.

Little, Donald P., *A Catalogue of the Islamic documents from al-Ḥaram ash-Sharīf in Jerusalem,* Beirut, 1984.

———, "Coptic Conversion to Islam under the Baḥrī Mamlūks, 692-755/1239-1354",

Bulletin of the School of Oriental and African Studies 39, London 1976, pp. 552-69.

———, "Coptic Converts to Islam During the Baḥrī Mamluk Period" in *Conversion and Continuity : Indigenous Christian Communities in Islamic Lands, Eighth to Eighteenth Centuries,* ed., Michael Gervers and Ramzi Jibran Bikhazi, Papers in Medieaval Studies 9 (Toronto : Pontifical Institute of Medieaval Studies, 1990), pp. 263-88.

———, "The Significance of the Ḥaram Documents for the Study of Medieval Islamic History", *Der Islam,* Vol. 57, 1980, pp. 189-217.

———, "Two Fourteenth-Century Court Records from Jerusalem concerning the Deposition of Slaves by Minors", *Arabica,* Vol. 29, 1982, pp. 16-49.

———, "Six fourteenth century purchase deeds for slaves from al-Ḥaram ash-Sharīf", *Zeitshrift der Deutschen Morgenländishen Gesellschaft,* Vol. 131, 1981, pp. 297-337.

———, "Documents Related to the Estates of a Merchant and His Wife in Late Fourteenth Century Jerusalem", *Mamluk Studies Review,* vol. 2, 1988, pp. 93-193.

———, "Religion under the Mamluks", The Muslim World, vol. 73, nos. 3-4, 1983, pp. 165-81.

———, "Ḥaram Documents Related to the Jews of Late fourteenth Century Jerusalem", *Journal of Semitic Studies,* vol. 30, 1985, pp. 227-64.

———, "The Coptic Bureaucracy under the Mamlūks", in *Colloque international sur l'histoire de Caire,* Cairo, 1969, pp. 373-81.

———, SIDJILL, *The Encyclopaedia of Islam,* New Edition, IX, pp. 538-39.

Lutfi, H., "A study of six fourteenth century Iqrārs from al-Quds relating to Muslim Women", *Journal of the Economic and Social History of the Orient,* Vol. XXVI, Part III, 1983, pp. 246-94.

———, *al-Quds al-Mamlūkīya — A History of Mamlūk Jerusalem based on the Ḥaram Documents,* Berlin, 1985.

———, "A Documentary Source for the Study of Material Life : A Specimen of the Ḥaram Estate Inventories from al-Quds in 1393 A.D", *Zeitschrift der Deutschen Morgenländischen Gesellschaft,* vol. 135, 1985, pp. 213-26.

Majid, A. M., *Nuẓm Dawlat Salāṭīn al-Mamālīk wa-Rusūm fī Miṣr,* 2 vols., Cairo, 1979.

Mansouri, M. Tahar, "Les Dhimmis en Egypte mamluke : Statut legal et perceptions populaires", *IBLA,* t. 52, no. 164, pp. 255-70.

Moritz, B., *Beiträge zur Geshichite des Sinaiklosters,* Abhandlungen d.kgl. Preuss. Akad. d. Wiss., 1918.

El-Nahal, Galal H., *The Judicial Administration of Ottoman Egypt in the Seventeenth Century,* Minneapolis & Chicago, 1979.

al-Nashshār, Muḥammad Maḥmūd, *'Ilāqat Mamlakatay Qashtāla wa-Arājūn bi-salṭanat al-Mamālīk,* al-Qāhira, 1997.

Na'ūm bek Shaqīr, *Ta'rīkh Sīnā al-Qadīm wal-Ḥadīth wa-Jughrāfīyat-hā,* Beirut, 1991.

Nielsen, Jørgen S., *Secular Justice in an Islamic State : Maẓālim under the Baḥrī Mamlūks, 662/1264-789/1387,* Leiden, 1985.

Northrup, Linda S., "Muslim-Christian Relations During the Reign of the Mamluk Sultan al-Manṣūr Qalāwūn, A.D. 1278-1290" in *Conversion and Continuity : Indigenous Christian Communities in Islamic Lands, Eighth to Eighteenth Centuries,* ed., Michael Gervers and Ramzi Jibran Bikhazi, Papers in Medieaval Studies 9 (Toronto : Pontifical Institute of Medieaval Studies, 1990), pp. 253-61.

———, *From Slave to Sultan : The Career of al-Manṣūr Qalāwūn and the Consolidation of Mamluk Rule in Egypt and Syria (678-689 A.H./1279-1290 A.D.),* Stuttugart, 1998.

Northrup L. and A. Abu l-Hajj, "A Collection of Medieval Arabic Documents in the Islamic Museum at the Ḥaram al-Sharīf", *Arabica* Vol. 25, 1979, pp. 282-91.

Peri, Oded, *Christianity under Islam in Jerusalem : The Question of the Holy Sites in Early Ottoman Times,* Leiden, 2001.

Peters, F. E., *Jerusalem : The Holy City in the Eyes of Chroniclers, Visitors, Pilgrims, and Prophets from the Days of Abraham to the Beginning of Modern Times,* Princeton, 1985.

Petry, C. & S. Mendenhall, "Geographic origins of civil judiciary of Cairo in the fifteenth century", *JESHO,* 21, 1978, pp. 52-74.

———, "Geographic Origins of Dīwān Officials in Cairo During the Fifteenth Century" *JESHO,* 21, 1978, pp. 165-84.

———, "Fractionalized Estates in a Centralized Regime : The Holding of al-Ashraf Qāytbāy and Qānsūh al-Ghawrī according to their Waqf Deeds", *JESHO,* 41-1, 1998, pp. 96-117.

———, *Protectors or Praetorians? : The Last Mamluk Sultans and Egypt's Warning as a Great Power,* Albany, 1994.

Qāsim, Q. A., *Ahl al-Dhimma fī Miṣr al-'Uṣūr al-Wusṭā,* Cairo, 1979.

Rabbat, Nasser O., "The Ideological Significance of the Dār al-'Adl in the Medieval Islamic Orient", *IJMES,* 27, 1995, pp. 3-28.

———, *The Citadel of Cairo : A New interpretation of Royal Mamluk Architecture,* Leiden,

1995.

Rabie, Hasanein, *The Financial System of Egypt A.H. 564-741/A.D. 1169-1341,* Oxford, 1972.

Richards, Donald S., "Dhimmi Problems in Fifteenth-Century Cairo : Reconsideration of a Court Document" in *Studies in Muslim-Jewish Relation,* vol. 1, 1993, pp. 127-163.

———, "Arabic Documents from the Karaite Community in Cairov, *Journal of the Economic and Social History of the Orient,* Vol. 15, 1972, pp. 105-62.

———, "Documents from Sinai concerning mainly Cairene Property", *Journal of the Economic and Social History of the Orient,* Vol. XXVIII, 1985, pp. 225-93.

———, "A Fatimid Petition and 'small decree' from Sinai", *Israel Oriental Studies* III, 1973.

———, "The Qasāma in Mamlūk Society : Some Documents from Ḥaram Collection in Jerusalem", *Annal Islamologiques,* XXV, 1991, pp. 245-84.

———, "A mamlūk petitlon and a report from the Dīwān al-Jaysh", *BSOAS,* vol. XL, part 1, 1977, pp. 1-14.

Rossi, Corinna & A. De Luca, *The Treasures of the Monastery of Saint Catherine,* Vercelli, 2006.

Roncaglia, Martiniano, *St. Francis of Assisi and the Middle East,* Cairo, 1957.

Saleh, Marlis J., *Government Relations with the Coptic Community in Egypt during the Fatimid Period (358-567 A.H./969-1171 C.E.),* Ph. D. dissertation, University of Chicago, 1995.

Schacht, J., *An Introduction to Islamic Law,* Oxford, 1964.

Seikaly, Samir M., "Land tenure in 17th century Palestine : The evidence from the al-Fatāwā al-Khairiyya", Tarif khalidi ed., *Land tenure and social transformation in the Middle East,* Beirut, 1984, pp. 397-408.

Simonsen, Jorgen Baek, *Studies in the Genesis and Early Development of the Caliphal Taxation System,* Copenhagen, 1988.

Stern, S. M., "Three Petitions of the Fatimid Period", *Oriens* XV, 1962, pp. 172-209.

———, "Petitions of the Ayyūbid Period", *Bulletin of the School of Oriental and African Studies,* XXVII, 1964, pp. 1-32.

———, *Fāṭimid Decrees : Original Documents from the Fāṭimid Chancery,* London, 1964.

———, "Two Ayyūbid Decrees from Sinai", *Documents from Islamic Chanceries (Oriental Studies* III*),* Oxford, 1965. pp. 9-38, pp. 207-16.

———, "Petitions from the Mamlūk Period (Notes on the Mamlūk Documents from

Sinai)", *BSOAS,* XXIX, 1966, pp. 233-76.
———, "A Petition to the Fāṭimid Caliph al-Mustanṣir Concerning a Conflict within the Jewish Community, *Revue des études juives,* vol. CXXVIII, 1969, pp. 203-22.
Stewart, F. H., "Note on the Arraival of the Bedouin Tribes in Sinai", *JESHO,* Vol. XXXIV, pp. 97-106.
Tritton, A. S., *The Caliphs and Their Non-Muslim Subjects,* London, 1970.
Tyan, E., *Histoire de l'organization judiciare en pays d'Islam,* Leiden, 1960.
———, *Le Notaritat et le régime de la prevue par écrit dans la pratique de droit muslman,* Beirouth, 1945.
Van Berchem, *Materiaux pour un Corpus Inscriptionum Arabicarum, Syrie du Sud,* T. II, Jerusalem, *MIFAO,* Le Caire, 1922.
Wakin, J. A., *The Function of Documents in Islamic Law,* Albany, 1972.
Wiet, Gaston, Ḳibṭ", *EI* vol. 2, pp. 996-97.
Wilfong, Terry G., "The non-Muslim communities : Christian communities", in *The Cambridge History of Egypt,* vol. 1, p. 175-97.
Zaydān, 'Abd al-Karīm, *Aḥkām al-Dhimmīyīn wal-Must'mīn fī Dār al-Islām,* Bayrūt, 1988.
Ze'evi, Dror, "The Use of Ottman Court Records as a Source for Middle Eastern Social History : A Reappraisal", *Islamic Law and Sociaty* 5-1, 1998, pp. 35-56.

2．日本語文献

五十嵐大介「後期マムルーク朝スルターンの私財とワクフ」『オリエント』47-2，2004年，20-45頁。
井筒俊彦『井筒俊彦著作集 7　コーラン』中央公論社，1992年。
太田敬子「他者の表象としての「ローマ帝国」『シリーズ歴史学の現在 11　幻影のローマ』青木書店，2006年，143-80頁。
大稔哲也「エジプト死者の街における聖墓参詣：12-15世紀の参詣慣行と参詣者の意識」『史学雑誌』102-10，1993年，1-49頁。
加藤　博『文明としてのイスラーム—多元的社会叙述の試み』東京大学出版会，1995年。
————『私的土地所有権とエジプト社会』創文社，1993年。
————『イスラム世界の経済史』NTT出版，2005年。
亀長洋子「遺言にみる中世人の世界—ジェノヴァの事例から」　甚野尚志・堀越宏一編『中世ヨーロッパを生きる』東京大学出版会，2004年，193-209頁。
————『中世ジェノバ商人の「家」—アルベルゴ・都市・商業活動』刀水書房，2001

年。
菊池忠純『中世イスラーム時代アラビア語文書資料—研究文献目録 1』アラブ語センター，1988 年，128-34 頁。
———「マムルーク朝時代のカイロのマンスール病院について—ワクフ設定文書の再検討を通じて」『藤本勝次　加藤一朗両先生古稀記念　中近東文化史論叢』関西大学文学部史学地理学科合同研究室内藤本勝次，加藤一朗両先生古稀記念会，1992 年，47-67 頁。
佐藤彰一『修道院と農民』名古屋大学出版会，1997 年。
佐藤次高『中世イスラーム国家とアラブ社会—イクター制の研究』山川出版社，1986 年。
———『マムルーク—異教の世界からきたイスラームの支配者たち』東京大学出版会，1991 年。
———「ヌサイリー教徒の反乱—ジャバラ 1318 年 2 月—」『東洋学報』第 71 巻 1・2 号，1989 年，115-39 頁。
———『イスラームの国家と王権』岩波書店，2004 年。
嶋田襄平『イスラムの国家と社会』岩波書店，1977 年。
———『初期イスラーム国家の研究』中央大学出版部，1996 年。
田村愛理『世界史のなかのマイノリティ』世界史リブレット 53，山川出版社，1997 年。
辻明日香「マムルーク朝エジプトにおけるズィンミー政策転換— 1301 年の法令を中心に」『オリエント』49-2，2006 年，165-81 頁。
———「ウマルの誓約：伝承の成立」『東洋学報』第 86 巻 1 号，2004 年，122-50 頁。
遠峰四郎『イスラーム法』紀伊國屋書店，1964 年。
長谷部史彦「中世エジプト都市の救貧：マムルーク朝スルターンのマドラサを中心に」『中世環地中海都市の救貧』慶應義塾大学出版会，2004 年，45-89 頁。
林佳世子「メフメト 2 世のワクフ文書群の成立」AJAMES, No. 3-2, 1981 年，74-109 頁。
———「イスラーム都市における「イスラーム」」『創文』291，1988 年，18-22 頁。
船田享二『ローマ法』第一巻，岩波書店，1971 年。
———『ローマ法入門』有斐閣，1953 年。
牧野信也訳『ハディース』中央公論社，1994 年。
松田俊道「セント・カテリーヌ文書からみた遊牧民」『オリエント』第 31 巻第 2 号，1989 年，153-64 頁。
———「ズィンミーのワクフ」『オリエント』第 33 巻第 1 号，1990 年，138-47 頁。
———「マムルーク朝時代のマザーリム制度に関する覚書」『イスラム世界』第 33・

34 号，1990 年，99-116 頁。
――――「ワクフの解消について」『中央大学アジア史研究』第 15 号，1991 年，35-50 頁。
――――「マムルーク朝政権とキリスト教徒」『講座イスラーム世界 3　世界に広がるイスラーム』栄光教育文化研究所，1995 年，125-56 頁。
――――「スルターン・カーイト・バーイの布告とカサーマ」『人文研紀要』第 23 号，中央大学人文科学研究所，1995 年，181-99 頁。
――――「マムルーク朝時代エルサレムの裁判官」『中央大学文学部紀要』史学科第 42 号，1997 年，1-18 頁。
――――「マムルーク朝のムサーリマ問題」『駒沢史学』第 52 号，1998 年，282-98 頁。
――――「マムルーク朝における遺産相続―セント・カテリーヌ修道院文書の事例から―」『アジア史における法と国家』中央大学人文科学研究所研究叢書 23 号，2000 年，295-336 頁。
――――「マムルーク朝時代の法廷文書―マフダルの事例から―」『中央大学文学部紀要』史学科第 46 号，2001 年，1-25 頁。
――――「16 世紀初頭エジプトにおける有力アミールの遺産相続」『中央大学アジア史研究』第 26 号，2002 年，355-83 頁。
――――「マムルーク朝のエルサレム問題」『中央大学文学部紀要』史学科第 49 号，2004 年，1-21 頁。
――――「カイロの大火とキリスト教徒― 721 年／ 1321 年の事件―」『中央大学文学部紀要』史学第 52 号，2007 年，69-90 頁。
――――「聖カテリーナ修道院のワクフ政策」『中央大学文学部紀要』史学第 53 号，2008 年，1-16 頁。
三浦　徹「当事者の世界と法廷の世界―イスラーム法における契約」『イスラーム地域研究叢書 4　比較史のアジア　所有・契約・市場・公正』東京大学出版会，2004 年，113-40 頁。
――――「カーディーと公証人―イスラム法世界における裁判と調停」『紛争と調停の文化史』青木書店，2000 年，297-332 頁。
森本公誠『初期イスラム時代エジプト税制史の研究』岩波書店，1975 年。
湯川　武「中世上エジプトのウラマー共同体」『日本オリエント学会創立二十五周年記念　オリエント学論集』刀水書房，1979 年，659-78 頁。
与那国暹『ウェーバーにおける契約概念』新泉社，1997 年。
『歴史学事典 6　歴史学の方法』弘文堂，1998 年。

聖カテリーナ修道院文書

(1)　al-Marsum

	文書番号	スルターン名	日　　付
1	17	Quṭuz	13 Muḥarram 658 (30, XII, 1259)
2	18	Baybars	7 Dhu al-Ḥijja 658(13, XI, 1260)
3	22	Qalāwūn	20 Shawwār 684 (19, XII, 1285)
4	26	Baybars	2 Sha'bān 695 (5, VI, 1296)
5	31	Barqūq	20 Shawwāl 707 (13, IV, 1308)
6	32	Baybars	26 Dhū al-Qa'da (7, V, 1309)
7	33	Nāṣir	13 Rabī' II, 720(23, V, 1320)
8	36	Ḥasan	3 Rajab 750 (17, IX, 1349)
9	37	Ḥasan	10 Jumādā II, 749 (5, IX, 1348)
10	38	Ṣāliḥ	2 Dhū al-Hijja 752 (20, I, 1352)
11	44	——	12 Jumādā al-Ūlā (9, XII, 1467)
12	45	Barqūq	17 Sha'bān 800 (5, V, 1398)
13	46	Faraj	1 Ṣafar 804 (10, IX, 1401)
14	49	Ṣāliḥ	20 Dhū al-Hijja 815 (23, III, 1413)
15	50	Jaqmaq	24 Ramaḍān 850 (13, XII, 1446)
16	52	Īnāl	14 Ramaḍān 863 (15, VII, 1459)
17	53	Khushqadam	14 Sha'bān 870 (1, IV, 1466)
18	55	Khushqadam	15 Muḥarram 871 (27, VIII, 1466)
19	56	Khushqadam	19 Dhu al-Ḥijja 871 (22,VIII, 1466)
20	57	Qāytbāy	1? Rabī' I, 874 (2, VIII, 1472)
21	60	Qāytbāy	13 Sha'bān 876 (25, I, 1472)
22	72	Qāytbāy	18 Jumādā II, 895 (9, IV, 1490)
23	79	——	13 Rabī' II, 874 (20, X, 1469)
24	84	Al-Gawrī	3 Sha'bān 910 (9, I, 1505)
25	90	Al-Gawrī	915 (1509-10)

(2) Mu‘āhada

	文書番号	種　類	日　付
1	186	協約	7 Muḥarram 822 (3, II, 1419)
2	187	協約	866 (1461-62)

(3) Fatwas

	文書番号	種　類	日　付
1	227	ファトワー	―――
2	232	ファトワー	―――

(4) Deeds

	文書番号	種　類	日　付
1	244	ワクフ	15 Rabī‘II, 675 (26, IX, 1276)
2	252	財産証書	16 Ṣafar 809 (2, VIII, 1406)
3	259	ワクフ	10 Dhū al-Ḥijja 850 (26, II, 1447)
4	265	売却	29 Sha‘bān 859 (14, VIII, 1455)
5	272	イスティブダール	22 Sha‘bān 873 (7, III, 1469)
6	273	購入，ワクフ	21 Dhū al-Ḥijja 873 (4, VII, 1469)
7	275	財産証書	10 Jumādā I, 874 (15, XI, 1469)
8	280	購入	879 (1474)
9	282	ワクフ	15 Rabī‘ II, 881 (7, VIII, 1476)
10	285	ワクフ	11 Rabī‘ II, 882 (23, VII, 1477)
11	286	訴願，マフダル	13 Jumādā I, 883 (12, VIII, 1478)
12	287	購入	11 Rajab 883 (8, X, 1478)
13	290	購入	9 Dhū al-Ḥijja 883 (3, III, 1479)
14	291	購入	1 Ṣafar 884 (24, IV, 1479)
15	292	売却	20 Ṣafar 884 (13, V, 1479)
16	298	証言	25 Rabī‘ I, 887 (14, V, 1482)

17	299	購入	3 Ramaḍān 888 (5, X, 1483)
18	306	購入	27 Jumādā II, 865 (9, IV, 1461)
19	308	購入	27 Jumādā II, 865 (9, IV, 1461)
20	310	購入	6 Jumādā I, 894 (7, IV, 1489)
21	312	購入，ワクフ	7 Rabīʻ I, 900 (6, XII, 1494)
22	340	遺言書	14 Shaʻbān 933 (12, IX, 1516)
23	345	遺言書	13 Ramaḍān 924 (18, IX, 1518)
24	409	ワクフ	11 Rabīʻ I, 963 (24, I, 1556)

付　　録

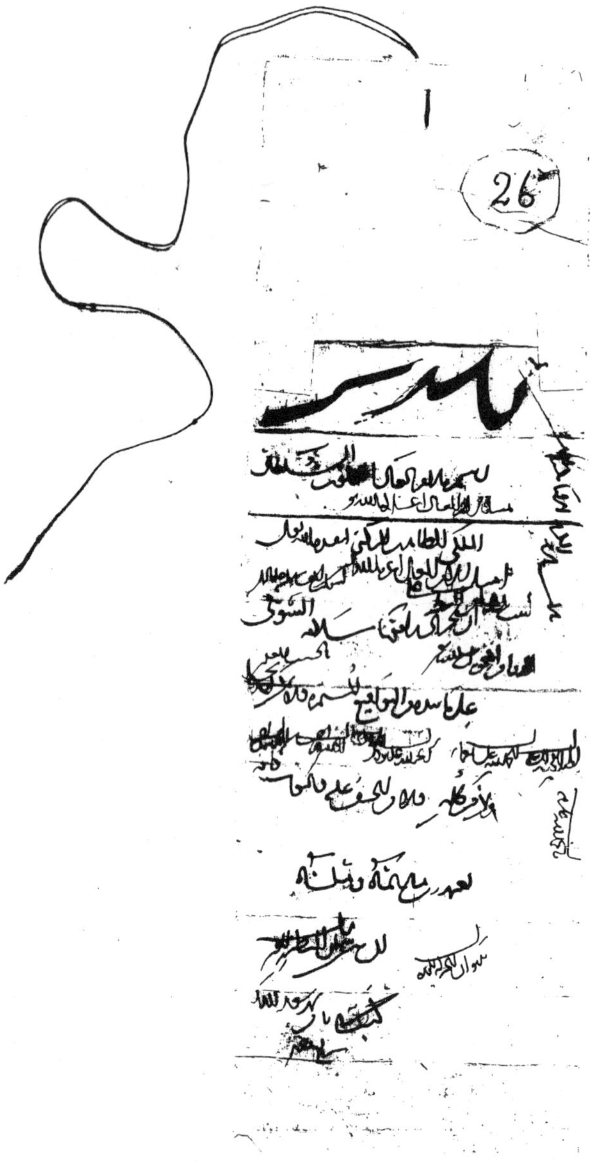

文書 26（表）：直訴文

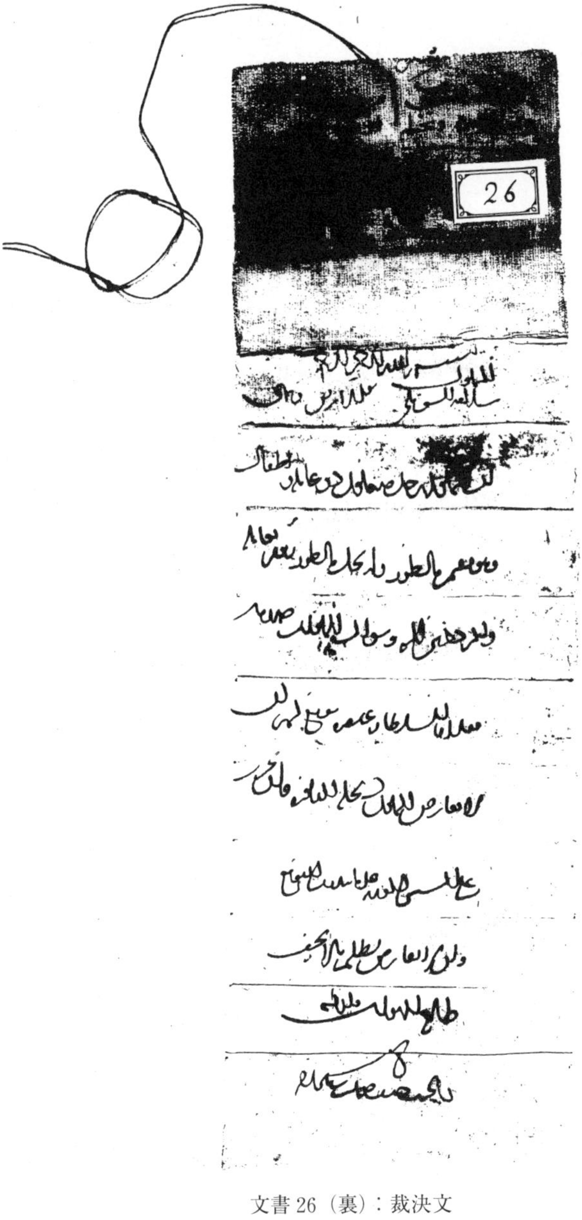
بسم الله الرحمن الرحيم

文書 26（裏）：裁決文

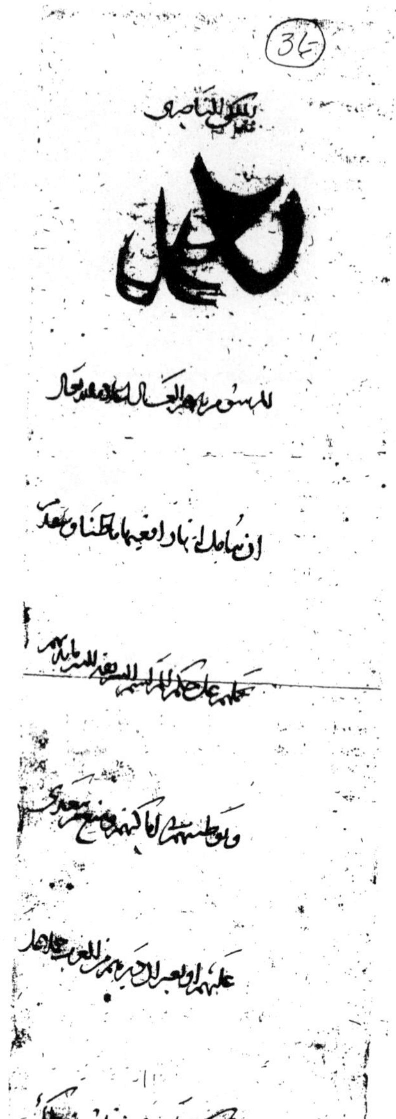

文書 36（表）：直訴文

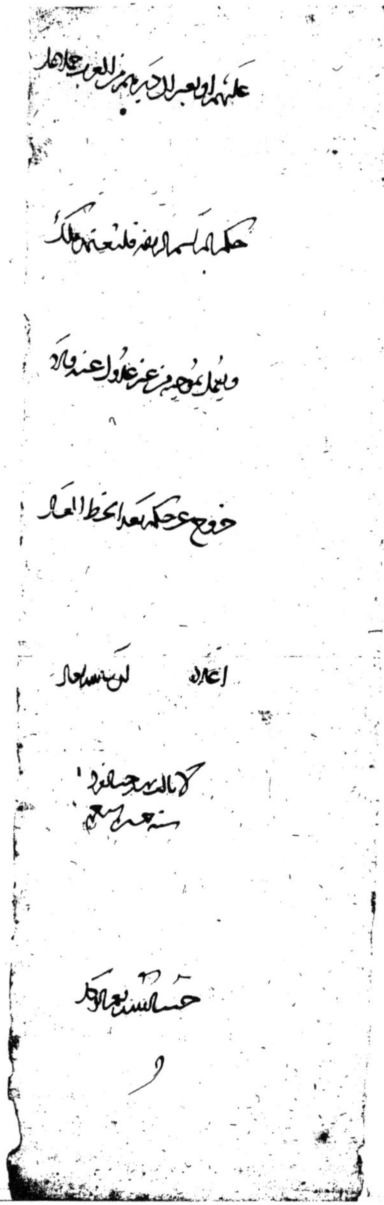

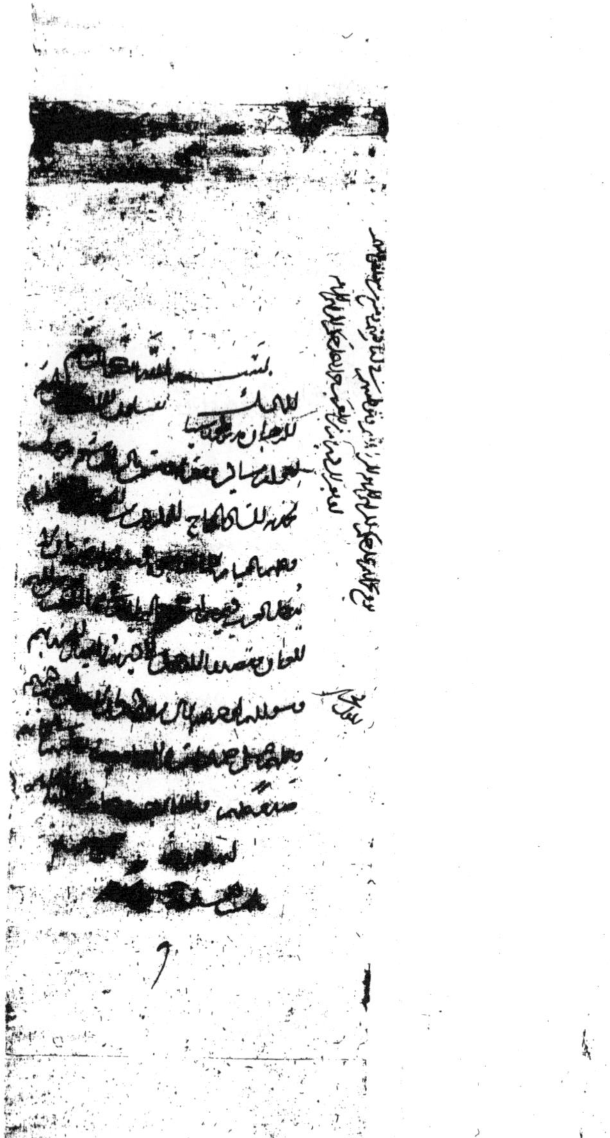

文書 36（裏）：裁決文

文書 187 ：協約

187

وايضا الذين يعرفون به عربين واصل الدير موجودين في بندر الطور المحروس باطنين وموجودين على ان جميع
العربان اولاد الصوالحه واولاد سعيد والعليقات عرب حضره وعرب النفيعات وعرب الترابين وعرب نعيم والنسبه
وكل بنات العربان عليهم مثل الشونه وشيل الدشيشه وعليهم شيل فلاحة الامير حاج الشريف وانتوا لاجل انكم
تجيبوا الملح والحوت اليابس الى الدير وانتوا في خدمة الدير لاجل ذلك ماكتبوا عليكم شيل الشونه ولاكتبوا عليكم
فلاحة الامير حاج الشريف يكون في علمكم ذلك كله لاجل انكم في خدمة الدير لاجل جيابة الملح والحوت اليابس
وكل شي لحقه هذا الذي صار من تذكير الزمان

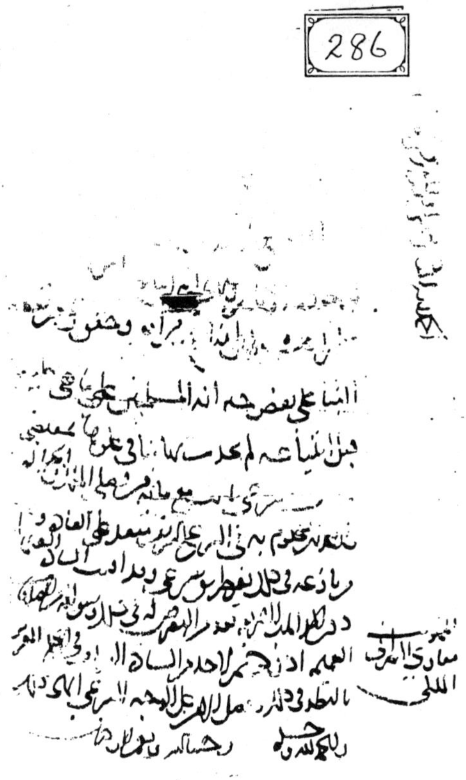

文書 286 ：法廷文書

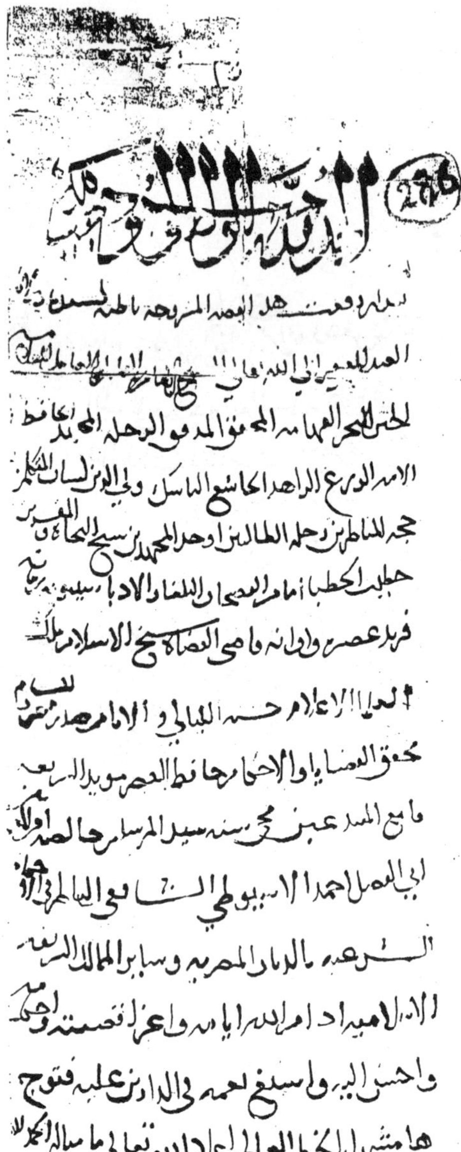

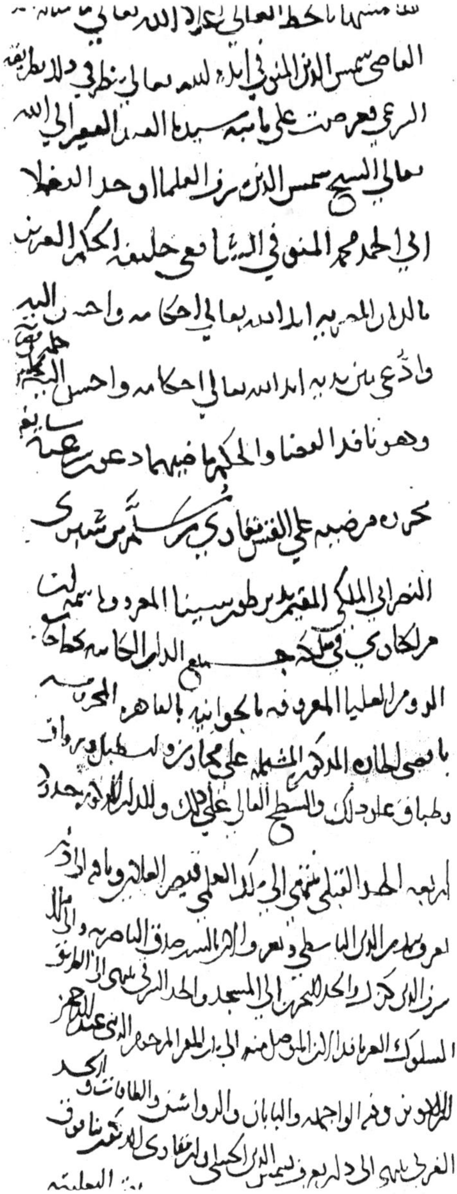

... مشتملا ما خط العالي عبد الله تعالى ...
القاضي شمس الدين المنوفي ابقاه الله تعالى نظر في ذلك بطريقه
الشرعي فعرضت على نائبه سيدنا العبد الفقير الى الله
تعالى الشيخ شمس الدين زين العلماء وحيد الفضلا
ابي الحمد محمد المنوفي الشافعي خليفة الحكم العزيز
بالديار المصرية ابد الله تعالى احكامه واحسن اليه
وادعى بين يديه ابد الله تعالى احكامه واحسن اليه
وهو نافذ القضا والحكم ماضيهما دعوى شرعية
محرره مرضيه على [illegible] شمس
النصراني الملكي المقيم بدير طور سينا المعروف بسميه
من الكاتب في ملكه جميع الدار الكاينه بخط
الروم العليا المعروفه بالجوانية بالقاهره المحروسه
باقي الخان المذكور المشتمله على مجاز و اسطبل و رواق
وطباق علو ذلك والسطح العالي على ذلك وللدار المذكوره حدود
اربعه الحد القبلي ينتهي الى ملك [illegible] قيصر العلائي [illegible]
[illegible] الباسطي [illegible] السيد صادق الناصري والى ملك
زين الدين [illegible] والحد البحري الى المسجد والحد الشرقي ينتهي الى الطريق
المسلوك [illegible] المتوصل منه الى [illegible] المرحوم الذي عبد الرحمن
[illegible] وفيه الواجهه والبابان والرواشن والطاقات و الحد
الغربي ينتهي الى [illegible] شمس الدين [illegible]
[illegible] التعليه

الغربي المنتهي الى دار ابن عمر ونبيس الدار الحسني للرسادي

الذاي المذكور ولا على ناحية انه المسلمين وعليهم من لا يحب التعلية

عليهم ولا المساواة لهم وسال منعه من ذلك ولازالة ما استحدث من البنا

العالي بالدار المذكورة بحيث يكون بناؤه دون بناء الدار التي لا تكون

لعليته عليهم ولا المساواة وسال الذمي سوال عن ذلك فسبيل

عن ذلك فاجاب بنادي اليهودي بانه اساع الدار المذكورة

على ما بها من الاسد والغرد من امراة مسلمة تسمى لزدان بنت

الناصر بن محمد الناصري المشهد والذي مات لطرهما عنه

بايجاب وقبول والمهر من مله مكتوبا ذى شاهد الى بالسماع

الذكور مؤرخ مكتوب السابع بالسابع من شهر رجب الحرام سنة

تسع وستين ودليه وما حصر وسمر شهادة شاهد من ابن ذلك

مع ما به من الفصل بحكم به في الشرع الشريف لدا استدعى

الفقيه المعول الحي لله تعالى الشيخ شهاب الدين شرف العلماء احد الفضلا

ابو العباس احمد العليجي الحنفي خليفة الحكم العزيز بالديار المصرية

ادام الله تعالى احكامه واحسن اليه مؤرخ اسحاق سيرة بحكم الله

ما كان من الفعل من الشهادة المذكورة والسنة المذكورة واد وقف ذلك

على جهات معينة في كتاب وقفه وهنا من عمار مرد طائفة

النظر لسنة مورخ الوقف المذكور المتاع والعمور من شهر رجب

من السنة المذكورة وتلك الوقف المذكور مع ما به من الفصل

لدا استدعى الفقيه المعول الى الله تعالى الشيخ شمس الدين شرف العلما

اوحد الفضلا ابو عبد الله محمد المنوفي الشافعي خليفة الحكم

العزيز بالديار المصرية ادام الله تعالى احكامه واحسن اليه

وحكم به وتقل على العادة والتي لم يستحدث

علو الدار المذكورة من التعليه ولا عرد داو في الان

المدى

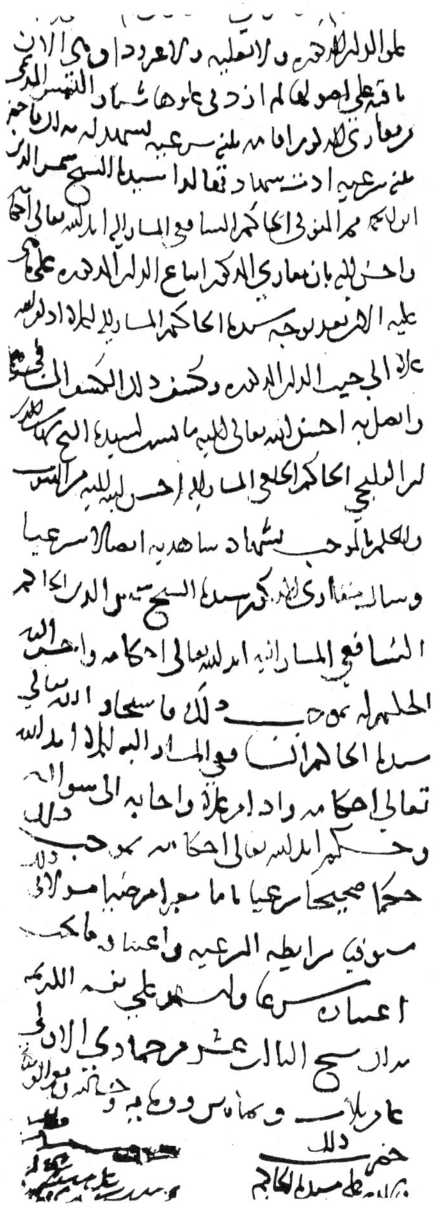
[illegible]
[illegible] الشافعي المشار اليه ايده الله تعالى احكامه واحسن الله [illegible]
[illegible] الحاكم [illegible] المشار اليه ايده الله
تعالى احكامه [illegible] واجابه الى سؤاله
وحكم ايده الله تعالى احكامه بموجب ذلك
حكما صحيحا شرعيا [illegible]
[illegible]
[illegible] الثالث عشر من جمادى الاولى
[illegible]

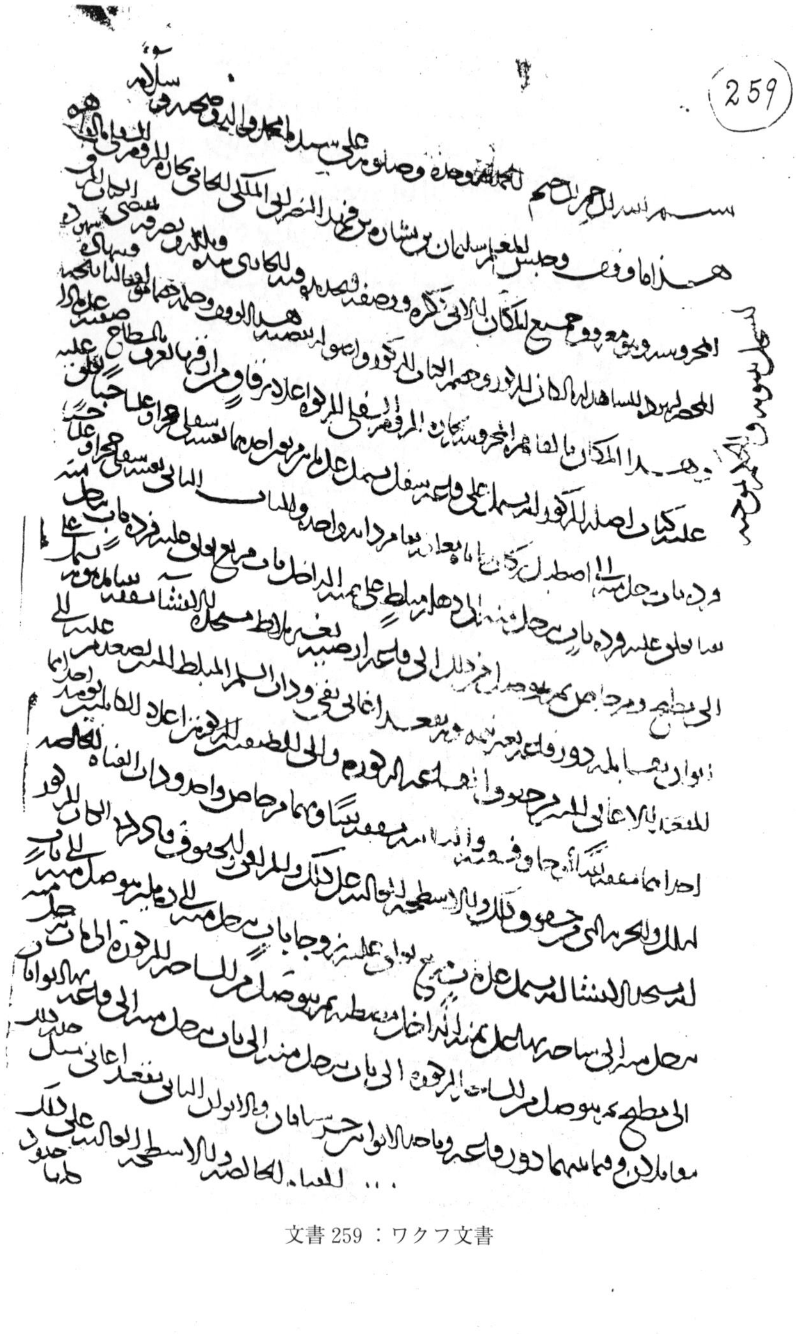
259

بسم الله الرحمن الرحيم

文書 259 ：ワクフ文書

للدهليز السفلى المذكور سلم عليه يصل منه الى الساحة المذكورة [illegible]
يصل منه الى ساحة بها علو [illegible] مسطبة ثم يوصل منه الى قاعة بها ايوانان
يصل منه الى باب يصل منه الى باب الرقوق [illegible] صفة
الى سطح ثم يوصل منه الى [illegible] الثاني يصعد اعلى سلم
متقابلان وفيما بينهما دور قاعة وباب الايوان [illegible] والايوان الثاني على ذلك
بالساباط [illegible] الاسطحة العالية والبيت الخالصة للصباء ودار العصفر [illegible] حدود
والمنافع والمرافق والحقوق ويحيط بذلك ويجمعه ويشتمل على سائر حقوقه كلها الحد البحري
القبلي [illegible] ينتهي الى درب يعرف بالمكين بن كامل ثم اسفل العقود و[illegible]
الحد الشرقي ينتهي الى [illegible] الباب الركوه و[illegible]
ينتهي الى المرفق [illegible] قناة [illegible] خوخة [illegible] الحد الغربي ينتهي الى دار
القاعة الكبرى المعروفة بالقاضي زين الدين بن [illegible] حقوقه كلها
[illegible] الحد [illegible] وحقوقه وما يعرف به وينسب اليه من حقوقه على نفسه ايام
[illegible] وقفا صحيحا [illegible] الواقف المسمى [illegible]
حياته [illegible] والسكان [illegible] المنافع [illegible]
[illegible] مشارك له في ذلك [illegible]
يملك ذلك على الوجه [illegible] عقبه [illegible]
ثم [illegible] لولده ولولد ولده [illegible] نسله
ثم من بعده [illegible] على من يوجد من اولاده [illegible] على ذكر [illegible] فاذا انقرضوا
من [illegible] الطبقة العليا منهم تحجب السفلى [illegible] على [illegible]
[illegible] ذلك [illegible] الى
منهم احد [illegible] يوجد [illegible] على ممر
والمساكين [illegible] للنصارى الملكيين المقيمين بدير طور سينا
[illegible] للفقراء والمساكين بالدير [illegible]
[illegible] النصارى الملكيين المقيمين بالقدس الشريف والواردين [illegible]
والمساكين [illegible] للنصارى [illegible] على ما يراه الناظر [illegible]
[illegible] المسلمين [illegible]
صرف [illegible] الفقراء والمساكين [illegible] العدد [illegible] الصرف [illegible]

[illegible] ولا انثى على ذكر [illegible] القسمة

من ولد الظهر والبطن بالسوية بينهم لا يفضل ذكر منهم على انثى ولا انثى على ذكر وفاريعه الى

ومن مات منهم [illegible] كان ذلك يوم ذاك موجودا [illegible] للذكر مثل حظ الانثيين

منهم احد او بقي الولد ولم يكن لاحد منهم موجودا يوم ذاك [illegible] المقيمين بدير طور سينا على [illegible] الفقرا

والمساكين الرهبان والمنقطعين من النصارى الملكيين المقيمين بدير طور سينا [illegible] صرف الى

الفقرا والمساكين بالديار [illegible] الى من ذكرهم [illegible] بتعذر الصرف [illegible] فان تعذر

والاعود لهم فان بعد الصرف [illegible] والموارد [illegible] الشريف [illegible] القدس الشريف [illegible] المقيمين [illegible] الملكيين [illegible] هبرا

في المساكين [illegible] للنصارى الملكيين المقيمين [illegible] على ما يراه الناظر [illegible]

[illegible] المسلمين لسماه [illegible] والمساكين من المسلمين [illegible] جاز الصرف

صرف الى الفقرا والمساكين [illegible] الى تعذر الصرف الى [illegible] الصرف الى [illegible]

الوقف [illegible] الراجحة [illegible] فان عاد امكان الصرف الى [illegible] الدائم [illegible] الى ان يرث الله

[illegible] ذلك [illegible] الارض ومن عليها وهو خير الوارثين [illegible] جعل الواقف المذكور النظر [illegible]

[illegible] لنفسه ايام حياته ثم من بعده [illegible] الارشد فالارشد من اولاده [illegible] الاولاد [illegible] اولاد الاولاد

والولد [illegible] على ذلك [illegible] على الوقف [illegible] الشرعي [illegible] طور سينا [illegible] المسلمين

او لم يكن منهم موجودا كان النظر في ذلك [illegible] النظر الشرعي [illegible] كالمسلمين

والولد [illegible] ذلك بالنظر [illegible] للمسلمين [illegible] والمساكين من المسلمين [illegible] وصح عليه [illegible] ولا اسر بطريق

واذا [illegible] الوقف الى الفقرا والمساكين [illegible] عن ذلك [illegible] ووضع [illegible] عن [illegible]

بالديار المصرية يوم ذاك ورفع الواقف المذكور عن ذلك [illegible] في [illegible] عن [illegible]

[illegible] ذلك [illegible] وقع الاشهاد عليه بذلك [illegible] حسبنا الله ونعم الوكيل

[illegible] المبارك من شهور سنة [illegible] وسبعمائة [illegible]

اشهد على الواقف المذكور [illegible]

[illegible] الله [illegible]

[illegible] عبد الله [illegible]

شهد عندي [illegible]

اشهد على الواقف المذكور

[illegible] اعلاه و[illegible]

محمد بن محمد بن محمد [illegible]

شهد عندي بذلك

文書 272：イスティブダール文書（ワクフの交換）

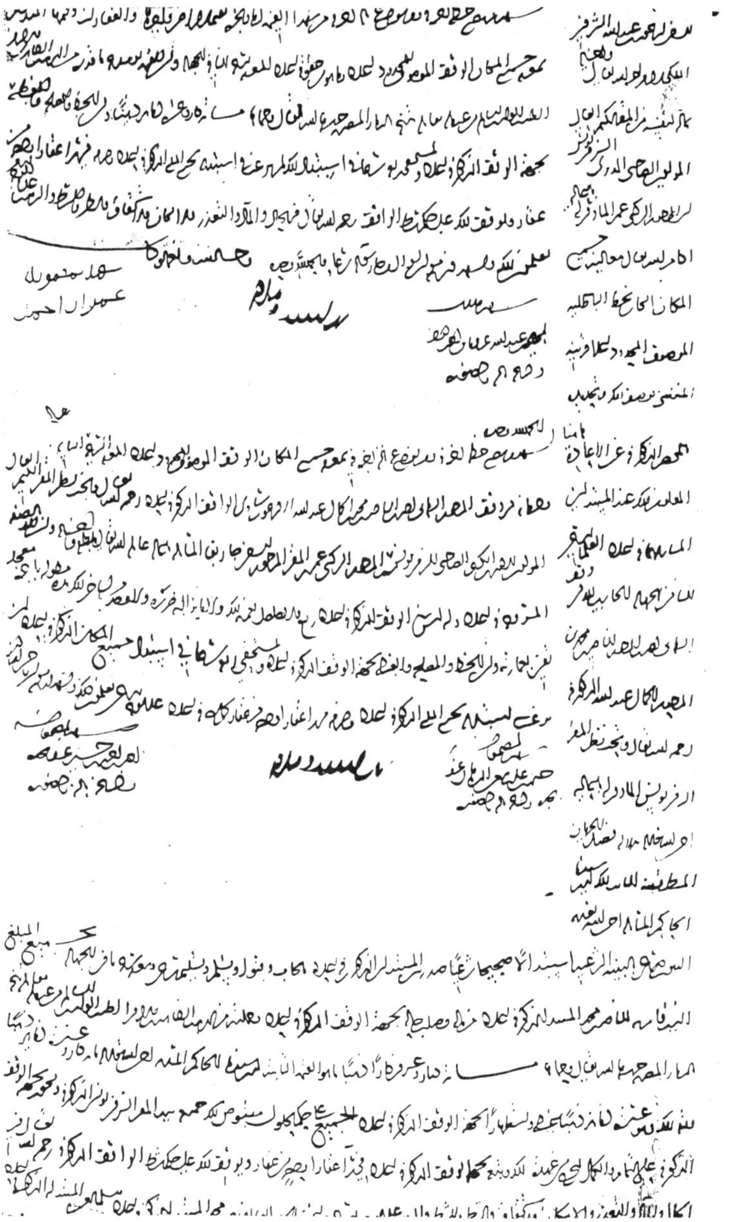

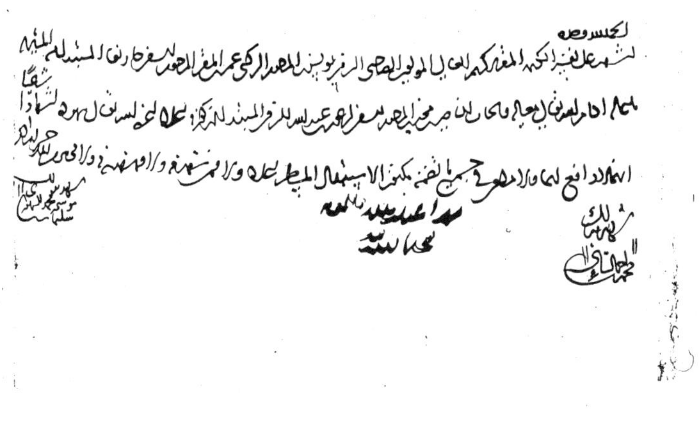

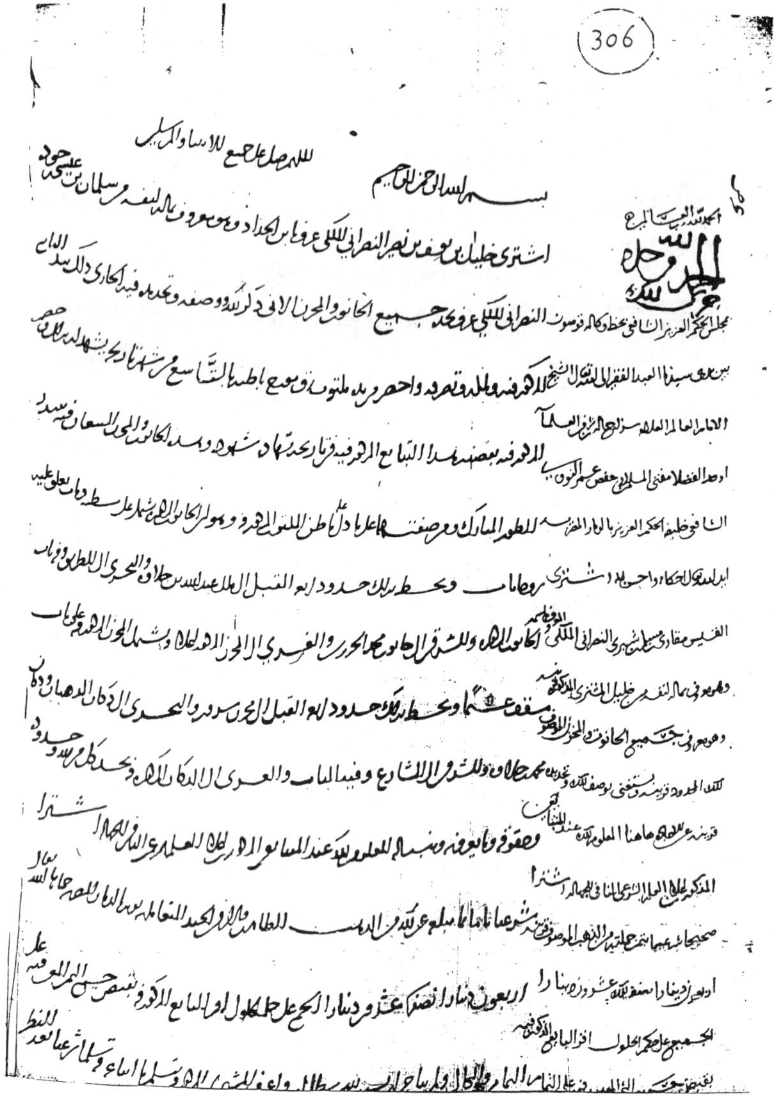
306

اللهم صل على جميع الانبيا والمرسلين

بسم الله الرحمن الرحيم

文書 306 ：購入契約文書

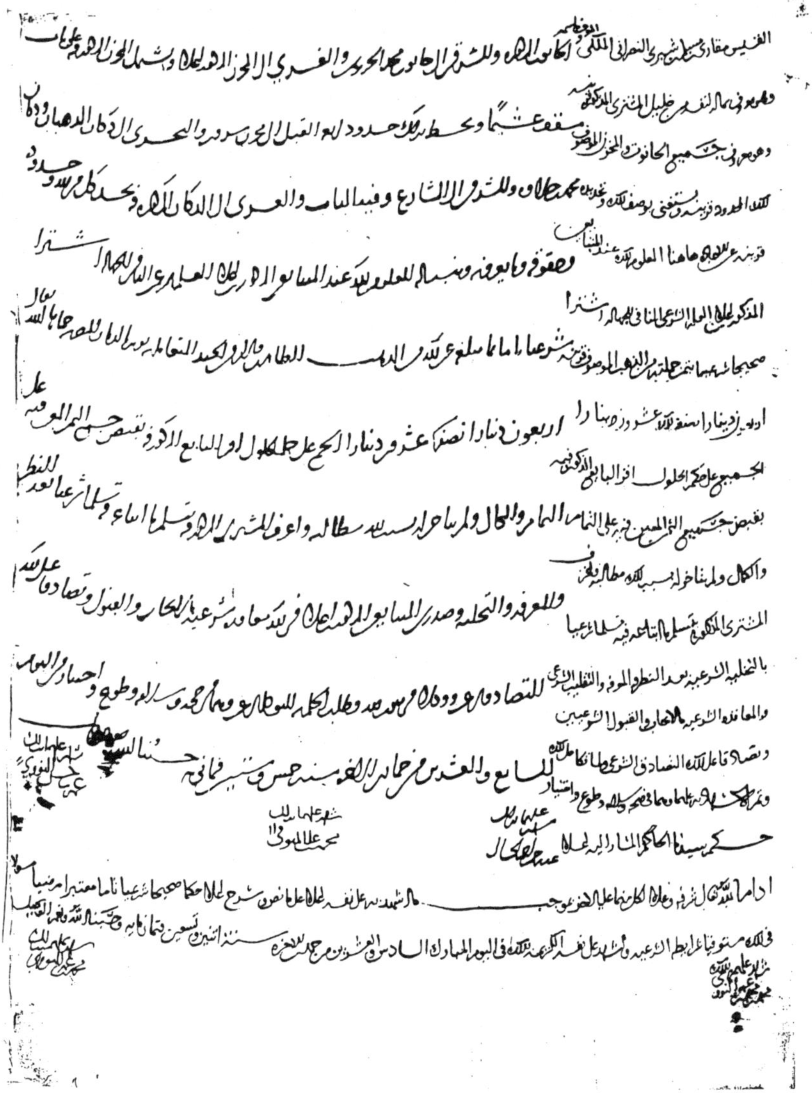

あとがき

本書は2007年10月に中央大学に提出した学位請求論文『聖カテリーナ修道院文書の歴史的研究』を，学位授与後（2008年3月）に加筆修正したものである。

学位論文と本書の執筆までには研究を始めてから随分と長い時間が経過してしまった。アラビア語の古文書の解読に手間取ったこともあるが，偏に著者の非力のゆえであった。しかし，今までの研究を整理しまとめない限りこの文書の全貌が見えないのではと思い，一つの区切りとしてあえて本書を刊行することにした。

私の中世エジプト研究は，エジプトのカイロ大学に留学した時に始まる。カイロ大学では，マムルーク朝の研究を目指し，主としてムハンマド・アミーン教授，ハサネイン・ラビーア教授の指導を受けた。当時ムハンマド・アミーン教授は，マムルーク朝時代のワクフ文書を幅広く利用し，『エジプトにおけるワクフと社会生活』を刊行しエネルギッシュに活動していた。最初は，イブン・イヤースの年代記を講読する授業をしてくださり，その次の年は古文書の読み方を丁寧に指導してくれた。しばらくして古文書が少し読めるようになると，受講生が比較的多かった教授の大学院のゼミにも参加させてくれ，ワクフ文書を読み続けた。古文書が少し読めるようになってみると，自分でも古文書を利用して研究をしてみたいと思うようになった。しかし，ワクフ文書はワクフ省に保存されてはいるが，当時はそのコピーを入手するのはほとんど不可能であり，閲覧して書き写すことのみ許された。また，アイユーブ朝やマムルーク朝の財政史の権威であったラビーア教授からは，大学院の授業に出させてもらい研究法の指導を受けた。両教授からはマムルーク朝時代の豊富な史料について学び，同時代研究の奥行きの広さを学んだ。

その頃，カーシム教授の『中世エジプトにおけるズィンマの民』を入手した。この著作は，カーシム教授が聖カテリーナ修道院文書などに依拠して中世エジプトのズィンミーを研究しカイロ大学に提出された博士論文を刊行したものであった。当時私は，マムルーク朝研究を志したものの，研究テーマを絞り切れていなかったので，この著作を見たとき心惹かれるものを感じた。というのも，エジプト史を考えるとき，エジプト社会はイスラーム教徒だけの社会ではなく，むしろキリスト教徒が大多数であった時代もあったし，現在でも長い歴史的背景をもつキリスト教徒が多数暮らしている。長い伝統をもつエジプトのキリスト教徒のことを考慮に入れなければエジプト史を深く理解することができないのではないかと考えたからである。また，ワクフ文書とは別に比較的まとまった文書が存在することを知り，これを利用してみたいと思った。すでに序論で記したように聖カテリーナ修道院文書および写本は1950年代にマイクロフィルム化され，その膨大な量のワンセットがエジプトではアレクサンドリア大学附属博物館に保存されていた。アレクサンドリアの綺麗な海辺のホテルに滞在し，その閲覧を自由に許された日を今でも思い出す。博物館員の皆さんには長期間に亘って毎朝朝食を御馳走になったりして大変お世話になった。

エジプトから帰国後，大学院で嶋田襄平先生の指導を受けた。先生からは厳しい指導を受けたが，いつも変らぬ温顔が今でも思い出される。先生の生前に研究をまとめられなかったことが悔やまれる。

博士論文執筆の際には，池田雄一先生からは早く書き上げて提出するようにといつも温かいお言葉をかけていただいた。また，池田先生は嶋田先生が急逝された後，残されたわれわれをずっと気遣って見守ってくれていた。本書が刊行できたのは先生の温かいまなざしがあったからだと思っている。また，川越泰博先生からは執筆に際して，さまざまなテクニック，注意点などを丁寧に教授していただいただけでなく，校正紙にも目を通していただいた。エジプト人の友人ザキさんにも古文書の読解の際に，読み方を教えていただいた。また，今からもう四半世紀以上も前であるが，アラビア語を習ったものの，なかなかアラビア語の史料を使ってイスラーム史の研究に深く踏み込んでいけなかった私を，エジプト留学へと背中を押してくれたのは，ドイツ語の先生でもあった百濟 勇先生でした。先生は私にエジプトまでの飛行機の片道切符を手渡してくださり，またドイツでの学会の帰路カイロに立ち寄り励ましてくださった。留学を支えた大きな力になった。

また，これ以外にも多くの方々のお世話になっている。私事であるが，著者が現在研究生活を送れるのも長い間研究を支えてくれた父・泰雄（故人）と母・茂子のお陰である。あらためて感謝したい。

最後に大澤雅範さんをはじめとする中央大学出版部の皆さんには編集上の細かい点にいたるまで大変お世話になりました。心より感謝申し上げます。また松本隆志君（中央大学大学院生）には丹念に校正作業を行っていただいたことを付記します。

なお，本書の刊行に際しては，平成21年度の日本学術振興会・科学研究費補助金「研究成果公開促進費（学術図書）」（課題番号：215085）の助成を受けた。ここに付記すると共に関係者各位に感謝申し上げます。

2009年4月30日

自宅書斎にて

松 田 俊 道

初 出 一 覧

本書は下記の諸論文に依拠し，再構成したものである。

序　論　書き下ろし

第 1 部　中世エジプトにおけるズィンミー

第 1 章　書き下ろし

第 2 章　「マムルーク朝政権とキリスト教徒」『講座イスラーム世界 3　世界に広がるイスラーム』栄光教育文化研究所，1995 年

第 2 部　マムルーク朝政権とズィンミー

第 1 章　「マムルーク朝のマザーリム制度に関する覚書」『イスラム世界』第 33・34 号，1990 年

第 2 章　「マムルーク朝のムサーリマ問題」『駒沢史学』第 52 号，1998 年

第 3 章　「マムルーク朝のエルサレム問題」『中央大学文学部紀要』史学科第 49 号，2004 年

第 4 章　「カイロの大火とキリスト教徒――721 年／1321 年の事件――」『中央大学文学部紀要』史学科第 52 号，2007 年

第 3 部　聖カテリーナ修道院と遊牧民

第 1 章　「セント・カテリーヌ文書からみた遊牧民」『オリエント』第 31 巻第 2 号，1989 年

第 2 章　「セント・カテリーヌ修道院のサダカ（喜捨）問題」『アジア史における制度と社会』（『中央大学アジア史研究』第 20 号），1996 年

第 3 章　「スルターン・カーイト・バーイの布告とカサーマ」『人文研紀要』第 23 号，中央大学人文科学研究所，1995 年

第 4 部　マムルーク朝のワクフ政策とズィンミーのワクフ

第 1 章　「ズィンミーのワクフ」『オリエント』第 33 巻第 1 号，1990 年

第 2 章　「ワクフの解消について」『中央大学アジア史研究』第 15 号，1991 年

第 3 章　「聖カテリーナ修道院のワクフ政策」『中央大学文学部紀要』史学第 53 号，

2008 年

第 5 部　マムルーク朝時代の法廷文書

第 1 章　「マムルーク朝時代の法廷文書――マフダルの事例から――」『中央大学文学部紀要』史学科第 46 号，2001 年

第 6 部　証書からみたズィンミーの日常生活

第 1 章　「マムルーク朝における遺産相続――セント・カテリーヌ修道院文書の事例から――」『アジア史における法と国家』中央大学人文科学研究所研究叢書 23 号，2000 年

第 2 章　「16 世紀初頭エジプトにおける有力アミールの遺産相続」『中央大学アジア史研究』第 26 号，2002 年

第 3 章　「マムルーク朝政権とキリスト教徒」『講座イスラーム世界 3　世界に広がるイスラーム』栄光教育文化研究所，1995 年

人名索引
地名索引
事項索引

凡　　例

＊　この索引は，人名・地名・事項からなる。

＊　人名索引には，部族名を含めた。

＊　配列は，五十音順に行った。

＊　人名索引は，イスムを五十音順に配列した。

＊　アラビア語のカナ表記は次の通りとする。

(1)　語頭の定冠詞 al-は，「アル」を省略した。定冠詞の後に太陽文字が続く時は，「アッ」「アン」とする。

(2)　語頭のハムザ，語末のターマルブータは省略する。（例外：ザカート，サラート）

(3)　母音をともなわないハムザとアインは，その前の母音を長音とする。

人名索引

あ 行

アーイド al-ʻĀyid 族　155
アーリミー al-ʻĀrimī 族　159, 161
アイタミシュ　76
アウラード・サイード Awlād Saʻīd 族　154, 158, 161
アウラード・サイフ Awlād Sayf 族　155
アウラード・ムフシン Awlād Muḥsin 族　155
アウラード・ラフミー Awlād Raḥmī 族　155, 161
アクターイ Aqṭāy　79
アシュラフ・ハリール　89
アティーヤ A. S. Atiya　10, 11, 105, 109
アブー・アルファラジュ Abū al-Faraj al-Aslamī al-Qibṭī　95
アブー・ユースフ　209
アムル・ブン・アルアース　31
アヤーダ ʻAyādah 族　164
アルフォンソ Alfonso IV 世　113
アワーリマ al-ʻAwārima 族　154, 155, 158, 161
アワールマ ʻAwārmah 族　164
アンスバーイ Ansbāy　291, 298
アントニオ・ミラン Antonio Milan 121
イーナール　114, 234, 250
イーナール・バーイ　299
イサベル　121
イブラーヒーム ʻAbd al-Laṭīf Ibrāhīm 13
イブン・アイバク・アッダワーダーリー　133, 135
イブン・アルウフッワ　51
イブン・イヤース　183, 185, 186, 298
イブン・カイイム・アルジャウジーヤ Ibn Qayyim al-Jawzīya　18, 45, 199, 223
イブン・タグリービルディー　94, 135
イブン・ハルドゥーン　69
イブン・マンマーティー　274, 275, 276, 277, 278, 281, 282
インノケンティウス 8 世　121
ウマル　35
ウライカート al-ʻUlayqāt 族　154, 158, 159

か 行

カーイト・バーイ　12, 119, 120, 121, 174, 175, 176, 177, 179, 183, 184, 185, 187, 219, 297
カーシム Q. A. Qāsim　12
カーンスーフ・アルガウリー　106, 107, 118, 174
カラーウーン　47, 48, 77, 89, 100, 114, 224
カラーリシャ al-Qarārisha 族　155
ガラールシャ Garārshah 族　164
カリーム・アッディーン Karīm

al-Dīn Nāẓir al-Khāṣṣ 128, 129, 135, 136, 138, 139, 140, 141
カルカシャンディー 49, 107, 113, 180, 183
キジュマース al-Nāṣir al-Mālikī al-Maḥdhūmī al-Sayfī Qijmās 216, 219
キトブガー Kitbughā 282
キルタバーイ Kirtabāy 291, 298
クトゥズ Quṭuz 281
ゴイテイン Goitein, S. D. 2, 11, 12, 276, 277, 283

さ 行

サーリフ al-Ṣāliḥī 族 159
サイード al-Sa'īdī 族 159
ザイニー al-Ẓaynī 291, 297, 298
サイフ・アッディーン・タンフブガー Sayf al-Dīn Ṭanhbughā 82
サハーウィー 249
サラディン 116, 283
サワーリハ al-Ṣawāliḥa 族 154, 158
シャーバーン 107, 114, 116
ジャウハル Jawhar al-Siqillī 275
ジャクマク Jaqmaq 94, 106, 114, 119, 249, 250
シャハト J. Schacht 166
ジャバリーヤ族 8
シャムス・アッディーン al-Qāḍī Shams al-Dīn Shākir al-Qibṭī al-Miṣrī 100
スターン Stern, S. M. 12, 13, 63, 64
スユーティー al-Asyūṭī 185, 243, 244, 251, 252, 266, 267, 272, 280, 289, 300
セリム１世 4, 5, 299

た 行

タージュ・アッディーン Tāj al-Dīn al-Qibṭī al-Islāmī 94
タキー・アッディーン 'Ṭaqī al-Dīn 93
タタル 114
タハーウィー al-Ṭaḥāwī 303, 310
タミーム Tamīm 族 162
タラービーン al-Tarābīn 族 162
タラーブルシー al-Ṭarābulusī 200, 201, 209, 216, 217, 219
ティッバ Tibba 族 162
ティヤン E. Tyan 166
テオドシウス帝 27
トゥーマーン・バーイ Ṭūmān Bāy 118, 291, 297, 298

な 行

ナースィル 49, 80, 81, 82, 89, 90, 92, 104, 105, 109, 110, 112, 122, 127, 135, 135, 144, 146, 209, 314
ナウルーズ 76
ニールセン J. S. Nielsen 13, 64, 65, 66, 69, 71, 82
ヌカイアート al-Nuqay'āt 族 155
ヌファイアート al-Nufar'āt 族 162
ヌワイリー 45, 92, 93, 278, 280, 289

は 行

ハーイル・ベク Khāyir Bek 293, 299
バイバルス 39, 47, 78, 79, 83, 106,

ま 行

や 行

ら 行

地名索引

ま 行

や 行

ら 行

わ 行

事項索引

あ 行

か 行

さ 行

た 行

な 行

は 行

ま 行

や 行

ら 行

わ 行

著 者 略 歴

松 田 俊 道（まつだ・としみち）

1952年　千葉県生まれ
中央大学大学院文学研究科博士課程後期課程退学　博士（史学）（中央大学）
現在　中央大学文学部教授
主 要 論 文
「マムルーク朝における遺産相続―セント・カテリーヌ修道院文書の事例から―」『アジア史における法と国家』中央大学人文科学研究所研究叢書23，2000年
「マムルーク朝時代の法廷文書―マフダルの事例から―」『中央大学文学部紀要』史学科第46号，2001年

聖カテリーナ修道院文書の歴史的研究

2010年1月25日　初版第1刷発行

著 者　松 田 俊 道
発行者　玉 造 竹 彦

発行所　中 央 大 学 出 版 部
東京都八王子市東中野742番地1
郵便番号　192-0393
電　話　042(674)2351　FAX 042(674)2354

印刷・大森印刷／製本・法令製本

ISBN978-4-8057-4147-4